**互联网+　大数据　云计算的最终归宿——分享!**

滴滴、Uber、闲鱼、陆金所、百度百科……把自己不需要的分享出去，换来的是金钱、友谊、内心的喜乐，不会分享的人在分享经济时代寸步难行。

# Public Parts

## How Sharing in the Digital Age Improves the Way We Work and Live

# 分享经济时代

## 新经济形态，分享什么，如何分享

[美] 杰夫・贾维斯(Jeff Jarvis)/著
南溪/译

中华工商联合出版社

图书在版编目（CIP）数据

分享经济时代：新经济形态，我们分享什么，如何分享 /（美）贾维斯著；南溪译．-- 2 版．—北京：中华工商联合出版社，2016.5

书名原文：Public Parts：How sharing in the Digital Age Improves the way we work and live

ISBN 978-7-5158-1653-1

Ⅰ．①分… Ⅱ．①贾… ②南… Ⅲ．①经济学 – 研究 Ⅳ．① F0

中国版本图书馆 CIP 数据核字（2016）第 090553 号

*PUBLIC PARTS: HOW SHARING IN THE DIGITAL AGE IMPROVES THE WAY WE WORK AND LIVE* by JEFF JARVIS

ISBN: 978-1-4516-3600-0



北京市版权局著作权合同登记号：图字01-2012-6394号

**分享经济时代：新经济形态，分享什么，如何分享**

Public Parts：How Sharing in the Digital Age Improves the Way We Work and Live

---

**作　　者：**【美】杰夫·贾维斯（Jeff Jarvis）

**译　　者：**南　溪

**责任编辑：**于建廷　臧赞杰

**责任审读：**李　征

**责任印制：**迈致红

**书籍设计：**周源

**出版发行：**中华工商联合出版社有限责任公司

**印　　刷：**三河市宏盛印务有限公司

**版　　次：**2016 年 7 月第 2 版

**印　　次：**2016 年 7 月第 1 次印刷

**开　　本：**710mm × 1020mm　1/16

**字　　数：**240 千字

**印　　张：**17.5

**书　　号：**ISBN 978-7-5158-1653-1

**定　　价：**39.00 元

---

**服务热线：**010-58301130

**销售热线：**010-58302813

**地址邮编：**北京市西城区西环广场 A 座 19-20 层，100044

**Http：**//www.chgslcbs.cn

**E-mail：**y9001@163.com（第七编辑室）

**E-mail：**gslzbs@sina.com（总编室）

# Public Parts:

How Sharing in the Digital Age
Improves the Way We Work and Live

第三章

## 分享的优势



第四章

## 隐私与分享的历史碰撞



第五章

## 公共印刷术



第六章

## 什么是隐私?

**Public Parts:**

How Sharing in the Digital Age Improves the Way We Work and Live

# 前言

一位颇有远见卓识的、乐观的思考者验证了隐私与分享之间紧张的对立关系，分享文化正在改变我们社区建设、个性养成、经商以及生活的方式。

互联网、移动互联网等技术使得人们越来越喜欢将自己的生活状态分享给亲朋，渴望关注与被关注。全球有超过7.5亿人在使用Facebook，在这一社交网络上我们每天都会分享十亿次之多的海量信息。每天在Twitter上的留言和回复瞬间就不下1亿次，分享的内容从解放广场到美国的购物中心；题材也很广泛，从民主改革到发生的自然灾害再到名人的绯闻。我们利用这一新型的社交工具分享我们的照片、视频、所购物品、知识、友谊、自己当前所处的地理位置以及我们生活中的点点滴滴。

然而改变也带来了恐惧，许多人——他们怀念一种更加同质性的大众文化，同时也受一些出于好意的隐私拥护者的煽动——对此感到绝望，认为网络以及我们分享的方式使得我们变得更加愚蠢、粗俗、困惑，并且容易受到各种威胁的攻击。但是杰夫·贾维斯可不这么认为。

基于大量的采访，《分享经济时代》一书为我们介绍了这些在分享的基础上建立了分享这一新兴行业的人们。他们当中一些人的名字已经家喻户晓——Facebook的创始人马克·扎克伯格（Mark Zuckerberg），谷歌的创始人埃里克·施密特（Eric Schmidt），Twitter的创始人埃文·威廉姆斯（Evan Williams）。其他一些人作为工业家、哲学家和我们未来蓝图的设计者，也会很快为我们所熟知。

杰夫探索了这些在未来有发展前景的方式，通过这些方式互联网和分享文化可以让我们以一种非凡的曾经不可能实现的方式来协作、思考、组织和创造——我们如何来组织生产和销售，如何交易、组织管理，如何教授与学习。他同时也分析了隐私的必要性和局限性，从而理解并保护我们的隐私。

这一新型的开放性时代早已深刻地影响了社会经济、工业、法律、道德，以及我们日常生活的方方面面。但是这一变革才刚刚开始。未来还充满着不确定性。分享，这一令人惊异的新型工具可以被用于正当目的，也可以被用于不正当目的。正当与否——以及社会责任——取决于我们自己。

# 一个信息分享的时代

"Facebook，"我的儿子杰克告诉我说，"是我高中时代的最爱。"我不认为自己在高中时代有自己最喜欢的东西。Facebook在2005年风靡大学校园之后，杰克所在的2010级是第一个使用这项服务的。Facebook延长了他们的学校生活时间，他们夜以继日地沉迷于这个社交网站上。那对于年轻时的我来说，就好比是地狱的一个无限循环方程式。我的青春期完全被荷尔蒙驱动的戏剧性事件、不堪回首的嘲讽以及社交生活中的尴尬主宰着，社交时的局促不安是我不敢再去回首的事情，每每提及这些往事我都恨不得找个地洞钻下去——幸运的是，一些好朋友和一些关系不错的老师帮我缓解了这些事情给我造成的痛苦。但是对于杰克来说，Facebook可以让他在更多的时间里和更多的人建立友谊，并维持这种关系。对于使用Facebook的2010级的班级同学来说，学校生活变成了一种社交经历，很不错的经历。就我看来，那真的可以称为一个奇迹。

Facebook 的创始人马克·扎克伯格，是杰克的榜样——甚至可以说是杰克心目中的英雄。杰克现在正在读大学，学的是计算机科学专业。扎克伯格在他读高中的时候，就发挥他的技能编写了 Facebook 的程序，并将其中一个程序包装成商业模式售出。扎克伯格大学毕业之后把这些程序组合起来，创办了这家优秀的企业 Facebook，作为两家优秀企业之一，为我们的下一代设置了这些学科。我在我的上一本《Google 将带来什么？》的书中讲述了另外一家优秀企业谷歌，正如谷歌建立了关于搜索引擎和广告的新兴行业，Facebook 也正处于自己所在的这一新行业的核心地位，而这一行业是建立在分享的基础之上。它正在开发我们爆发性的欲望，并使我们的欲望相互联系。我们不禁会问——作为个体和社会——什么是应该保密的？什么是应该分享的？为什么？这本书不是前一本书的续，它的书名也不叫作《Facebook 将带来什么？》。它的内容主要围绕我们这个新兴的分享时代展开。在这里，我将仔细考察在我们身上所发生的深刻变化，以及这些变化带给我们的疑惑和恐惧——当然还有机会。机会是我关注的重点。

因为在青少年时期社交方面的发展并没有如今这么顺畅，我只能在中年时期加以弥补。在这方面我还应该感谢杰克。他是我博客的管理员，也是我理解这个分享时代的秘密武器。他教会了我 Facebook 这一社交网络的准则和价值观，也是他让我注意到了 Twitter。Twitter 曾使本书的写作一度陷入困境——因为总是有没完没了的交流电话在分散我的注意力——但同时也使本书的写作变得更加容易，因为总是有学者们与我探讨，编辑们也为我的书做好了准备。每当此时，我就会在我的笔记本电脑前，努力编辑分享的优势。作为反馈，我会在 Twitter 上，询问大家建立了什么新的有价值的关系，大家也都很乐意分享自己的信息。仅需一会儿的工夫，回复便会纷纷而至。@john_blanton 说，他通过聊天找到了他现在的妻子。女同性恋喜剧演员兼演说家 @heathr 说："公开声明自己是同性恋者让我更诚实，减少了我的恐惧，给我带来了更多力量。"老朋友 @terryheaton 说："Twitter 有助于减少许多约会时的失败者。"@flmparatta 通过 Twitter 找到了工作。@ginatrapani 通过 Twitter 开创了自己的事业。@everywheretrip 说他遇到了"世界各地的人，我还会在 Twitter、Facebook 和博客上让人们知道我的去向"。@akstanwyck 说："我上次去纽约旅行，约见了三个我在 Twitter 上结识的人。"@ewestcott 通过 Twitter 得到了技术上的帮助。在众多的留言中，@alexis_rueal 说："我找到了高中时的大部分朋友，有一些还是大学时的朋友……而且我发现 15 年前我不太喜欢的人现在都成了我很好的朋友，现在我很珍惜她们。"@sivavaid——是《一切都谷歌化》的作者，也是我的一位合作者，他经常友善地和我争论问题，以专题讨论和帖子的形式——回复我关于形成有价值的关系的问题，他给我留言道："我们的关系是否有价值？"

因为我的信息分享了出去，所以我交到了新朋友，也和以前的老朋友取得了联系。我得到了工作也赚了钱——包括这本书和上一本书。我已经考察并传递了这些思想，我由此赢得了赞誉（当然也不乏批评之声）。我反馈给 @dustbury，他在 Twitter 上这样回复我："关于分享的最佳效用是我不能再说谎：有太多东西都在提醒我这一点。这让生活变得更加简单。"同样地 @jmheggen 说道："分享文化带给我诚实的美德。我一直都在做我自己，因为分享会使谎言不攻自破。"一些政治家和企业家也能从 Twitter 的分享中获益。@clindhartsen 说他通过 Twitter 分享他的食谱以及他的体重："由于我坚定的决心，我已经成功减了 65 磅。"为了不被超越，我曾写过关于我的阴茎失灵的事情——后面会有详细的叙述，我相信你们会很乐意了解——我由此也得到了许多前列腺癌患者非常宝贵的建议。分享文化有助于我获得有价值的信息，并做出决定。我清楚地知道我们分享得越多，就越能从别人分享的信息中受益。我的信息分享出来，我的生活就是一本打开的书。

隐私拥护者说对自己的信息应该持谨慎态度。他们觉得我不应该分享得太多。每次当有新的互联网服务吸引我们分享自己的一些东西的时候，这些隐私拥护者就会云集在媒体上。他们说我们应该警惕一些公司和技术利用免费的内容和服务，以提高社会生活、提供个性化服务、提高关联性为诱饵，诱使我们公开自己的信息。他们也担心政府会利用这些信息——他们是正确的，因为政府有途径了解公民的大量信息，有权力利用这些信息反对他们。隐私拥护者同样也为年轻人担忧，他们担心年轻人说得太多反而泄露了太多个人信息。这样许多不可预知的事情就会发生，他们警告说。但是，该发生的事情总是会发生的。

在谷歌新闻里搜索“隐私拥护者”，你就会发现他们被媒体没完没了地引用着，他们作为习惯性担忧者的匿名群体：“**隐私拥护者**大声疾呼。”“**隐私拥护者**痛哭涕零。”“**隐私拥护者**今天早上言辞犀利。”“Facebook 惹恼了**隐私拥护者**。”“《电子零售法》激怒了**隐私拥护者**。”“**隐私拥护者**将会密切观察。”“消费者和**隐私拥护者**总是很关心他们在互联网上被追踪的方式。”他们大声疾呼，痛哭涕零，言辞犀利，被惹恼，被激怒，表示怀疑，关心，观察，烦恼，这些就是隐私拥护者们。

丹尼尔·索洛夫（Daniel J. Solove）在他所著的《了解隐私》（*Understanding Privacy*）一书中收集了我们一般所认为的关于隐私泄露的担忧，引用 1964 年《赤裸裸的社会》（*The Naked Society*）的作者万斯·帕卡德（Vance Packard）所称的，他担心隐私正在“蒸发”，同样心理学家布鲁诺·贝特尔海姆（Bruno Bettelheim），在 1968 年宣称

“隐私在不断地受到攻击”。索洛夫说：

> 有很多评论员曾宣称隐私“正在被围攻”和“受到抨击”；所以隐私正处于“险境”、“危难”，或是“危险”当中；隐私正在被“腐蚀”，正在逐渐“蒸发”、“完结”、“萎缩”、“逝去”、“缩减”，或者“消失”；隐私已经“丧失”或者“死亡”了。曾有众多的书籍和文章警示过隐私所遭受的“破坏”、“丧失”或者“终结”。德伯拉·内尔森（Deborah Nelson）教授曾指出：“隐私，它看起来不仅仅是死亡的状态。它正在一遍又一遍地经历死亡。”

果真是这样吗？由于所有话题都在谈论隐私、隐私、隐私，所以我们可能会比以往更加注重保护隐私——甚至是非常重视。我完全赞同我们要有保护隐私的权利，以及保护隐私的必要性，我们每一个人都有必要维持对我们的信息、创造性以及个性特征的适当控制。我将会支持这些自我认定的隐私拥护者们，毕竟他们所提倡的保护隐私也是出于对我们的安全考虑——虽然我将会尽力去推敲关于隐私的这些激动的辞令、猜测的恐惧，以及含糊的言语，分析当我们谈论隐私的时候我们所表达的真实意思。我们需要保护什么样的隐私，为什么要保护？当隐私被侵犯的时候会带给我们什么样的伤害？我们对隐私泄露的担忧，其根源是什么？我们怎样才能把彼此对隐私的不同期望相互联系起来？比如说，为什么一些德国人反对谷歌街景（Google Street View）拍摄他们的建筑物，而一些美国人却愿意驾驶谷歌汽车并把他们拍摄的照片上传到互联网上供所有人欣赏呢？

隐私和分享并不是相互排斥的；实际上，它们彼此依赖。“分享和隐私是相对而言的，就像冷和热或者深和浅，”保罗·肯尼迪（Paul

Kennedy）说道，他是加拿大广播公司《观点》（*Ideas*）节目的主持人，“其中一个定义了另一个。”或者，正如迈克尔·沃纳（Michael Warner）在他所著的《公开与非公开》（*Publics and Counterpublics*）一书中所写的，“大多数事情从某一个角度看是非公开的，而从另一个角度看又是公开的。”举例来说，一本书是对非公开想法的公开表达。我们把自己非公开的一面表现在自己的行为中——我们私下决定对某一问题的立场，但是当我们被允许像思想家一样参与进来，分享我们的观点，组织行动的时候，我们的立场就会公开。同时，我们的公开性依赖于他人——我们会倾听他们的想法，理由和依据——从而私下做出自己的决定。所以公开依赖于非公开。

隐私和分享是我们所做出的选择：揭示与否，分享与否，参与与否，我们自己会做出选择。每一种选择都各有利弊。我们在不断地寻求二者之间的平衡——直到今天，科技的进步为我们带来了新的选择、新的风险，还有新的机遇。不论在任何可能的时候，我们都希望自己来做选择，而不是让别人——包括公司、政府等。在我们面对这些决定的时候，我希望我们不仅要注意泄露隐私的风险，更要注意分享所带来的益处。保护隐私不应该是我们唯一关注的问题。隐私有自己的拥护者，当然，分享也应该有自己的拥护者。

在本书中，我将会阐明如果我们太过纠结于隐私的问题，那么在这个充满网络链接的时代，我们就会错过太多与他人建立联系的机会。网络链接是一项很重要的发明。链接不仅把我们的网页相连，还让我们彼此之间建立了联系，使我们获得相关的信息、活动以及业务。链接有助于我们进入新的社会组织，并重新定义我们的公众。当我们出于对未知的恐惧，而把自己封闭起来，与互相建立联系的链接隔绝，那么作为个体、企业以及机构，我们就会失败。当我们把自己公之于众的时候，我们就会获得新的学习、互相联系以及彼此协作的机会。从到到网（TripAdvisor）到维基百科（Wikipedia），从谷歌到 Facebook，通过这些工具，我们获得了大众的智慧——当然，也包括我们的智慧。当我们聚集在一起的时候，我们可以创造新的公众群体——我们自己的公共领域。我们必须谨记所分享的一定是出于公共的利益，这是建立一个开放的、自由的社会所必需的。

政府很显然是公共领域的化身。它理应成为我们公众意愿的代表。但是我们不要想当然地认为政府即是公众。当政府扮演那样的角色的时候，即意味着政府比我们处于一个更好的位置来做出关于民众生活的决定。现在我们拥有了分享的工具来检验政府的权利。这也是维基解密（Wikileaks）设立的初衷：让机密公之于众，让政府所有非必要的秘密都公开以及让官员们丧失掩藏他们的信息和行为的权力。Twitter，Facebook，YouTube 以及我们社会化的工具互联网——以更大的抑或是微小的成功——帮助人民把他们作为真正的公众以及国家合法的呼声组织起来。现在政府的运作必须不同于往昔。是的，政府有时候也需要保密。但是除了战争、犯罪以及保护每个公民之外，政府官员没有理由向公众隐瞒他们所获悉的信息以及他们的所作所为。政府部门有充分的理由与他们的选民公开协作，发现并解决问题——小到坑坑洼洼的路面，大到人民的贫困问题——或者是兼而有之。看看 SeeClickFix 吧，这是一个简单的服务程序，社区中的任何人可以通过这个服务程序将发现的问题报告给当地政府。比如说，发现公园里的长椅破损了。这个服务程序允许使用者召集一批“挑剔”的社区居民，他们可以要求修复老旧破损的东西。那些封闭的、保守的地方官员可能会把这个新功能看成是一种威胁，是选民联合起来施加压力的一种方式。但是对于英明的、开放的政治家们来说，他们会更有效率地利用 SeeClickFix 来识别该将他们通常闲置的资源输送到哪里去。华盛顿和旧金山已经把 SeeClickFix 合并为他们的 311 个信息服务程序中，这样发现问题的报告会自动传递到市政机构。以自我为中心的居民把这一服务程序看作与当地无作为的官僚主义者玩“抓到你了”游戏的一种方式。但是一些慷慨的邻居会利用 SeeClickFix 发现一些他们可以自己动手修复的问题——比如修理那个摇摇晃晃的长椅，而不需要政府费心也不需要花纳税人的钱。我们将会看到越来越多的社会组织形式，他们自己采取行动而不受政府的约束，这些社会组织形式可以跨越国界。

企业同样也属于公众的组成部分。不论这些企业是否发行股票，他们都依赖于与许多相关人员的关系，包括顾客、企业员工、供应商、合作方、竞争者，以及相关团体。正如我们要求政府的职权透明一样，我们也同样要求企业公开更多的相关信息。迄今为止，透明化通常只是一个时髦术语，它本身只是用精心制作出来的消息发布的新闻公告，或者是当有人搞砸的时候的一句“这是公司的过失”。那不算是公开，只能叫公共关系。真正分享的公司是公开地运作，因为公开可以使业务以一种新的方式运转，以一种新的方式与客户协作，重置与顾客的关系，建立起信任，从而提高效率——生产出更优质的产品，降低出错率，减少在市场营销上的费用，树立起更好的品牌形象。如今，一个企业将其生产流程向顾客开放得越多，那么人们，作为消费者，对产品的设计、销售以及服务链就了解得越多，在产品生产之前他们就会告诉企业他们对一种产品的需求是什么。甚至是蔻驰（Coach）这样的高端时尚饰品公司，也打开了公司的大门，邀请博主们为其设计皮包，这样公司就开发了一种新的（也很低廉的）智慧资源，同时也能从参与设计的博主那里得到免费的市场，并且可以减少博客中那些批判性的犀利言辞。

对于企业来说，透明经营可以引发良性循环：公开表明企业对顾客的尊重，这样就可以得到顾客的信任，从而创造出合作的机会，进而带来效率的提高，降低风险，提升企业的价值，提高品牌的知名度。适度的开放对企业来说是有益的。

这一规则甚至可以应用于演艺圈。电视剧《英雄》的创作者蒂姆·克林（Tim Kring），在网络上看到一些粉丝批评该剧的剧情。他公开承认对于粉丝所喜爱的角色的失误处理，并及时地解决了这一问题。他给予了粉丝们充分的信任，从而也赢得了大家的尊重。在网络电视缓慢的制作周期当中，很难做到与观众进行及时沟通以改变整个剧情的发展。但在网络上，这就容易多了。每周，我都会去参加《本周在谷歌》（This Week in Google）这一节目，这个节目是由前电视播音员利奥·拉伯特（Leo Laporte）创办的，他在互联网上创办了自己的网络节目，每一场都是现场直播，观众们在聊天室里互相讨论。当利奥，还有我们的专题讨论小组成员吉娜·特拉帕尼（Gina Trapani）和我，不知道一些事情的时候，我们就会给聊天室打电话，我们总是能保证在几秒钟之内得到答案。这样的安排不仅有利于制作出更好的节目，还能建立起粉丝们对节目可贵的忠诚度，他们会告诉我们他们想要从一个节目中得到什么，而当我们满足他们的需求时他们又会对我们心存感激。利奥与他的观众之间双向信任的模式令人叹服。这种信任的模式也会影响他选择赞助商，利奥只有在信任他们的情况下才会与他们合作。这就是开放的良性循环。

科技的进步以及互联网的普及，使得所有这些机会都成为可能——并且被放大，被加速——而互联网成了我们新的公共场所。我在媒体的同事曾经留心观察过互联网，互联网作为一种媒介，在他们看来，非同一般。但是互联网不仅仅是一种传递内容的媒介，更是一种互相建立联系的途径。《破茧而出》（*The Cluetrain Manifesto*）一书对互联网文化有着重大的影响，该书的合著者多克·萨尔斯（Doc Searls）说我们应该把互联网看作是一个聚会场所。互联网宛如我们的城市广场，在那里我们彼此建立联系。法国前外长伯纳德·库什内（Bernard Kouchner）在《国际先驱论坛报》中写道，互联网是一个“国际化空间”。美国退伍军人管理局技术总监称互联网是“第八大洲”。我博客中的一位读者不喜欢把互联网看作是一个全球化的空间。他争辩说互联网应该是一个新型的类似宇宙的空间。这种观点有点独特。我开始接受这样的观点了，即认为互联网是我们这个世界中的一个新的层次，也许是一个新型的社会，或者是通向不同于现在的分享更加彻底的未来的路径。

年轻人生活在那个更加开放的未来——他们信息的分享程度经常令他们的长辈震惊——因为年轻人看到了开放所带来的回报。他们公开进行交流。这就是他们彼此之间分享和建立联系的方式，这也是他们建立自己的声誉、事业和口碑的方式。他们很聪慧，知道开放的好处和风险，正如我后面要讲述的，他们正学着在遇到不同情况时采取相应的措施，用我们所认为的更多的技能和智慧保护他们的隐私。我们应该向他们学习，因为未来是他们的。

然而，分享并不是年轻人的专利。数以万计的人，跨越每一个年龄段，涵盖每一种相互关联的文化，都在分享。即使是没有联系的文化未来也会连接网络，因为今天20亿的互联网使用者将很快变成30亿，他们将通过更加便宜、更加小巧的手机来接入互联网。你是否会认为美国是互联网的核心？其实巴西长期以来一直是互动交流的温床，但这从未被承认过，这个国家很早就采用了分享博客和照片的方式来加强朋友之间的联系。中国移动拥有6亿客户（这个数字恰巧和Facebook的使用者一样多——但二者并不是同一客户群）。在非洲和印度那些可怜的农民、渔夫以及商人正在使用连接技术来提高他们的市场。大约有70%

的 Facebook 的用户来自于美国以外的其他国家。

在全世界的范围内，我们的生活正不断地分享出去，我们在 Facebook、Twitter、Flickr、YouTube、Foursquare，以及在这个分享的行业中其他公司所提供的平台上分享了我们的想法、照片、视频、自己当前所在的地理位置、所购物品以及建议等。他们分享这一切并不是因为他们是不顾后果的好出风头者、自我陶醉者、无意识的醉酒者（当然，并不排除存在这样的情况）或者是精神病患者。他们这样做的原因只有一个：他们意识到了分享以及相互建立联系所带来的回报，而现在的技术使得分享和相互联系成为可能。

技术的进步可能带来这些机会。但是技术的进步同样也会引起恐惧。历史上的事件一次又一次地印证了这一点，技术进步会产生变化，这些变化也会引起我们对隐私所面临的威胁或者分享被强加在我们身上的担忧。五百年前，印刷机的发明引起了人们的恐慌；一百年前，摄像机的出现同样也引起了人们的恐慌；在过去的一个世纪里，不计其数的科技的出现都引起了人们的担忧。所以这不仅仅是关于隐私与分享的问题，更是关于科技与科技所带来的变化，担忧与机会，以及一个新纪元的雏形。分享不仅仅是一种接入互联网的潮流，一些很酷的服务程序，一种新的商业模式，以及闪光的政治辞令，年轻的幻想。分享更是社会和经济重组的核心，我相信它也会像约翰内斯·古腾堡（Johannes Gutenberg）和他的活版印刷一样被证明具有深远的意义。

科技的进步使我们不得不质疑这些关于个体和社会长期以来的角色假设：关于我们的权利、特权、力量、责任、顾虑与期望。那并不能够完全描述现代化进程。理查德·塞纳特（Richard Sennett）在其著作《公共人的衰落》一书中说，在远古时代，“公共经验与社会秩序的形成是有关联的”，即无政府状态的结束。远古的独裁主义政权告诉人们什么是他们必须要想的和必须要做的；而现代社会可以让民众单独或者一起做他们想做的事情。分享的发展可以带来更大的自由。我们作为个体可以利用这样的自由来表达我们自己的想法，并寻找睿智的人加入这个分享的新社会里。

社会虽然不是经常但却是不可避免地会发生着裂变、分裂，然后重组为新的社会形态。想象我们自己是分子中的原子。几个世纪前，我们社会的分子形态是村庄和部落；所处的地理位置确定了我们的界限，通常由宗教引导我们的思想和行为。在欧洲，马丁·路德（Martin Luther）利用古腾堡发明的印刷机，使社会裂变为原子，直到那些元素重新组合成新的社会形态，被新的宗教和多变的政治界限所定义。随着工业革命的到来——古腾堡是工业革命的第一束火花，虽然微弱但极具爆炸性——在各个城市以及各个民族中，在贸易和经济领域，这些原子不断地分裂重组着。我们都裂变为原子，然后又组合成新的分子。在我们冲破阻力发生爆炸，打破旧有的牢固的黏合力，最终分开的时候，我们并没有发生太多的演进，直到我们再次组合起来。我并非旨在提议大家去探讨我们应该是独立的还是群集的，我们的自然状态是个体的还是社会的，保密的还是分享的。我们应该二者兼备；在考虑机会和必要性的前提下，我们只是改变了公式。我们喜欢认为我们最终找到了二者之间的平衡，发现了我们自然的持久的状态。然后新技术又出现了，破坏了我们所珍视的旧有的假设和秩序。

今天，互联网再一次使我们发生裂变。互联网好比是每个人的印刷机。我并不是指它是一个传播媒介，我只是说它不仅仅是一个传播媒介。它是我们裂变的工具，是打破旧有的黏合力的催化剂，它把我们释放出来重新探索我们的本质。这次变革采取了微小的形式：我们所有的人都不再用同样的、千篇一律的观点看待分享的信息。沃尔特叔叔，安息吧。这次变革也采取了重大的形式：改革，产业的倒闭，经济的剧变。我们都分裂为原子，然后再重组为新的分子。由于恐惧，我们想要分离开——越远越好。在《一个人打保龄球》（*Bowling Alone*）一书中，罗伯特·普特南（Robert Putnam）担心我们正在疏远家人、朋友、邻居和社会。但是之后我们又想要置身于群体当中。《一个人打保龄球》一书鼓励企业家斯科特·海弗曼（Scott Heiferman）建立网站 Meetup.com，搭建一个为群体交流而服务的平台，可以让各个群体直接组织聚会分享他们的任何兴趣，从养狗到跳舞，从科幻小说到科学研究，裂变、重组。现在我们可以找到我们希望加入的群体了，这不是基于我们共同的标志、普遍化的特征以及别人给我们划定的界限——红与蓝，黑与白，国家与民族——而是基于我们的想法、兴趣和需求：癌症幸存者群，素食主义者群，单身妈妈群，狩猎者群，养鸟者群，还有隐私拥护者群。

分享是划时代变化的标志。它具有重要的裂变性。分享对那些把权力用于控制信息和受众的机构构成了威胁。那就是为什么我们会听到现任者们反对这一变化并警告其所具有的危险性。分享是在损害当权者们利益的情况下我们授权的标志。独裁者们和政治家们、媒体上的显要人物以及市场营销人员都在努力向我们灌输该想什么该说什么。但是现在，在一个真正开放的社会中，他们必须倾听我们的声音，我们是否正在使用 Twitter 抱怨某种产品，或者在 Facebook 上组织一次抗议。如果他们想要稳定政局，坐稳位子，那么这些机构就必须学会用平等的眼光来看待我们，尊重我们作为社会的个体，作为群体，即公众，现在可以支配的权利。如果他们违背公众的意愿，那么不论好坏他们都有可能会被企业家或者反对派替换。

社会中的分享越来越普遍，这是显而易见的，也是不可避免的。抵制是无益的。但是我们的新社会将要采取何种形式并不能预先确定。我们正处于关键时刻，面临着许多选择。未来的钥匙掌握在拥有分享工具的人即我们的手里。我们必须决定如何使用这些工具。不是徒劳空嚷，咒骂时代的潮流，而是应该运用智慧发现机遇，决定我们想要建立一个什么样的未来。我们怎么样才能运用我们的新工具改变政府、组织政权、赢得选举、获得权利呢？我们怎样才能找到政府之外的权利组织来帮助我们阻止政治制度利用同样的工具暗中监视我们并制伏我们？一家企业如何通过公开其信息和流程以改善公共关系以及通过与各方的协作而获利？同时，我们怎样才能确保一家公司通过保护我们的隐私而赢得我们长久的信任？我们怎么样才能让我们的孩子有效地利用这些新的不可思议的分享工具，而这些工具是他们不得不创造和分享的且相互关联的，同时教给他们将来遇到意想不到的事情的时候怎样保护自己，并远离那些有负面影响的因素？所有的这些问题，我都将在本书中给予解答。

我们是规划未来社会蓝图的人。在我们作为个体、父母、雇员、雇主、公民、官员和邻居等的这些角色中，其中的每一个自己都在单独地，通常匿名决定隐私如何才能安全、受到保护、封闭以及如何分享才能做到开放、合作、聚集以及信息分享到何种程度才容易受到攻击。

同许多人一样，我也目睹了在 Twitter 上上演的埃及革命这一戏剧性事件。可怜的 Twitter。它本来是不被用于其他目的的，它只不过是用来分享我们日常生活中发生的一些自我陶醉的琐事，就像我们每个人回答一个简单的问题一样：你现在在做什么？仿佛整个世界就应该关心这个问题似的，不是吗？在示威活动的过程中，我在 Twitter 上留言道，我所认识的这些人每天更新的状态中无非是吃饭、约会、抱怨、寻花问柳，而接下来发布的状态中却充满了勇气、恐惧、兴奋和决心，而这些状态都来自于开罗解放广场（Tahrir Square）上的人们，我开始了解这些陌生人，当然我非常尊重他们，而这两种截然不同的状态对照，是多么不和谐。@ghonim——谷歌的前任高管瓦伊尔·高尼姆（Wael Ghonim），他被认为是在Facebook上煽动了埃及的这场示威游行最后还被关进了监狱——他利用Facebook传递消息，鼓励和支持民众示威游行。“为埃及祈祷，”他在Twitter上留言道，“我非常担心，因为政府看起来正在计划制定战争罪来镇压明天的示威者。我们都已经准备好赴死了。”在为期十八天的示威游行进入第十七天的时候，解放广场上的人们都以为专政统治者穆罕默德·胡斯尼·穆巴拉克（Muhammed Hosni Mubarak）将会下台，高尼姆立即在Twitter上留言道，“革命2.0：任务完成”，但是那晚穆巴拉克并没有下台。第二天，穆巴拉克辞去了总统的职务。“欢迎回来，埃及，”高尼姆在Twitter上留言，“他们欺骗了我们。他们告诉我们埃及在30年前就已经名存实亡了，但是数百万的埃及人决定寻找自己的国度，他们在18天内就找回了自己的国家。”高尼姆在美国有线电视新闻网CNN上感谢Facebook。“这次示威游行是在互联网上发起的。确切地说是在Facebook上发起的。”他说道，“这次示威活动开始于2010年6月，当成千上万的埃及人开始相互协作的时候。我们在Facebook上发布了一个视频，在几小时内就被6万人分享并转载了。我之前就说过，如果你想解放一个国家，那么只要给他们网络就可以了。”

很显然，在这一历史事件的每一分钟里，下一分钟会发生什么充满了不确定性，而下一分钟的情况只会更严重。政府当局也可以利用互联网传播误导性的消息，从而找到并逮捕示威的民众。出于习惯，我在电视上观看了这一事件的进展。大部分时间，即使是半岛电视台也只能在远处较安全的距离对广场进行远景拍摄，而时事评论员除了不断地重复之外能做的很少。电视上几乎听不到广场上示威者的声音。但是在示威游行的过程当中，Twitter 传递了这些声音。博主塞尔斯在埃及说，Twitter 对有线电视新闻的威胁正如有线电视新闻曾经对报纸的威胁一样：Twitter 的出现使得传统的新闻媒体变得不再那么及时。

在 Twitter 上，一位专家 @acarvin——美国国家公共广播电台（NPR）社交媒体战略家安迪·卡文（Andy Carvin）——花费了几个小时甚至几天的时间从埃及广场上的人群当中寻找为他提供信息的最佳人选。在抗议活动进入高潮的时候，他在 24 小时内留言多达 1300 次。通过他所信任的渠道，他证实了谁参与了示威游行。他不断地传递最新的消息，揭穿谣言，不断地询问谁在广场上，以及正在发生什么。

在示威游行开始之后的数月或者数年内，你当然不可能太早知道这一事件的最终结局。因为它没有剧本，甚至都没有剧中人物。在后穆巴拉克时代，埃及将建立并维持什么样的社会体制还不能确定，埃及将会面临许多风险、需求和冲突的利益，但是也会带来许多新的机遇。正如埃及未来的社会体制将有很多种选择一样，我们的社会体制以及其他已经出现的新的社会体制也将面临很多选择。

也有人对这个新的时代持怀疑态度。作家马尔科姆·格拉德威尔（Malcolm Gladwell）的脾气很倔。“当然，”他说，“一个一点都不好笑的事实是，一些示威游行者可能（或者也可能没有）在某一时刻使用了一些新的媒体工具彼此联系。但是请想一想。在 Facebook 创建之前也同样有民众示威使政府垮台的。”我丝毫不怀疑这些分享的工具在帮助埃及人民站起来反抗，从沉默到最终的心声被政府听到中发挥了重要作用。这些工具帮助他们分享他们的信息、他们的沮丧以及他们的梦想。这就是为什么穆巴拉克关闭了网站和移动电话，因为这些科技对他的政权造成了威胁（事实上，任何一个人如果担心其他人对他不利的话可能都会那样做）。但是即使是穆巴拉克也不得不重新开放互联网，因为现在互联网对我们的生活是如此重要。格拉德威尔下面这句话说得非常正确：工具仅仅是工具，而革命是人民的。正如一位博主在美国半岛电视台英语频道中提醒我们，打败穆巴拉克的并不是Twitter，而是埃及人民。Facebook不可能建立一个新的社会体制，但是这个新的社会体制的建立却要利用Facebook来塑造自己。

“什么样的世界能使分享和隐私的价值为我们所有的人平等地利用？”迈克尔·沃纳（Michael Warner）问道。这是我们所面临的挑战：在我们作为自由个体的角色和作为社会群体中成员的角色之间寻求一个新的平衡点，我们作为群体中的成员要共同建立一个更加美好、更加开放、更加宽容、更负责任的企业、市场、社区、政府、学校、关系和生活。诚然，我们有必要保护自己的隐私，对自己的隐私要谨慎，还要有隐私的拥护者，但是分享也同样需要自己的拥护者。本书即是分享的拥护者之一。

第一章
分享的倡导者：马克·扎克伯格
Public Parts

我带着儿子杰克去Facebook位于帕洛阿尔托（Palo Alto）的总部采访马克·扎克伯格。在我们刚刚进入他那砌着玻璃墙的会议室时，扎克伯格奔进了会议室，略显紧张不安，说他需要擦掉白板上的字迹。我暗骂自己没有先看一下白板上的内容。所以我没有对扎克伯格公司的机密造成威胁。在Facebook很容易找到像这样显而易见的具有讽刺意味的事情：Facebook希望我们所有的人都对彼此分享，但是公司的信息却对公众有所隐瞒。它的创始人希望我们所有的人都要善于社交，但是扎克伯格本人——正如一位对他非常了解的人曾经跟我开玩笑的那样——却是个极其厌恶社交的人。扎克伯格的神秘性不在于他的知名度而在于他是如此具有神秘感的一个人。他就像谜一样，外表充满书生气的他却成了大亨。

在他擦白板的时候，我望向窗外，在山峦上看到了由美国戴尔公司生产的硕大的监视器。一个大屏幕孤零零地矗立在那儿，屏幕上面显示的是一个偌大红色数字“45”，还有一个倒计时的时钟在下面滴答作响。“有什么事情将在45天之后发生吗？”我问道。“那时我们将有许多新产品投放市场。”扎克伯格说。从他的话中，我听不出任何其他的讯息。他似乎有一种尽可能少说话的天赋。那就是为什么我喜欢在一些高级的专题讨论会上在众多成绩非凡的大亨中间观察他，不论是在瑞士的达沃斯举办的世界经济论坛，还是在加利福尼亚州蒙特雷（Monterey）召开的鲁珀特·默多克（Rupert Murdoch）的公司会议上。扎克伯格总是只说他内心所想的，除此之外不会多说一个字。他从不胡说，也不会大谈公共关系来消磨时间并以此来吸引公众的注意力。他也不会刻意去讨好他的提问者或者他的观众。他说话总是很直接，从不拐弯抹角，但不失礼貌。他并没有被如何应对媒体的这种训练所影响。我甚至觉得他在面对聚光灯时还有一点害怕，反正起码是不喜欢它。他只说他不得不说的，并且不耐烦地向前移动。那就是他为什么会被人称为怪胎，以及在被聚光灯包围的时候，他直愣愣地注视的样子给了他这一“美誉”。甚至有一些人业余诊断他患有亚斯伯格综合征。但即便我有资格诊断，我也不会这么做的。因为扎克伯格从那以后改变了他面对镜头时的局促不安。一对一的谈话，他虽然有些紧张但是也很有魅力。他记得时刻要面带微笑。在很多人面前，他也不会感觉那么不自在了，甚至是会见巴拉克·奥巴马（Barack Obama），他也表现得很轻松自如。关于那只钟，我仍然不能从他的口中得到更多的信息。

当我在 Twitter 上提出那只钟的迷惑时，比我数学好的数学家们计算出了 45 天之后将是《社交网络》（*The Social Network*）首次公映的日子，这部电影是 2010 年的作品，是描述关于扎克伯格和他的 Facebook 的。我看了这部电影之后，并不是很喜欢，我认为这部电影是对扎克伯格和所有的所谓怪胎们、企业家们、互联网以及社会所发生的变化的一种攻击：是对狂热爱好者们复仇的报复。剧本作者阿伦·索尔金（Aaron Sorkin）承认他对 Facebook 一无所知，他也不在意事实如何。“我并不希望我所描述的内容是真实存在的，”他在《纽约》杂志上说，“我只是在讲述一个故事。”电影情节是虚构的，这部小说只是愿意相信互联网这个东西不是一次革命，而只不过是一些很奇怪的喜欢玩弄机器的人，一些在大学里我们并不喜欢的男孩子们创造出来的东西。用纽约马克·哈里斯（Mark Harris）的话说，《社交网络》是，“旧的媒体向新媒体发起的蓄意的攻击”。

杰克不同意我的观点。他认为这部电影是在鼓励创业。在随机调查中，作为罗夏墨迹测验（Rorschach test），我发现了在对《社交网络》这部电影的认识上所存在的年龄上的差异：像我这个年龄的人可能比我更喜欢这部电影但是讨厌扎克伯格；而像杰克那个年龄的人则更倾向于喜欢这部电影并且把扎克伯格看成是一位成功者。我分析了这一差异。我讨厌这部电影，但是我很崇拜扎克伯格。我相信他对于未来互相联系的世界有自己的远见，并且有技能和决心去实现它。目的才最重要。正如电影里所描述的，如果他只是出于对自己玩世不恭的目的行事——获得公众的关注，变得富有，得到女朋友——然后控制我们所泄露的信息并加以利用。但是如果相反，他有更高的目标——帮助我们分享，互相建立联系，使得这个世界更加公开化——那么我们就很容易尊重他，就像杰克和我尊重他一样。

"我是真正伴随着互联网成长起来的第一代人当中的一员，"扎克伯格告诉我说，"谷歌是在我上中学的时候出现的，然后相继出现了亚马逊、维基百科、iTunes和Napster。每年都会有新的获取信息的方式出现。现在你可以查询你想要的任何信息，你也可以得到相关的参考资料。你可以下载任何你喜欢听的歌曲。你可以获得去任何地方的导航信息。世界变得越来越美好了。"

从他的话中，我们听到了他固有的乐观，这使得我们更加喜欢他：如果正确的工具和力量掌握在正确的人手中，那么这个世界就会变得越来越好。"总的说来，让这个世界变得更加开放是有利的，"扎克伯格说，"我们的任务就是让这个世界变得更加开放，信息共享，所有的人都互相建立联系。"乐观的人要相信他的团队，授予他这样做的权利而不仅仅是保护他。扎克伯格相信他正在帮助我们大家学会分享，这可以让世界变得更加公开，更加透明，带来更多的信任和责任，让世界更加健全。他说，那即是他创设 Facebook 的初衷——而并不是像《社交网络》这部电影中倾向于让我们相信的那样，是为了找一个女朋友——他早已经有了女朋友，一直到现在都是同一位女士，他女朋友的名字叫普莉希拉·陈（Priscilla Chan），也并不是像其他人所说的那样，他想强迫我们所有的人都分享自己的信息。他强调说，他只是在发明一些工具来帮助人们做他们以前想做却无法做到的事情。他认为，他并不是在改变人类的本性，他只是在使分享成为可能。

“在互联网和诸如 Facebook 这样的社交工具发明之前，”他说，“这个世界上有很多的黑幕。”我们当时并没有像现在有这样的选择和能力：“在我们所拥有的文化里，我们要么只是生产者，要么只是消费者……那是一个被分裂开来的社会——这有点不合情理。”分享的工具，包括媒体，只是掌握在少数人的手里；而现在却掌握在我们所有人的手里。“所以现在的问题不是‘你的信息是完全非公开的吗’，而是‘哪些信息是你愿意和大家分享的，哪些不是’。”

扎克伯格说他想给予他的用户们对公开和非公开的信息的控制。如果那是事实，那么为什么他总是不断地陷入关于隐私问题的麻烦当中呢？有以下原因：一些人抱怨 Facebook 中没有足够的对隐私控制的设置。鉴于此公司增加了隐私控制的设置。但是之后抱怨又变成这些设置太复杂。因为它们太复杂，所以用户宁愿不使用它们，而依赖于 Facebook 上的默认设置。但是使 Facebook 的用户感到震惊的是这些默认设置的改变使得用户的信息更加公开，甚至在他们毫不知情的情况下。而且 Facebook 一向都不善于与用户沟通。当我告诉扎克伯格在这本书中我所阐述的关于分享优势的观点时，他承认，“关于这一争论我希望您比我们的运气好。我觉得我们擅长生产产品以满足人们的欲望，却不擅长用语言表达出人们的欲望具体是什么。”有人会把那称为不完全陈述。

每当Facebook创造出新产品，他们都习惯于先发布，然后再询问用户产品所存在的问题，事后再去处理用户的不满，并不断改进，甚至干脆撤销新产品。与其说这是一种测试方法倒不如说是一种激怒用户的方法（就好比把所有的用户都扔进池塘里然后再去救他们）。在2006年引进好友动态（News Feed）服务的时候引发了第一次抗议，这项服务编辑朋友的最新情况并把这些情况显示在其他朋友的网页上。这激怒了一些使用者并且使他们感到厌恶。即使当你从一个朋友的网页点击进入另一位朋友的网页中，每一个人的动态都是可见的情况下，一下子看到所有朋友的趣闻自动地汇总并不断地呈现出来，使得一些使用者感到震惊和担忧。现在他们看到他们新建立的关系或者与别人的交流都呈现在好友面前仿佛新闻一样。许多人都反对这一服务，他们发动了团体抗议，用Facebook自己的工具来对抗Facebook。扎克伯格觉得这一事件很有讽刺意味，这次抗议用News Feed来传播抗议News Feed。“有人发起了抗议组织，”他说道，“然后这个抗议组织不断地发展壮大，通过News Feed我们可以看到越来越多的人加入了这一组织。”在《脸谱效应》一书中，戴维·柯克帕特里克（David Kirkpatrick）说，一个抗议团体，一天之内，从500人激增到70万人。扎克伯格不得不重新进行部署。他向用户们致歉。“我们这次的确弄糟了，”他在博客上写道，“对于这些新功能我们没有做好解释工作，甚至更糟的是没能让你们去控制它们……我们没有立即建立适当的对隐私的控制设置。这是我们的重大失误，对此我深感抱歉。”他进行了调整，允许使用者可以控制哪些内容显示在News Feed上，哪些不显示。但是他一直都相信使用者们会喜欢News Feed的。结果证明他是对的。News Feed在Facebook使用者的主流中变成了使人上瘾的“毒药”，它刚发布不久就由于成千上万的网页浏览量而使这一服务一度拥堵不堪。

在下一次抗议中，扎克伯格真的投降了。这次抗议源于他的广告服务 Beacon，这一服务可以与朋友分享用户所购买的物品。一种产品还能比朋友的推荐更能获得市场吗？但是 Beacon 的设计不够精细。比如会出现这种情况，在丈夫送给妻子礼物之前妻子就已经知道丈夫给她买了一枚戒指。扎克伯格认为人们显示出一种欲望那就是分享他们在 Facebook 之外所做的任何事情，比如告诉朋友他们看了什么电影。但是把同样的设想应用于一些非常敏感、非常隐私的信息中，在使用者们不知情，也没有获得使用者同意的情况下，那就是错误的，包括在 Beacon 上所购买的物品这些很隐私的信息。Facebook 总是做出让人吃惊的举动。这次风波之后，扎克伯格做出了一些改进，但最后他放弃了并且删除了 Beacon 服务。我想要建议他的是，对于一个广告的未来（以及消亡）仍然有发展的空间，因为朋友的推荐会成为开拓市场的最可靠的形式。我在后面会讲述一项叫作 Blippy 的服务，它可以让其使用者直接从其信用卡中与朋友或者全世界分享其所购买的物品。扎克伯格说 Blippy 由于其明确性而被使用者所接受，而 Beacon 是错误的因为它使使用者感到不安。

在其下一次也是最具反响的一次抗议中——至少在社交媒体的专家范围内是这么认为的——Facebook 很多次都不声不响地修改了它隐私的默认设置。博主马特·麦克科恩（Matt McKeon）绘制了一幅相关联的网络图来表现这些年 Facebook 默认设置的变化情况。在 2005 年，他指出，默认设置会让你的图片和动态板上的留言——你在 Facebook 主页上所说的话——仅对你的朋友和网络好友（那时，即指你的大学同学）可见；到了 2010 年，这一设置使得这些内容对所有 Facebook 的用户和整个网络都是公开的。在 2005 年，你的好友列表仅对你的其他朋友和大学同学公开；在2009年，你的好友列表所有Facebook用户都可见而后扩展到整个网络。因此，扎克伯格被指控暴露了用户的生活和想法。这次Facebook为隐私设置创设了简明的、独立的网页来回应用户的指控。

我认为Facebook对于分享的定义与其说是卑怯的不如说是迷惑的。它把创建我们的公众团体（即我们在Facebook上的朋友圈）的理念与向公众分享（此处的公众指整个互联网和全世界）混淆了。Facebook创建的工具可以让我们每一个人建立和管理我们自己的朋友圈，我们自己的社群，即我们自己的公众。其他工具，诸如博客、Twitter、网络相簿Flickr、视频分享YouTube等可以让我们对任何人，即所有的公众发表言论和广播。当Facebook混淆了这两类公众的时候，就会把我们认为只能被我们自己的公众看到的新信息却对所有的公众公开了，这样会使它的使用者感到困惑和担忧，他们只对一些朋友所说的话现在却能够被世界的广播系统听到。在我们新型的公共社会诞生初期，在我们大多数人只是刚刚学会了怎样与世界交流的时候，困惑是令人害怕的。“数字时代的迷惘”即是作者安德鲁·金（Andrew Keen）在Twitter上所描述的感觉（也是他所著的书的书名）。

扎克伯格、他的团队，以及他们那一代人似乎不能深刻地去领会，正如他们所说的那样，领会这些恐惧的强烈程度。他们伴随着互联网以及互联网开放的文化成长起来，已经明白了怎么去管理它。“我只是认为每一个人都通过这些东西来思考。”扎克伯格说道。他以及他的同伴有时被称为“数字原生代”，因为他们比像我这个年龄的“外来移民”更理解这一新世界的领域和语言。“数字原生代”这一短语在传统出版业巨头鲁珀特·默多克于2005年对报业编辑们的讲话中得以推广，但它却已经不为大众所接受，因为它暗示了年轻人生来就具有在互联网上保护自己的知识和技能。但是事实上，他们也是需要后天学习这些东西的，说不定成年人就是他们最好的老师。在空间、信任和尊重方面，年轻人可以在发展他们新的社会准则的过程中互相学习。

Facebook 不再像它 2004 年创建初期那样仅服务于大学生，扎克伯格记得当时他绘制了一幅社交网络图——这幅图描述了我们彼此之间的关系网以及信息如何通过它进行传播——这幅图就画在他哈佛大学宿舍的白板上。“现在，”他说，“每一个人都是观众。”所以，Facebook 不得不考虑到每个人的欲望。他的目标是“在这个模式之外创立 Facebook，你可以与所有适当的人分享你的信息而不必真正地去参与并调整很多东西……考虑系统的复杂性这并不是 5 亿人的工作。”简言之就是信任系统的预定值。我原本以为在有组织的大学生活中实现通用的预设值——因为在大学里 2005 的班级与 2015 的班级不会有什么关联——会比在现实生活中更容易，因为在现实生活中，用 Facebook 自己的话说，关系很“复杂”。但是扎克伯格认为人们使用 Facebook 并不会因为年龄和种族的不同而存在很大的差异。“Facebook 之所以如此受欢迎就是因为每个人，在通常情况下，都有朋友和家人，他们希望能与朋友和家人时刻保持联系。”他说，Facebook 尽量获取一些不太敏感的信息——比如你的名字，你的朋友列表——通过设置使这些信息公开，而剩下的信息只有你的朋友才能看到，同时尽量不用太多他人的信息而使朋友受到打扰。在 Facebook 努力使对隐私的控制最大化，并且使隐私之争最小化时，我想知道 Facebook 是否关闭了很多信息。当有人想加我为好友，而我想了解他们是谁的时候，我被限制查看那些信息。在这次讨论中，我们可以忽略 Facebook 本质上是一个分享信息的地方。

在 Facebook、谷歌以及其他的网络服务努力鼓励我们分享的同时，他们都有一个共同的目标：凭直觉了解我们的意图。他们想搜集关于我们的一些信息，这样他们就可以有针对性地制定他们的网页内容、服务和广告并向我们推荐。这些服务器会竞相找到更多的方式使我们泄露相关的信息——比如我们的住址、需求、品位、关系、历史——这样他们就可以向我们推荐，比如，在知道我们现在的方位，我们喜欢什么，以及我们的朋友是谁，他们又喜欢什么的情况下，为我们每一个人推荐完美的餐馆（通过给我们提供有针对性的优惠券而赚钱）。这些服务与隐私拥护者们的意图产生了冲突，因为抓住并分析我们所产生的信息从而预测我们的需求这种做法有点像暗中监视或是读心术。“你们是怎么知道我要去法国的？”小心翼翼的用户开始质问谷歌。“先生，很有可能是因为您搜索了巴黎。”

扎克伯格相信通过回馈给你信息，关于你自己的生活——你的朋友以及你和他们都喜欢做什么以及正在做什么——你会“对你周围所发生的事情有一个更加清晰的认识，并且可以学习一些你以前学习不到的东西——这样可以使人类生活得更好一些”。这样傲慢的语气令人印象深刻：使人类生活得更好。谷歌只是想搜集组织我们的信息。扎克伯格把 Facebook 看作下一阶段互联网向人性化演变的标尺。“人们只是在互联网上爬行，”他说，“但是爬行并不能得到任何关于人们的信息。因为这些信息都在我们的脑子里。所以，为了创建那项服务，你需要建立能让人们分享的工具。”他认为他所主张的模式正是 Facebook 与被 Facebook 所取代的事物的另一个区别：“在 Facebook 上所有关于你的信息，是你自己选择公开的。而在此之前的最后一波网站不是以这种方式运作的。”广告网站从你的行为当中收集关于你的信息——大多数情况下这些信息是匿名的——所有可以把你作为广告目标的信息，但是这个过程是在暗中进行的。“在 Facebook 上，你得到一个关于绿日乐队的广告，很可能是因为你说过你喜欢绿日乐队……我认为人们对事物有更多控制力的模式将会变得更加强大以及更富有表现力。”在他谈论的过程中，我开始认为应该把谷歌看成是第三方网站，因为它是关于其他人的，即所谓的“他们”。Facebook 应该成为第一方网站，因为它是关于我和我们的。

扎克伯格已经创造了数十亿美元的资产。华尔街对此表示不屑——但是硅谷没有——2007 年微软投资 Facebook 的价值达到了 150 亿美元的报价。到了 2011 年，一些学者认定这一投资价值已经达到了 200 亿美元，500 亿美元，甚至是 1000 亿美元。我相信他正在创建一项更伟大的事业，这一事业用数据作为新的通货：我们用我们所知道的信息来交换我们需要的信息。我们获得的回报是相互关联的。扎克伯格不同意我的说法，说我的想法不是“正确的构架……我更倾向于认为它是人们之间相互作用的互换，而不是数据与数据的交换”。记住使用者的目的是至关重要的。先前出现的定位服务——谷歌地图（Google Latitude）和路谱网（Loopt）——要求你向全世界分享你的位置却没有给出这样做的理由（但是却有很好的理由不这样做）。之后出现的服务像 Foursquare 还有 Facebook Places 可以让你与朋友分享你的地理位置，这样你们就可以碰面。你与 Facebook 交流，告诉它你正在做什么，作为回报你就可以与朋友交流。用交流来交换交流。

扎克伯格认为 Facebook 不仅仅是一家科技型企业，更是一家社会学企业。我觉得这一说法很发人深省。与其说他是一位工程师——他的专业是计算机科学和心理学——倒不如说他是一位社会工程师，为人类建立系统，帮助我们做我们想做的事情……以及他希望我们做的事情。就拿 Facebook 上的朋友列表来说，没有人想要坐下来列一张朋友的清单。人们说想要——用扎克伯格的话来说就是“建立他们自己的朋友子群”。但是实际上，谁会费神去那样做？我曾经尝试着在我的通讯录上建立通讯子群——秉性比较古怪的人放在这儿，新闻业的同事放在那儿，家人放在另一个地方——但是这真的很乏味，我很快就放弃了。当你在 Facebook 上与某个人交朋友，并且他们也愿意与你建立朋友关系时，那么你就附带着完成了你的朋友列表。你这样做的原因，扎克伯格说，是因为“这就像一次很酷的握手。这样的握手总计达 100 亿次”。一旦人们分享了自己的私人信息，那么这些分享的小的行为就会叠加。“一些人认为保护自己的隐私比较好，”扎克伯格说，“然而我们总是跳出来说这样不好，人们想要同他人分享一些信息，并保留一些信息，这是事实。但是随着时间的推移，越来越多的人就会发现分享的价值，这样他们就愿意分享更多的内容。”这就是他创建这一服务的初衷，分享得越多，享受到的乐趣就越多，就会获得更多的益处。

扎克伯格对于摩尔定律有他自己独到的看法——我姑且把它称为扎克定律，虽然他自己不这样称呼。它规定：今年，人们将分享两倍于去年的信息，那么明年，他们又会分享两倍于今年的信息。这样 Facebook 就会拥有更多的用户——也许从今天的 7.5 亿将会很快增加到 10 亿——用户们又会增加他们所分享的信息量。同时，Facebook 的一位投资者，尤里·米尔纳（Yuri Milner）告诉我说，人工智能的发展将会变得越来越善于理解并使用所有的服务数据，而它的发展才刚刚开始。“今天远程的系统预置一切都是匿名的，”扎克伯格悲叹道，“将来，所有的事情都应该与用户的身份绑定，那样它们才会更有价值。”他对此已经有了总体规划。

第二章
分享的选择
Public Parts

## 注重隐私的德国人

德国是一个非常注重保护隐私的国家。这不仅仅是因为他们20世纪的政治历史原因。我觉得这源于潜藏在他们灵魂深处的某种东西。我妻子的德国外祖父于1923年带着那永久的保护隐私的意识在美国跳船了。“你一定不能把那些信息告知别人，”我们的祖父曾经摇晃着他那变了形的、表示不赞成的、有防护意识的手指头说，“没有人需要知道那些。”德国人并不是唯一要解决涉及隐私问题的民族。但是有关隐私问题的争论，我发现没有比德国更严重的国家了，这使得德国成了一个理想的实验室，在此我们可以在由社交网络所带来的向分享转变的不可阻挡的势头当中研究我们对隐私的渴望。

谷歌地图的街景视图在德国引起了很大的抗议声。自从谷歌配备有照相机的汽车驶进德国大街起，从政府监管部门和媒体中就传来了逐渐升级的抱怨声。政治家们要求谷歌把在街上所拍到的人们，甚至是车牌和门牌的图像——所有在公共区域抓拍到的东西——都要进行模糊化处理，谷歌照做了。在汉堡，谷歌同意在街景车来到城镇之前通知人们（最好把老人和孩子们都藏起来！谷歌的车在城镇里）。德国的食品、农业兼消费者保护事务的联邦部长伊尔莎·爱格纳（Ilse Aigner），于2010年在德国的新闻杂志《焦点》（*Focus*）上说，街景“完全是对照片的侵犯”，“只不过是对隐私领域变本加厉地侵犯”。她希望谷歌在拍摄居民房屋的正面之前获得每一位居民的同意。她的办公室里提供在线表格方便居民们申请要求把他们房屋的街景照片进行模糊化处理。我看到了一位美国研究者的软件在德国的商机，这款软件可以自动地从街景图片中把人删除——图片中没有一个人，只有孤零零的建筑物留在那儿（但是这款软件并不完美，人们仍然可以偶尔看到狗和拴狗的绳子却没见到狗主人）。勒沃库森市（Leverkusen）的政治家们建议向那些传媒公司收费，比如每拍摄一千米的街景就向谷歌收取 150 欧元的费用。但当谷歌承认在他们经过德国以及其他地方的时候他们的汽车并不是在拍摄照片而是正在从无线网络上捕获数据的时候，这对谷歌的事业并没有起到很大的推动作用。对数据的捕获成了一件不可原谅的糟糕的事情和公共关系的祸患，但是这并不是一个旨在谋杀隐私的阴谋。在偶然的某一天，偶然的某一时刻，偶然在德国的某条街道上经过居民打开的无线网络链接，这并没有出于通信和地址等的可想象到的商业用途。尽管如此，谷歌还是招来了敌意。

2010 年，谷歌在德国的街景汽车被破坏了。在奥地利，一位 70 岁的老人用一个花园里用的镐威胁街景车。在德国电视台广播网 ZDF 的一个戏剧性节目中广播了一个关于一项新服务的笑话：叫“谷歌家景”。一位扮演谷歌工作人员的人戴着一顶印有谷歌的帽子，手里拿着照相机，告诉丝毫没有起疑心的德国人谷歌要进入他们家里拍摄照片——而且一些人已经默许了。“你要在整个德国都这么做吗？”居民问。“整个德国的每一栋房子里的每一个房间都要拍照，”谷歌的工作人员说道，“所有的东西都要被拍照，所有的东西都会出现在互联网上。”这听起来貌似真实可信。由于《数据保护法》要求对面部进行马赛克处理——一种数字模糊化处理技术，谷歌工作人员给一位居民的眼睛挡上了黑色条形带，即所谓的“像素板”，他这样称呼它。在另一间房子里，一位妇女用桌子对着谷歌的工作人员，并拍下了他汽车的照片。谷歌的工作人员在他的眼睛前面举着像素板威胁道，“如果你再不配合，我们将不让你使用谷歌！”从播音室里的笑声可以判断出，观众们已经明白了这个笑话的意思，尽管受众和监管机构可能还没明白。

要是与谷歌的关于隐私保护之争总是这么明显地具有讽刺意味就好了。在2007年，德国政府讨论了一项法案，该法案要求谷歌保留经过核实的谷歌用户们的名字和地址以及他们的相关数据从而有助于犯罪调查。所以一方面，德国的政治家们说谷歌搜集用户的数据侵犯了公民的隐私；而另一方面，他们又要求谷歌应该保留公民的私人信息以便政府的不时之需。谷歌，有一些担忧，威胁要关掉它的邮箱服务而不是让一个有太多的实践经验的国家政府能够暗中监视他的公民。当然，德国人对隐私的热情拥护，对此一种很常见的解释是，纳粹的秘密警察和东德的斯塔西（Stasi）在暗中监视居民的私人生活。但是在这种情况下，事实证明谷歌比现代德国政府是更好的隐私保护者。

2010年年底，谷歌街景在德国使用的时候，24.4万人提交了表格要求谷歌对照片中他们的房屋甚至是办公室进行模糊化处理，即这一数字是在开展这项服务的20个城市850万个家庭中占到3%。这也是他们的习惯，德国人为此发明了一个词：Verpixelungsrecht，即像素化的权利。不过请您注意，并不是每一个德国人都喜欢被模糊化。在Twitter上，一些德国人嘲笑那次骚乱，并且给他们的土地重新命名为Blurmany（使许多东西都模糊化）。作家延斯·班斯特（Jens Best）把所有这些都放进了一个游戏当中，开设了一个叫作“寻找像素”的网站，在这个网站上他让使用者们寻找街景中被模糊化处理的地方。他还进一步建议他们应该自己拍摄被模糊化的建筑物的照片，并把他们链接到谷歌街景中。

我也嘲笑过模糊化的权利这一想法。但是当掺假的街景首次出现的时候，我不再感到好笑而是感到很惊骇。我在博客上悲叹道，“德国，你究竟做了什么？你已经用数字亵渎了你的城市。”在互联网上欣赏德国可爱的地貌，会突然出现一个人被一团像素雾攻击，从而模糊了公众的视野。由绿党组织的在柏林举办的关于隐私的讨论会上，我发表了演讲，一位观众问道是否未来的历史学家会责怪我们现在的这一代人，因为在数字世界中德国的城市是一片被模糊化的废墟，就像被第二次世界大战期间的炸弹轰炸过一样。如果没有表现出强烈的情感色彩，那么这个话题就一无是处。

我在会议上说，在德国人删改街景的时候，他们实际上应该注意自己的历史，为了限制谷歌拍摄公共街道，他们树立了一个非常危险的先例：如果谷歌迫于压力不再拍摄公共街道，那么一些更强大的实施不正当行为的无赖对记者或者居民有同样的要求时他们应该怎么制止呢？一些德国的争论者曾经说过，一个喜欢抛头露面的人与一个注重隐私的人之间是有区别的，一个公开的行为与一个在公共场合但希望秘密实施的行为之间也是有区别的。如果逐个分析这会是相当危险的区分。如果我在街上乱扔废物，你是不是会想要把我拍下来以揭示丑陋的美国人弄脏了你们干净的城市？如果我坚持认为对我拍照的行为侵犯了我的隐私呢？那你们会同意吗？相反，如果是你的照相机无意间捕捉到市长溜进了鸦片馆呢？或者是警官在殴打无辜的市民？或者是家长在虐待自己的孩子？现在你还会同意说他们可能也想要在公共场合有自己的隐私（实际上正是这样的说法才鼓励了他们错误的行为）？**限制公开本应该公开的事物就给予了这些令人痛苦的事物一个藏身之处**。把应该公开的事物公之于众，并且应该这样一直保持下去。德国的一家法院已经达成了意向。在2010年，一位妇女起诉谷歌，说街景可能侵犯了她的隐私。第二年，在一个被认为具有里程碑意义的决定中，柏林的最高法院判决街景是合法的，因为它的照片都是在大街上拍摄的。

在去柏林访问期间，我坐在《图片报》(*Bild*)的办公室里，《图片报》是欧洲刊行量最大的报纸。这是平民主义报纸，即小报，我们在美国都这样叫它，除了它印刷在超大篇幅的纸上，从而使得标题更大更醒目之外。有着领袖气质却颇具争议的编辑凯·迪克曼（Kai Diekmann），对于自己所设立的被他称之为“读者—报道者”的栏目倍感自豪，并设立了电话号码 14-14，这样公众就可以把他们拍摄到的照片发送到这个号码上。国内报社一经采用他们的照片，就会按每张 500 欧元的报酬支付给拍摄者。《图片报》每天都会收到成千上万张图片。迪克曼的这种方式使德国变成了一个追逐偷拍照片的国家：偷拍无处不在，没有谁能幸免，包括有意思的猫。他让所有的德国人都随时准备好拍摄在公共场合看到的情景。在与编辑们的交流中，我警告他们，媒体和政府反对街景的活动可能会使开放产生反复。如果谷歌迫于压力不再在大街上拍摄公共场景的照片，那么《图片报》的记者们就会被允许拍摄吗？还有《图片报》的那些所谓的“读者—报道者”们呢，他们还会被允许拍摄吗？会议室里一片沉默。

一天晚上，在慕尼黑，我与《时间在线》(*Zeit Online*）的主编沃尔夫冈·布劳（Wolfgang Blau），参加了一个关于分享问题的公开辩论会。在讨论的过程中，有一个人说他不喜欢看到自己出现在拍摄镜头中，而房间里的其他人却把有他的照片传到互联网上。那位男士说他从未允许过这一行为。我说，如果他说的是对的，那么这个房间里除他之外的每一个人都会被禁止拍照和分享这次辩论会的图片。那么他的这种禁止拍照的想法接下来会不会延伸到人们所说的所听到的以及想要分享的东西上呢？那这样就会侵犯到其他人言论自由的权利。倘若这个房间之外的人们想要了解这里正在进行的事情——并且表达他们对所发生的事件的评论，有反对我的说法的，有要添加新的想法和更多的信息的——所有这些能力都会被限制。并且对这次事件的公开记录也会被限制。公开这次讨论会还是有价值的，如果那位男士成功地阻止了其他人对本次讨论会的分享，那么他无疑是抢劫了我们所有的人。公共事物是属于我们所有人的，是为我们公众所有的。它并不属于公众当中的某一位成员。它也不属于政府。它是社会的资产，是属于我们大家的。“街道属于我们每一个人，那意味着它们也属于谷歌。”德国《金融时报》的一篇社论中如是说。如果那位男士对于隐私的定义被广泛应用，报社说，那么街道“不得不被宣布为私人财产。公共领域将不复存在”。

在德国的每一个群体当中，我都能找出许多不信任谷歌的人仅仅是因为谷歌的规模太大或者是因为谷歌赚的钱太多，又或者是因为它是美国的公司。“谷歌有着有趣的名字，友好的标识，它是一个在网络世界中异乎寻常的玩家，是对全能的欲望成就了谷歌。”《柏林日报》（*Berliner Zeitung*）发表社论说，“这一搜索引擎已经成为一个虚拟的、无所不在的世界玩家。”我听到其他人抱怨说：“我不想让谷歌在我身上赚钱。”这种很明显的敌对情绪与网上使用的统计数据不一致。在美国，谷歌的搜索引擎拥有大约 65% 的市场份额；而在德国，它拥有不可思议的 93% 的市场份额。看起来似乎在他们对谷歌的攻击中，政府和媒体以及抱怨声最高的人们已经与德国谷歌使用者们脱轨了。然而，我却看到了一个持续不断的火力网，不仅仅是攻击街景，还攻击谷歌的 Gmail 和 Buzz，更别提 Facebook 了——Facebook 曾由于把“喜欢”（“Like”）的按钮放在自己的网站上被认为涉嫌侵犯隐私而被告上了法庭。在涉及隐私问题时，德国的官员和德国的媒体可能是这个世界上最不讲情面的。

## 德国人的矛盾之处

2009 年去慕尼黑旅游时，我参观了我所住旅店的桑拿浴室。德国人喜欢蒸桑拿，我也很喜欢。为了给本书做调研，我去了好几趟桑拿房，后来我又去了柏林附近的温泉及 Therme Erding——慕尼黑郊区最大的水上公园，据说曾是世界上最大的桑拿圣地，这里有多种洗桑拿的选择，有很多的蒸汽房，还有硕大的、暖和的浅水池，水池里到处都是喷头，还有售酒专柜。数以百计的德国人在这里，有的在淋浴，有的懒洋洋地躺在躺椅上。这里没有性别之分。在德国人的观念里，泡温泉可以强身健体。他们铭记着这一信念，FKK 的缩写，即裸体文化（Freikörperkultur），或者被称为是释放身体的文化，其实就是指裸体。在这里，无论是浇水的、游泳的抑或是在泡澡的德国男女，都光着身子混杂在一起。这让我意识到了德国人对于一切事物的隐私都非常在意……除了他们的身体。

这一现象的背后，给我们所有人一个启示，也让我们所有的人都开始思考一个问题：为什么私密的事物要隐藏？为什么公开的事物要分享？在我们争论隐私和分享的时候，我们最好重新审视一下我们的文化规范再来看他们所说的关于我们的话，以及我们对于隐私的设想。作为社会和个体，我们应该检查这些规范，而我会为我自己这样做的。在美国，没有什么会比我们的隐私部位更加私密的东西了。如果你在公共场合暴露它们，你是会被捕的。在德国，他们会说：“这有什么大不了的？我们都有。”我觉得德国人对待隐私部位的这种态度远比美国人道德上的过分拘谨成熟多了。在美国，个人的财务状况很可能是仅次于人们的健康问题的第二大秘密了。在挪威和芬兰，公民所纳税额和他们的收入都公然地被公布出来。而在保守的瑞士，两个政治家因为公开了他们自己的收入和纳税额而激怒了他们的对手。在美国，我们会公开由于犯罪行为而被逮捕的人的身份，把他们的照片放在网上，把他们置身于新闻媒体的摄像机前。但是在德国，被逮捕的罪犯的照片中，他们的眼睛会被遮挡住。在中东的部分地区以及德国，房屋的墙壁可以保证他们的安全和隐私。在荷兰，有这样的惯例，即不论窗帘后面发生了什么，居民都要把窗帘拉开。但是一个挪威人告诉我，在比利时附近，一位邻居报警说，一个只穿着内衣的外国人在她家周围走动，她家窗帘是打开的（在我使用谷歌街景的时候，我应该注意找一下能说明荷兰有拉开窗帘这一政策的地方，但是我却找不到有一家的窗户上是没有拉窗帘的，也许是因为那天邻居们已经被警告过谷歌的工作人员要来了吧）。

在柏林举办的2010年博客会议上我发表了关于隐私和分享的演讲，但是观众的反应却让我哭笑不得。有三大主流新闻媒体在报纸的头条报道了这一事件，并且在国家的两大新闻杂志上，在电视上都对此进行了报道。其他的报纸觉得一定要反驳我，并且就我的观点发起了讨论。很显然，我的题目是一个热点话题。我相信我所触碰的内容是德国人一直以来所担心的，因为他们的传统受到了来自互联网文化的挑战——而互联网文化也是我们社会的未来。当我把这些想法说给德国《时代周报》——德国一家主流报刊——的编辑们听的时候，他们当中的一个人很不情愿地承认我所描述的关于德国的隐私文化是完全正确的。然后他说他的孩子们并不按照他的规则，也即德国人的准则行事，而是按照互联网的准则行事。相较于他而言，他的孩子们更加开放。我们不禁要问，互联网文化是否将取代当地的文化。也许我们所认为的青年人的文化——在Facebook上分享过多的信息——是我们未来社会发展的预演。

Facebook 的准则和谷歌的习俗开始具有全球文化的力量了吗？

要在德国实现分享还有很长的路要走。博客——以及由博客所推动的对生活和观点的公开分享——在德国还没有像它在其他国家那样取得长足的发展。我在 re：publica（在柏林举办的一个关于博客、社交媒体和数字化社会的会议——编者注）上向两千个博友发问，我的博客是否已经排在这个国家所有博客的前列。“一半！”其中有一个人冲着我喊道。我的一些朋友说德国人不喜欢分享他们的生活和想法，他们甚至不会告诉别人他们投了谁的选票。然而，在一次黄金时段连续的电视节目中，我看见德国人坐在摄像机镜头前对他们的很多想法侃侃而谈。

我在我的博客里写下了德国人的这些反常现象，一位叫提尔曼·汉尼特施克（Tilmann Hanitzsch）的评论者对他自己国家的人为什么不喜欢分享给出了一个很有趣的解释。“我们缺乏一种分享知识的文化，”他写道，“我们对于知识持一种不利于公共利益的态度，认为我们所掌握的每一点知识都是我们的竞争优势，不应该让别人知道。我们不信任那些愚蠢的人，他们会把它无偿地泄露给别人……我伴随着这样的文化氛围长大。有问题？那就不要说出去，否则会有人利用这个来对付你！取得一点成就？那就不要张扬，否则会招来别人的嫉妒！犯错误了？不要告诉别人，这是很尴尬的事情。谈谈这件事？哦，上帝，千万不要！这样我们不仅会犯自己的错误，还会犯别人已经犯过的错误。”

在柏林的时候，我同许多德国人讲了汉尼特施克的这种看法，他们很多人都支持汉尼特施克的观点。他们告诉我说，德国人存在的一个问题就是犯了错误羞于把它说出来。同我对话的德国人——他们都是网民——都嫉妒美国的企业家们，他们经常吹嘘自己所犯的错误，并把这些失败作为公开的经验教训。封闭的工业经济，虽然使德国成了现代的经济强国，但是却正在被开放的数字经济所取代。在那样的转变中，我的德国朋友担心，他们对失败的恐惧可能会让他们处于战略上的劣势地位。

在德国和欧洲测试的观念与政府监管部门的思想是如此对立以至于七个欧洲国家的隐私独裁者再加上加拿大、以色列和新西兰的隐私独裁者于 2010 年 4 月致信谷歌，他们不仅要投诉街景，还要投诉包括 Gmail，Twitter-equivalent 和 Buzz，投诉这些服务对隐私信息的失检。这些官员还建议谷歌在他们的产品完善之前不要发布测试版。这些官僚主义者习惯性地避免公开性的失误，很显然他们不能想象谷歌愿意在公开场合犯错误的动机。这样关于分享在文化上的冲突就很鲜明了。分享不仅仅是在 Twitter 上分享你的早餐，在博客中分享你的想法，或者是在桑拿浴中暴露你的隐私部位；它也是一个窗口，折射出了社会对于变革和风险、进步和创新以及成功和失败的态度。

## 我的分享

我真的喜欢桑拿浴。在我的柏林演讲结束之后，我邀请观众去泡温泉，这样我们可以在热气中彼此坦诚相见，并可以继续讨论。有四个人接受了我的邀请。我们一边悠闲地泡着温泉，眺望着施普雷河（Spree River），一边讨论着我们的文化差异。其中的一个人在博客上说了这件事，并报道了我们的讨论内容。

在瑞士的小镇达沃斯，每年的世界经济论坛都在这里举行，我好不容易找到一家桑拿浴室，这家浴室位于一个旅店外的圆木小屋里面。我正准备加入到一群刚刚淋浴完大汗淋漓的俄国人中去，这时门突然开了。一位女士尖叫了起来，随后门“砰”的一声被关上了。我听到和她一起的男人——我想应该是她的丈夫——安慰她说桑拿浴本来就是这种方式：不分性别，大家都混合在一起，裸体相对，这很正常。我走进桑拿室。这对夫妇很快就加入了进来。她坐在那儿，像一位教堂的淑女一样拘谨，眼睛直视前方，却不是在注视任何人，身体紧紧地裹在浴巾里面。十五分钟后，我离开了，整个人变得精神焕发。过后，我在博客上说了这件事，并且逗乐说，那位女士——我猜她一定是一位极端保守的美国人——应该像我一样学习一下欧洲的桑拿浴。然后，在 Facebook 上面，她发现了我。贾斯敏·鲍萨姆（Jasmine Boussem）自我介绍说她就是那天洗桑拿的女士。她不是美国人，而是法国人。那天的那位男士也不是她的丈夫而是她一位非常喜欢桑拿的同事。第二年在达沃斯，这次是在晚宴会上，而不是在桑拿室，贾斯敏解释了那天她为什么在门口尖叫。她知道我是谁，在她看见我一丝不挂的样子之前，她曾关注过我的博客。她只是一时不知道要说什么。就像我的另一位德国朋友后来给我解释的那样，桑拿的奇妙就在于它是匿名的。是的，你是裸体，但是很有可能谁也不认识你。但是如果你裸露着身体，却有人认识你呢？

在多次的德国温泉浴中我对自己有了新的认识。我发现，实际上，在男人和女人面前赤裸身体没什么大不了的，即使是在我认识的人面前。作为一位美国人，从小到大我一直都认为——或者只是设想——在男人和女人面前裸体是很尴尬的，是不雅观的，是不对的。但是在德国的桑拿浴室，我接受了我周围环境的文化色彩。我不再感到害羞也不再有很强烈的自我意识。它迫使我审视自己对于隐私和分享之间已经发生改变的界限。

我一直在线，也许那就是已经发生在我身上的变化。我现在觉得生活中的分享对我而言已经变得越来越容易了。相较于其他人而言，分享让我觉得更舒服。我也是一位有特权的美国男性。作为一名作家，我有过公开讲话后并为之承担后果的经历。我并不是说，一位生活在性别和宗教双重压制的社会制度下的同性恋者，由于公开了自己的身份就可能被关押或者杀害。我对自己分享程度的决定对其他人并不适用。我并不是在暗示我是分享的榜样。我只是在用自己做例子。这些都是我做出的决定。即使是我生活中很私密的细节，我现在也会分享。对此，我不后悔。

2009 年 9 月，我做手术切除了我的前列腺和肿瘤。就像所有这类病人一样，至少是暂时的，我出现了失禁和阳痿的现象。我在博客上分享了这一经历的每一个细节，而后，又在报纸上、电视上和广播节目中与大家分享了。

任何一位隐私拥护者都会告诉你没有什么会比一个人的健康状况更隐私的了。我承认，对于一个男人来说，要谈论我的阴茎真的很不容易——尤其是当它不再工作的时候。但是我选择分享我的情况是有充分理由的。我还在博客上分享了我的另一种疾病，心房纤维性颤动——偶尔不规则的心跳——这是在“9 · 11”之后我间接患上的（由于吸入破坏物的粉尘，导致了肺炎，于是做了肺功能检查，所使用的药物导致我的心脏第一次跳动的次数太多）。当我把我心脏的事情写进博客上的时候，读者们给我提供了很多有价值的信息和建议，以及对我的支持和鼓励。

当我收到我的癌症诊断结果的时候，我的第一反应是把这件事写在博客上。但是我不得不耐心地等着。我的儿子不在家，而我当然不希望他在博客上获悉这件事。杰克一回来，我就把这件事告诉了他，还有我的女儿朱莉娅，以及我家庭的其他人。然后，我在博客上说：“我得了癌症，前列腺癌。”我说了我的反应——比我自己想象的要镇定，鉴于我一直都很惧怕疾病——还有治疗（手术，各种放射疗法，或者“密切观察”)，我与妻子塔米决定进行机器人技术的手术。我承认我很幸运。医生告诉我说：“如果你不得不生病，那么最好是这种类型的。”他是正确的。我没有经受像其他许多更严重的癌症病人所经历的药物、放射性疗法和外科手术的痛苦。我的肿块很小。如果说“良性”是英语当中最美丽的词汇的话，那么“镇定”就是第二个最美的词汇。我是幸运的。

没一会儿工夫，回复便蜂拥而来——那条信息发布的短短几天内就有 345 条回复了——而 Twitter 和 Facebook 上的更多，有支持鼓励我的，有提供信息和建议的，还有读者分享自己的故事。手术之后，我继续在博客上分享这一经历，在标题《阴茎布告》下的评论已经达到了顶点，我警告读者们说如果他们转移目光的话，他们会错过更多的精彩信息。我描写了关于那个巨大的、外科医师操作的机器人，就是它取出了我的前列腺；我还记叙了我忍受了十天的导管以及导管的移除（我的软管切割，我这样称呼它）；还有关于我不得不使用的尿布（其实真的是没必要）的事情，接下来写了衬垫（我很幸运，三个月后我就不再需要它们了）；还有关于我不能再勃起的情况，即使使用伟哥和西力士（Cialis）也无济于事（哦，我对于他们警告的四个小时的勃起愤恨不已）。“我们男人与我们的阴茎有着复杂的关系，”我在博客上写道，“我们跟随它们的感觉（那也是为什么它们长在前面的缘故）。它们告诉我们，我们喜欢什么。它们有自己的思想。我们把它们拟人化；有一些人还给它们起了名字（我不会给它们命名，就称它为‘它’）。所以当我在医院的床上看到我的小家伙就像是一位衰弱的、沮丧的、皱缩的老人的时候，很难不对它表示同情。”我警告过您：后面还有更多精彩的内容，不要转移目光哦。

手术和康复的经历没有让我感到惊奇的地方，这多亏了之前去世的患者。他们在我的博客里非常坦诚地留下了关于具体情况的建议和评论，并且透露了非常私密的细节和感觉，而没有哪个医生的小册子里面会告诉你这些，那些建议更具有可信性，因为它们是来自朋友兼病友的。正是因为我分享了我的情况我才发现一位朋友十年前就做了这个手术。安德鲁·廷德尔（Andrew Tyndall），《廷德尔报告》（*Tyndall Report*）的发表者，他给我发邮件坦率地分享了他自己的相关细节，包括我应该注意什么，从手术到康复再到一个人后来的性生活。由于我说我在博客上分享我的情况是为了那些跟帖的人，廷德尔于是也上博客并且留下了评论，他把他在邮件中给我写的内容都公开了，而且还不止这些。“就权当是对这次讨论所具有的持续性价值的贡献吧。”他写道。虽然一些人会认为我和一些跟帖的人探讨阴茎是肤浅的，但是他觉得很深刻。当你的身体——你的本能、情绪和荷尔蒙——不再处于主导地位而是被动跟随的时候，对于生活会变成什么样子，他立刻变得很富有诗意也很实际。他分享了在我们俩之前的另一位患者的建议，“手术之后，”他说，“你会有像女人一样的体验。”很难解释这会是怎样的体验，但是我的朋友有勇气一试。

接下来的讨论像廷德尔的建议一样意义非凡。另一位患者也分享了他的细节，但是用的是假名，这可以理解。第二天他又回来了，说既然大家都这么坦诚，使用自己的真实姓名，那么他也用自己的真名。然后出现了弗朗辛·哈达维（Francine Hardaway），在她的名字下面她写道：“我现在是个寡妇，我的丈夫是个医生，他十二年前死于前列腺癌。由于太害怕术后失禁和阳痿，所以他等了很长时间才做手术；但是肿瘤已经从前列腺转移了。他离了婚之后一直都过着高品质的生活，他不想让这种生活受到破坏。”她请求他进行治疗，告诉他他们之间的爱情才是最重要的。他要求她在他手术之前先结婚。但是治疗来得太迟了。疾病很快就夺走了杰瑞·卡普兰（Gerry Kaplan）医生的生命。使我感到满足，实际上是宽慰的是，我通过分享我的故事引发了更多的讨论，并且促使更多的读者进行疾病的筛查。我的分享是值得的。

在做完手术六个月之后，我出现在霍华德·斯特恩（Howard Stern）的广播节目中。庆幸最坦率最公开的表演者——媒体之王，分享的领袖——的粉丝还活着，我偶尔会来这里谈论关于产品或者技术或者是斯特恩的第一修正案与联邦通讯委员会的斗争——这些都没有什么吸引力。我那天之所以在演播室，是因为斯特恩的来自 IBM 的电脑顾问杰夫·史克（Jeff Schick）想要让我看节目中那令人印象深刻的技术装置。史克和我在电话里争论应该使用谷歌的服务、苹果的产品还是使用 IBM 的。正如我所说的，这些内容没有什么吸引力。

在几分钟令人乏味的交谈之后，斯特恩再也受不了了，他问我接下来有什么打算。我告诉他关于这本书的事情，并且说鉴于他对生活的大胆分享，我想问他几个问题。“可以，”他说，“你想知道什么？”我们讨论了他的名望。但是斯特恩的分享生活不仅仅是关于名望。他对事物的真义有着非常专业的感悟，就像他在他的书和电影《隐私部分》中所描述的那样，在广播里展现他的私人生活，对他的粉丝公开，以此作为与他们互动的方式。“我认为如果这样做影响到了一些我爱的人或者影响到了我的爱情，我对此深表遗憾。”斯特恩说，“但是我很高兴我按照我的方式做了。我一直都希望在广播中如实地展现我的生活，并让人们都能参与进来。”

我想知道斯特恩是否把严格践行分享生活作为一个职业决策或者是作为一种伦理标准，某种他所信奉的东西。“跟你说实话吧，我觉得我们太保守了，”他说，“我认为人们应该分享更多的信息。如果你感到不自在，那么他们就不会这样做。”但是他相信他的坦诚为其他人树立了榜样。“我想这开启了许多人谈论的欲望。我甚至觉得谈论女同性恋以及谈论所有类似的事情对于那些极端保守的人来说更是可接受的……因为这从某种程度上使他们保守的思想得到释放，他们可能会说，‘这有什么大不了的’。”谈论他的性生活，更不用说他童年时期尴尬的事情，斯特恩撕掉了一个人可以想象的最后的禁忌面纱——我们有很多的禁忌，按照他的批评者们和联邦通讯委员会的说法。但是在披露了他最私密的事情之后，斯特恩并没有因为害羞而逃开或者躲藏起来。他的世界没有坍塌。不论联邦通讯委员会做什么，也不论对他的罚金有多高，只是他的观众在剧增。

我告诉斯特恩他使我感到如释重负——甚至鼓舞了我——我不再害怕谈论我的前列腺癌，并且不再害怕大声地说出“阴茎”这个词。斯特恩就是斯特恩，他直接问了一个别人不会问的关键问题：“你现在能勃起吗？”“不能。”我回答说。“真糟糕！”他说。在这一很长的广播讨论过程中，我悲叹道：“这是在霍华德·斯特恩（Howard Stern）的广播节目中属于我的时刻，我甚至可以在这里谈论我的阴茎。还有比这里更好的可以让我畅所欲言的地方吗？”在我回答他们提出的关于手术和康复情况的细节问题的时候，我甚至使得斯特恩的全体工作人员都发出了叹息声，斯特恩待在那儿一时说不出话来。沉默了片刻，他说：“你让我无话可说。”第二天，斯特恩告诉他的观众说关于那个话题使他彻夜都心神不宁，他提议：“地球上的每一位男性都应该捐出钱来用于前列腺癌的研究。”这就是分享所带来的显而易见的好处：关注。我们利用媒体——既然我们每一个人都运用媒体——去寻找同盟者，鼓励人们行动起来，组织运动，改变优先权，影响政策，募集资金。我们利用我们的分享文化把其他人都召集到我们周围。我们也可以利用它去发现和我们有同样想法的人。出于这些理由我选择了分享，我也很高兴我能这么做。

## 我的隐私

我在互联网上、广播中、演讲中，甚至在电视上大谈我的阴茎之后，你可能想要知道我是否还有什么秘密没有和大家分享。是的，的确有。我也有自己的隐私。我并不是说所有的事情都必须分享，我只会选择分享那些有分享的理由的事情。正如我前面所说的——我们所有的人以及我们每一个人——都应该重新审视我们对于隐私和分享的设想和规范。我刚才已经告诉了你们关于我的分享部分。现在我要给我的隐私部分划定界限。

我的开场白：我希望我能尽可能小心地不把其他人牵涉进来，包括我的家人，尤其是我的同事和朋友。在互联网的早期，一件很流行的T恤衫上的警语说："我要把这个发布到博客上。"在Twitter上发布我所听到的事情之前，我会先征求意见。但是我意识到不论我怎样努力地把我要分享的内容与别人的隐私分开，总会牵涉到别人的隐私。当我谈论我的前列腺手术的时候，人们会不可避免地瞟一眼我的卧室，更不用提我孩子们的DNA了。我的孩子们不得不与这样一位把什么都分享的父亲一起生活，这样的父亲不仅在博客上公布，而且还要制作YouTube视频。我制作了一个关于我戏剧性地把我的iPad重新装回盒子里并退回去的视频，因为我觉得iPad的用处不大，我的儿子认为我这个视频太夸张了。（所有的父母有时都会让他们的孩子感到尴尬，而毫无疑问我显得更糟糕。）

至于我自己的隐私：当然，我不会把我的信用卡账号和密码公开以防我的身份和资产被人盗走——并且这是属于犯罪行为而不仅仅是社会规范的范畴了。我也不想把我的邮件公开，虽然我们在写邮件的时候觉察到存在这种可能性——这也是一直萦绕在我们脑海里的担忧——担心这些邮件可能会被分享？我的一位朋友总是在担心他的邮件会被公之于众（但是这样的事情并没有发生）。在情有可原的恐慌之后，他完全公开地思忖生活，也就不再担心了。我也不想让我的日程表公开，因为已经有太多的事情占用了我的时间——有太多的人要求只占用我五分钟的时间，可是所有的五分钟加起来就超过一天了。

谈论收入和财产问题仍会让我觉得很不自在。但是由于我在一所公立大学当教授，有一份可供查询的合同，所以大家很容易就能知道我的薪水（一年 90000 美元以上）。我曾透露过我从博客广告中所赚的钱（每年有 5000~13000 美元，但是我每年的广告收入在不断下降）。我出的第一本书的收入非常保密（大概三年是 400000 美元）。你也可以请我做演讲，并且可以了解我的收费标准（如果是服务于新闻业或者学术任务的演讲我将不收取任何费用，但是如果是为企业活动所做的演讲，费用会高达 45000 美元）。你们可以试着把这些数字加总，但我就不汇总了。为什么呢？因为我也不确定。如果你们看到了我的纳税申报单呢？看起来我并不是一位乐透大奖的得主，否则我失散多年的表兄弟们就可以开始排队购买新车了。虽然我生活得很好，但是我所在的城市到处都是投资银行家们，他们的生活更是令人憎恶地好。看起来我似乎不是在夸耀。不，我的勉强只是文化上的。美国人喜欢炫耀用自己的收入所买到的东西，但是我们不喜欢谈论我们的收入，不是吗？如果我谈论了我的收入，我会让自己成为另类，人们会奇怪于我这样做的原因。如果我生活在芬兰，那当我看到我的收入被公示出来我岂不是会被吓坏？不过也许不会，因为我会查找出其他人的财产状况，就像我们和我们的邻居们喜欢调查彼此的房屋是以什么样的价格出售的一样。当涉及钱，我会按照文化层面的行为规范来生活。

公开我的收入那是我的选择，我对它的执行有控制权。我并不是百分之百地公开。

还有什么呢？我尤其不喜欢在我浏览网页的时候有人在后面看。我不否认我也看色情的内容——你能给我找出一个最老实的男人证明他自己不看色情的东西吗？既然那无伤大雅，那为什么我不分享我的浏览历史呢？问题就在于背景：也许关于我你会得出毫无根据的结论，认为我不能够看到问题，从而改正或者做出解释。当我得到我的癌症诊断结果的时候，我去了一个关于互联网研究的社交集会，并且在我的位于 Delicious.com 的书签账户中保存了许多关于前列腺的网页，之前在 Delicious.com 的书签账户中我通常会保存一些无聊的与工作相关的网络链接。我当时忘记了一位同事为了大学的一个研究项目正在观看我的书签。当他看到收藏中有相当一部分网页是关于前列腺的内容时，他猜到了原因，并关切地询问我的情况。他应该想到他的推论也可能是不正确的，因为我也可能为某个家庭成员研究这一问题。在我还没有准备好告诉大家这个消息之前，我的同事可能已经在其他人面前不小心说出了这个消息。没关系。不管怎样我分享了这件事。但是如果我当时使用 Delicious.com 上的控制设置标记一个不能被别人看到的书签，这样至少可以等到我把我的前列腺问题告诉我的孩子和我的雇主之后，别人才能知晓。

虽然在我浏览网页的时候我可能不愿意别人盯着看，但是我不反对有网站使用 Cookies 追踪我的踪迹，Cookies 可以让服务器追踪到我浏览过的网页。隐私拥护者们和一些媒体也伪饰 Cookies 作为追踪器秘密监视我的行踪，但是我不觉得这有什么坏处，相反我还得到了更多相关的内容和广告。后面还有更多关于 Cookies 的叙述。

如果是追踪我在现实世界中的行踪呢？德国绿党议员马尔特·斯皮

兹（Malte Spitz）起诉德国电信从他的手机上找到了它所搜集到的所有的他所处位置的数据。5 个月之内，它收集了 35000 个数据点。他把所有这些数据都公开了，新闻网站“时间在线”把它变成了一幅互动式的地图：马尔特·斯皮兹去了哪里？结果表明，苹果公司把我们的方位信息储存在了我们的 iPhone 手机上。在一阵慌乱之后，苹果公司声称会限制这一做法，但是它本就应该告诉用户关于数据的信息，从而可以使我们得以控制这些数据。E-ZPass 自动化公路收费系统更加清楚我的方位信息。难道在我的去向中有什么让我觉得羞于让人知道的事情吗？没有。也许，无非就是多去吃了几次当地的墨西哥菜。我的问题不在于科技手段所收集到的那些信息，而在于这些信息可能会被政府或者其他的反对者们强制索要来并利用这些信息对付我们。以后，我会检查是否可以通过控制对这些信息的收集或者使用来更好地保护一个人的隐私。

那我的隐私还剩下什么呢？如果让你们看到我的 iTunes 播放列表我可能会感到有点尴尬，因为播放列表里有胡说八道的播客，自命不凡的公共广播节目，音乐表演，还有从琼尼·米歇尔（Joni Mitchell）到诺拉·琼斯（Nora Jones）这些唱伤感恋歌的歌手们。如果我以前的恋人曝光我在床上的活动，这会令我感到更加羞愧。我也不会说出我对一些以前与我做过生意的人的看法，尤其是当这些言论不是什么奉承话的时候。因为这样做对于我的自身利益没有任何好处。

姑且把那些并非无关紧要的异议放在一边，我很坦然把我所做的、所说的或者所想的剩下的部分公之于众。但是我并没有把一切都分享——包括每一次的沉思或者推测，希冀或者惊异——因为，坦白说，谁会关心这些呢？我并不想被人看作是互联网上的好出风头者。一些人可能会说我早已经是一位好出风头者了——因为本身在博客上发布消息，甚至在博客上发布更多的关于隐私部分的内容，这都足以让一个人获得这样的“声誉”。所以，当我变得公开的时候，我不禁要问为什么？我这样做的价值何在？我是否只是引发了更多的喋喋不休与喧闹？这会增加我的知识储备吗？分享的优势是什么？

第三章
分享的优势
Public Parts

在好莱坞东部，大部分的美国人从小就被教育太过抛头露面是社会的耻辱：不要做一个爱炫耀的人，一个爱吹牛的人，一个自恋的人，一个好出风头的人。不要让你吸引太多的注意力，不要让你自己名誉扫地。当然，这因不同的文化而异。作为一个美国人，我已经习惯了诸多的分享表现，包括情感、成就、意见、品位、汽车和圣诞灯。但是同样作为一个美国人，我也会被教育不要太快地把头伸到前面。

然而，名望再次成了我们文化选择的毒药。谈话节目和真人秀就像推进器一样激发了我们追求名气的欲望。曾几何时，我们大部分人都不必担心名气，因为这 15 分钟会让我们得到更多的名气。但是现在我们所有的人都有生活在公众视线下的可能性。今天我们自问——不管是作为个人、企业、还是机构——什么样的分享算过度分享？什么样的分享才算足够？为了把握好分享的尺度，正如当今我们大部分人必须要做的是，我们不仅要权衡分享的风险，更要衡量分享的优势。以下是我认为分享所具有的一些优势。

## 构建关系网

市场评价 Facebook 不是根据它拥有多少台电脑而是根据它拥有多少会员，以及这些会员的忠诚度和活跃度，他们搭建了多少关系网，公司对于每一位会员的情况了解多少，以及公司根据所掌握的这些情况又能做些什么。而对微软的评价标准却与此不同。它从来不会与我们建立任何关系或者使我们与其他人建立联系，它也从来没有要了解我。亚马逊真正的价值也不在于它拥有多少不动产或者在它的仓库里有多少存货——实际上，它会让手头上的存货尽可能少一些——而在于它如何能让我购买它的商品。它会建立一个关于我的兴趣和品位的数据图表，然后尽可能地把我想要的东西出售给我。亚马逊也会告诉我现在我Facebook上的朋友都在流行什么。没有哪家百货商店会为我做那些事情。如果你正在招聘员工，商务人际关系网（LinkedIn）可以让你看到很多简历并对这些简历进行分类，它还可以通过你所认识的人去和其他人建立联系从而了解应聘者的情况并获得相对中肯的介绍。我知道一些新兴公司就是通过这种方式来配备整个团队职员的。一些昔日的猎头公司会对所有的信息保密——包括名单、简历、会见、人脉关系——因为这正是这些猎头公司的价值所在。正所谓一个体系为你开放了，另一个就会自动关闭。

企业将来很快会更倾向于用他们所拥有的人脉的质量来衡量它们的价值，而不仅仅是它们所拥有的事物的成本（这样的成本，在这个数字时代，正在成为企业的一种负债而不是资产——看看那些书店，还有它们砖砌的店铺以及那些货架，或者是看看美国邮局，还有它们的那些办公室和大卡车）。将来的人际关系会比公司的商业机密更有价值（对一款很普通的礼服的设计严格保密其价值何在？而如果你把它分享出去了你就可以知道消费者真正想要的是什么）。人际关系可能会比一家公司的季度收入更能反映出这家公司的发展前景（因为人际关系确立的是真正的长期的价值，并且会为其他人的进入设置真正的壁垒）。**品牌等同于人脉**。这就是马克·扎克伯格在争论将来每一种产品和所有的业务都将社会化时所说的。“赶快搭上这趟分享的列车吧。”他建议道。

我还记得我参加在纽约举办的四方会议（Quadrangle Foursquare

conference）时，看到一个从事私募股权投资的人问YouTube、LinkedIn和Twitter的创始人，他们更愿意与哪些联合大企业洽谈独家经销协议。这些企业家们歪着头思索这一问题，看起来像困惑的德国牧羊犬。他们告诉他说，他们的用户已经把他们的服务推广开来了；独家分销协议只会让他们的企业越做越小。他们的公司之所以能够开始运作并且低成本地快速成长起来就是因为他们依赖于公开的服务平台。他们不是把自己看作是工业领域的公司而是产业生态系统中的成员——通过人际关系使自己做大、做强、做得更有效率。

瑞沙德·托巴科瓦拉（Rishad Tobaccawala），是阳狮锐奇（VivaKi）数字广告公司的首席战略家，他提出了罗纳德·科斯（Ronald Coase）的公司理论，即在市场中公司执行任务时内部比外部更容易且更有效率。托巴科瓦拉认为，在互联网经济时代，与外部的人协作变得更加容易了。这改变了企业与消费者、供应商，甚至是竞争者之间的关系。兰加斯瓦米（JP Rangaswami），是Salesforce的首席科学家，同时也是一位具有影响力的经济学家和互联网上的在线技术人员，他回忆了在波士顿大学芬卡特拉曼（N. Venkatraman）教授曾经给他上过的一堂课："企业曾经是业务单位的分级系统，这些业务单位的资产就是消费者和产品"，而现在"企业变成了业务单位的网络体系，而这些业务单位的资产是人际关系和能力"。把这一观点放到投资策略中，我敢打赌那些把人际关系网作为企业核心的新兴公司能够瓦解掉那些旧式的封闭的工业企业（稍后我们可以看看社会化的汽车公司和航空公司是什么样子的；也可以想象一下社会化的商店、餐馆和学校）。我会购买那些非常了解我的需求、与其他人也建立了很好的人际关系的公司的股票。我会卖空那些把自己封闭起来、不构建关系网的公司的股票。在这样一个互相联系的、人际关系占据主导地位的经济时代，把自己孤立起来的代价太大了。

互联网已经改变了人际关系的基础结构。正如我们现在理所当然地认为任何一条我们想要的信息只要搜索就能立即得到，我们现在开始依赖于这样的想法即我们想与谁见面只要立刻建立联系就可以实现。这种想法的实现就是 LinkedIn 的核心，LinkedIn 可以显示出你是如何与其他人有关联的，这样你就可以利用这些联系与他们介绍认识并建立起一种关系。每当我在我的博客或者 Twitter 上讨论某一种产品或者服务所出现的问题时——比如我的有线电视、电话、汽车、电脑出了问题，以及航空公司的低质服务——我就可以很自信地等着那家公司派人来帮我修——如果那家公司注意到的话——或者是一位同行的顾客来帮我修理。这样一种关系就形成了。当我在互联网上分享我的想法的时候，我发现人们很愿意转载或者提出异议。这样就可以建立起更多的关系。自从我注册了 Facebook，我不但和以前的老朋友取得了联系，甚至还找到了失散多年的家人。

要建立这些联系，我们就必须学会公开和分享。要想加入糖尿病患者群，或者素食者群、自由论者群，或者是《星舰迷航》迷等这些小团体，我们首先要告诉别人自己就是这些群体当中的成员。而在现实世界中，其道理和数字世界是一样的：如果你整天待在房间里，你永远都不可能遇到任何人，你也永远都不会知道你错过了谁。同样的道理，如果每一次你都不分享，一种关系就失去了建立的机会，那可是实实在在的损失。

## 你好陌生人

分享是对陌生人这一概念的挑战。当在 Facebook 上或者 Twitter 上，在任何时间里，一些人可以由不认识到认识，那么还有谁是陌生人呢？英国的几个软件开发者开发了一款叫作 Situationist 的 iPhone 应用程序，与他们称为“媒体妖魔化的陌生人”做斗争。这款程序是让一位使用者走到一位也在使用这一程序的陌生人面前执行一项任务：拥抱他，跟他要亲笔签名，或者赞美他的发型。这只不过是一款可爱的巧妙的应用程序，但是它却揭示了这样的道理：通过这样的方式陌生人就不再是陌生人了。我们不认识的人只不过是和我们一样的居民或者是我们潜在的朋友。但是，这款程序的开发者说，在媒体眼中，陌生人被描述成“潜在的跟踪者和疯子”。难怪我们并不热衷于公益事业，如果我们被告知公众都是疯子的话。

从 20 世纪 70 年代开始，伊朗对我来说就是一个充满陌生人的奇怪的国家，我只是在电视上了解一些，伊朗给我的大部分印象都是一些愤怒的年轻人冲我们大吼，出于一些，我承认我太肤浅而不能理解的理由。然后出现了另一个媒体中介——博客——开始为伊朗说话。博客早就在伊朗大受欢迎，它也成了伊朗的年轻人表达他们自己对于诗歌艺术、生活以及政治等方面的想法的一种方式。伊朗的主要博主之一，一位叫西娜·莫塔勒比（Sina Motalebi）的记者，于 2003 年 4 月因在博客上所发表的内容而被捕。在被警方举报之前，他告诉博客上的读者们即将发生的事情。“我公开在我的博客上说我被警察局传唤，他们一遍又一遍地传唤审问我的事情是我之前从来没有做过的。”他在博客上推测说他可能会被关进监狱。在他等待警察局的车来的时候，他注意到网络上关于那条消息的反应开始火了。很快全世界的博客——我也是其中之一——写道我们当中的一员在狱中。“这样的反应让审问我的人在后退，至少是在第一次开庭审讯的时候，”莫塔勒比说，“从那以后，我经常鼓励任何被传唤到法庭的人，或者是朋友和同事中被逮捕的家庭成员，鼓励他们对于逮捕要勇于公开，大声地说出来，并且找一种方式把这一信息传递给被扣押的人。”直到今天，莫塔勒比仍然相信他选择分享是正确的，信任他与博友们的关系，感激他们对他的境遇的口口相传最终把他从监狱里面救了出来。今天，他在伦敦担任英国广播公司（BBC）的编辑。他说他现在所过的生活以及他所享受的自由都应该归功于那些关注他的人。我们现在是 Facebook 上的好友。

由于我长期在线，所以我拥有了更多的朋友。大家很可能会嘲笑我在 Facebook 上的好友有 2000 多个：一个人怎么可以以千来计算好友的数量，尤其是当邓巴数字宣布说一个人可以管理的高质量的朋友关系是 150 个，或者 150 个上下，但不会与这个数字相差太远？我怎么可能在 Twitter 上收听 2000 多个人，以及为什么有更多的人会收听我？当然，我在 Facebook 和 LinkedIn 上，在会议上和办公室里，在城市以及城市周围所认识的人并不都是关系亲密的好友。但是我很重视他们，我也很感激这些网络工具使我们彼此建立了联系，虽然只是回答一个偶尔提出来的问题，或者打开看一下推荐的链接，或者是偶尔指出对方的错误。一些人会把 Facebook 上所有的人作为朋友，而另一些人只会把他们邀请参加聚会的人当作朋友。对于我来说，这些网络工具以及它们所推动的这些在线的服务已经变成了这个城镇的餐厅：我永远都无法预知我会在那儿碰到谁，我会在那儿听到什么，谁有可能成为我真正的朋友。那就是我为什么总会回到网络上来的原因：为了建立更多的关系。

## 协作

负责运营维基百科的维基媒体基金会（The Wikimedia Foundation），在 2009 年进行了一项调查，就是把维基百科使用者们花在编辑校订上的时间进行加总。虽然他们并不能追踪到在调研和写作上所花费的时间和精力（因为这可能不是在电脑上完成的，甚至可能是在图书馆里完成的），但是他们可以追踪到花在编辑上的时间。据基金会的执行董事苏·加德纳（Sue Gardner）透露，这份调查给那些时间的保守定价是每小时 10 美元的劳动成本。但是令基金会感到不可思议的是，维基百科的编辑们的劳动成本加起来一年只有 7 亿美元，但是他们所创造的资产价值据估计高达 40 亿美元之多。这就是公开协作所创造的真实价值。

就算维基百科是个例外：它之所以在协作上很成功，是因为它的使用者们把它当成是自己的事情来看待。那些大型的营利性公司能有这样的归属感吗？也许不能，但是这些公司可以和顾客一起合作。稍后我会举几个例子来予以说明。他们可以利用开源平台——看看 IBM 是如何与客户协作并成功推出 Linux 操作系统的。泰普斯科特（Don Tapscott）和安东尼·威廉姆斯（Anthony Williams）在巨著《维基经济学》中讲述了一家矿业公司的故事，这家公司分享了它的地质数据，从而集思广益，致力于发现具有开采价值的矿土。

我们再回到测试版问题上来。当一家科技公司发布一款测试版的产品，即还没有完成的不完善的产品时，那是一种公开的行为，这种行为展示出了产品的发展过程让所有的人都能看得到。它是对协作的呼吁。“这个东西还没有完成，”测试版的标签在告诉我们，“所以请帮助我们共同完成它。”以这样的方式呈现出来就给予消费者尊重的尺度。“你们也许比我们有更好的主意，”它说，“所以请协助我们完善它。”于是，测试版被重新设置并且也改善了与顾客的关系。通过测试版，企业认识到协作比独自完成更具有优势。企业承认顾客可以成为而且应该成为共同创造者。

比如TCHO公司，它是美国旧金山的一家巧克力公司，由一些离开航天飞行计划的火箭科学家们所创办。“既然我们当中许多人都有科技背景，我们就采取了一种非常相似的做法：我们鼓励顾客帮助我们制作出他们想要的巧克力，这种做法与软件开发者让测试人员参与进来的做法是很相似的。”这家公司在它的网站上这样说道。他们的第一批巧克力在正式投入生产之前经过了1026次的反复加工。“每当我们的一块巧克力经过了测试，那就意味着我们已经整合了你们的反馈意见，完成了调整，相信它已经可以进行大批量的生产了。”

不久前，我站在一家零售公司的白板前，面对众多的高管，我建议他们应该成为消费者和生产者之间的桥梁以培养二者之间的协作关系。目的就是把消费者推到产业链前——包括设计环节，市场环节，服务环节——早一点倾听消费者的心声从而按照他们的意愿组织生产。试想，如果一位零售商能够让顾客来设计他们理想中的产品，然后再把这个设计拿给生产商，告诉他们说，“如果你们按照这个设计来生产产品，那么顾客就会购买，我们也会销售它”，结果会怎样？不久之后，在飞机上，紧挨着我座位的一位制作公文包和书包的生产商，其产品正好由那家零售公司经销。我问他如果一种产品让顾客来具体指定，比如说，一款理想的马路勇士包的款式和设计，制造商会生产它吗？当然会了，他说。设计环节的协作可以给他带来有确定需求的产品，从而增加销售量并降低风险。这样也会改变他的品牌，成就他的公司。公司授权让顾客参与，可以让顾客成为合作者。协作不仅可以制造出顾客满意的产品。而且它还会带来经济利益。

一直以来存在的问题是，消费者总是在最后环节才参与到产业链中，那样就太晚了，产品就不能按照他们的想法进行生产了。即使是与终端的消费者有直接联系的零售商，他们参与这一过程的时间也嫌晚，因为他们总是在产品完成之后才收到货物。当然，生产商可能支付一定的费用进行调研或者选定有代表性的群众来获取信息，但是那些人只不过是随机选取的，他们也许没有更好的事情可做，倒不如就一些他们并不关心的问题给出自己的一些想法，还可以赚到20多美元的曲奇饼。这并不是协作。

我听到一些公司担心公开地讨论问题会向竞争对手泄露公司的信息，会让对手偷走好的创意。如果你认为你的价值仅存在于你的产品本身，你认为秘密本身是值得保护的话，那的确是个问题。相反，如果你认为你的价值在于你的人际关系网的质量的话，那么公开会为你带来利益的。如果你以这样的公司而为大家所熟知，即与顾客协作以便为他们提供他们想要的产品，那么最终你就会赢得更多忠诚的客户。如果你是顾客，难道你不会选择这样的公司吗？

## 众人的力量

我们越是公开、汇总、分析和分享我们的知识，我们就知道得越多。谷歌的工程师们发现通过追踪人们对“流感”一词的检索，他们就可以先于“美国疾病控制与预防中心”绘制出流感在世界上传播的路径图，从而有助于卫生保健官员预测是否需要注射疫苗和进行治疗。如果我们每一个人都只去找自己的医生寻求帮助，那么就很难汇总、追踪、分析那些数据信息。如果我们向同样的第三方谷歌寻求帮助——它可以匿名做这些——这样就可以增加公共知识。出于这一考虑，谷歌的创始人之一拉里·佩奇（Larry Page）告诉欧洲的监管部门他们不应该因为隐私问题而太快地删去搜索数据。随着时间的推移通过绘制趋势图和分析异常现象，可能会让谷歌和卫生保健官员预测并绘制出下一次大的流行疾病的进程。“那很有可能会挽救全球三分之一的人口。”佩奇说。在 2010 年纽约的个人民主论坛上，美国首席技术官安尼什·乔普拉（Aneesh Chopra）讲述了政府以开放的标准所公布的关于医院的数据如何让微软的搜索引擎 Bing，把这一信息绘制在它的地图上，这样就便于使用者找到最近的而且是最好的医院治疗流感。

正如我曾说过的那样，没有什么会比我们的健康状况更隐私的了。但是为什么会这样？分享这些信息又会有什么坏处？大家对健康状况的分享有诸多的顾虑。一种情况是担心保险公司会拒绝我们投保。但是保险公司早已强迫我们签订了关于我们医疗史的文件。那就是为什么所谓的“奥巴马医改计划”禁止保险公司由于公民投保前存在的健康情况而拒绝公民投保。这项法案通过对信息使用的限制而不是加速信息的传播来解决这一问题。另一种顾虑就是担心我们由于身体上的问题而不被雇用。这也是社会亟待解决的问题。如果雇主不会基于年龄、性别、种族、宗教或者伤残而对应聘者进行差别对待的话，那么他们是不是也应该禁止歧视有健康问题的应聘者？由于我们许多人把我们的 DNA 图绘制出来了，那么我们是否应该禁止基于基因的歧视呢？对于分享健康信息所存在的最大的顾虑莫过于由于疾病而带来的耻辱。这种耻辱在很大程度上当然是社会的问题。为什么我们要因为疾病而感到耻辱呢？

考虑到这样一种疾病，从其本质上来说，这种疾病是可以被人们一眼就看出来的，因此这种疾病是表现在外在的，它也有它自己的耻辱，那就是肥胖症。肥胖是无法隐匿的。现在许多国家都面临肥胖危机，这些国家也正在努力解决肥胖所带来的健康隐患。纽约市市长迈克尔·布隆伯格（Michael Bloomberg）要求纽约的餐馆连锁店公布每一种食物条目所含的热量（这改变了我在星巴克点小吃的方式）。通过追踪分析公开的数据，我所在的新闻学校的学生们与一位同事一起研究是什么因素导致了一些贫困社区的肥胖问题，他们认为是由于高昂的生活成本，那些贫困社区没有能力购买新鲜的健康食物，所以他们只能吃一些便宜的容易买到的高热量的快餐食品，是这些因素导致了那里的肥胖和糖尿病问题。公开这一问题有助于我们共同来解决它。

我们拒绝谈论体重问题，因为我们认为这样会让一些超重的人感到尴尬，与其这样，还不如鼓励人们公开地谈论他们所存在的问题并鼓励其他人提供解决的办法并支持他们，这样岂不是更好更健康吗？《纽约时报》一位年轻的明星记者布莱恩·斯特尔特（Brian Stelter）想要减肥，于是他在 Twitter 上分享了他吃的所有东西，通过分享他的饮食从而给自己施加压力。这样做也可以让别人给他提供支持并施加压力。斯特尔特在《纽约时报》中坦陈，起初对于在 Twitter 上说出实情，与社会规范背道而驰，他是心存顾虑的，也没有坦率地承认在深夜吃比萨的事情。后来他发现了一位观众。“我们将成为你的支持团队。”这位读者说。他的哥哥和他一起开始在 Twitter 上分享其饮食。朋友们告诉斯特尔特他的实际行动正在改变他们的饮食习惯。他的分享反而变成了一种慷慨的行为，帮助到了其他的人。于是，他变得越来越喜欢分享。发布快餐食品的脂肪含量和热量成了他的乐趣。“周一，吃的是麦当劳，肉桂，土豆煎饼，600 卡路里的热量，一天脂肪含量的 44%——糟透了，这让我感到有些难过。”他在微博上说。他甚至鼓起勇气买了一个无线的网络天平秤，它可以自动发布一个人的体重，所有的人都能看到（而且不可能说谎）。斯特尔特按照 Twitter 上的饮食成功减掉了 90 英镑，他在 Twitter 上说：“在大约十年内我都没有合适的牛仔裤穿了……已经连续第二个周末购买牛仔裤了。但我必须说，这种感觉真棒。”

斯特尔特的故事中还有一个小插曲：他同时也开创了自己的事业，

那就是写有线新闻行业的博客，叫作 CableNewser。他是匿名写的，因为当时他只有 19 岁。如果他的读者们知道他只不过是一个在宿舍里写博客的孩子，那么他们可能就不会给予他那么多的关注了。《纽约时报》在头版头条新闻中公布了他的年龄。他把自己的博客出售给了另一家公司，并且他的博客所涵盖的范围扩展到了广播新闻领域。毕业后，他被《纽约时报》聘用，他的署名还经常出现在头版新闻稿中。斯特尔特在匿名中找到了庇护，然后又在分享中受益。

万维网的发明人蒂姆·伯纳斯·李（Tim Berners-Lee）爵士，于 2010 年谷歌在英国伦敦召开的会议上说，当我们所公布的数据与其他数据结合的时候，就会变得更有价值。把这些数据集中起来分析，我们就会发现新的相互关系，趋势和因果关系。他认为政府和其他机构，在默认的情况下应该分享数据，并遵循可以进行此类分析的标准。在这次会议上，隐私的倡导者，同时也是英国国家公民自由理事会主任的沙米·查克拉巴提（Shami Chakrabarti），反驳了蒂姆·伯纳斯·李的观点。大量的数据库都要公之于众的想法激怒了她，她得出的结论是这样做会侵犯公民的隐私。伯纳斯·李反驳道，在排除那些涉及个人信息的数据后，剩下的数据当中仍然有大量的未透露出来的信息有待我们去发现，我们不应该错过它提供给我们的这个机会。发掘那些信息可能会成为我们这个时代的淘金热。

一家叫 Kaggle 的新兴公司推出了分析公开数据的比赛。其中一次的比赛内容是，澳大利亚的政府机构提供了关于交通格局的数据，让 364 个参赛队寻找更好的预测延迟的方式，并提供了诱人的 10000 美元作为奖励。获胜组的分析发现，与我们的直觉相反，交通堵塞可以双向传导，即在你后面减速的可能最终会超过你。同样是关于交通，福特提供了 950 美元来鼓励参赛者想出一种具有不同数据特征的算法——包括打电话，交谈，吃东西，疲劳——从而帮助具有以上行为的司机不再分心。只有有了分享的数据才使得这些项目成为可能。

我们可以回顾一下利用分享的数据我们至今所创造出的成就：维基百科；谷歌搜索，它是利用链接和点击来找出哪些网站是最相关的；沃尔弗拉姆·阿尔法（Wolfram Alpha），试图理解更复杂的数据；谷歌地图以及开源的测绘项目，它们收集了我们的照片和评注；一些点评网站比如提供出行参考的到到网（Trip Advisor），提供餐馆评论信息的 Yelp 网，以及提供电影评论信息的烂番茄（Rotten Tomatoes）网站；病人如我（PatientsLikeMe），在这个网站上，患者可以分享他们所使用的药物和治疗的细节；Twitter、Facebook 以及 Quora，在这些网站上我们可以提出问题并得到回答；Ushahidi 和 SeeClickFix，允许人们上传发生在他们身边的任何事情，从墙壁上的乱涂乱画到发生的灾难等……类似网站的列表能够并将一直延续下去。

## 永不完美

由于我们的工业经济注重实效——大规模生产、分配、销售以及媒体宣传的效率——在现代社会中，我们把完美主义的神话强加在我们自己身上。一个花费很长时间设计和生产出来的一成不变的“完美”产品在一个很大的消费群体当中出售。它的生产商并不能觉察到它的不完美之处。在生产线上没有第二种生产方案。制造商生产了大量的这种产品，不能负担它存在缺陷。经销商花费了大量的资金进行大众营销并让消费者相信这种产品是绝对完美的。所以完美变成了我们的标准，或者至少是我们的设想：我们共同的神话。

但是完美往好里说充其量只是一种妄想，往坏里说它就是一个谎言。它是不可能达到的。对完美的主张用封闭的正统观念支持了传道士们，他们为我们制定了关于时尚界、出版界、教育界以及娱乐界等方面的标准。完美使大家的预期膨胀但是最后不可避免地让大家失望（正如每一辆汽车最终都会报废）。完美阻碍了风险与创新，抑制了开放性与创造力。完美的代价太大了，对完美的追求只会导致失败。毕竟，所有的事物以及我们每一个人都不是完美的。

通过将所作所为分享出去，毫不隐瞒缺点，我们就不会再坚持自己完美主义的理想。通过保证拒绝完美主义，我们就可以自由地发挥，使我们正在做的事情更加完美。我们永远都不可能做到圆满，做到百分之百满意，我们总是通过公开协作寻找各种方式不断地去提高。“过犹不及。”伏尔泰说。也就是说“最好”是“好”的敌人，“最好”也是“比较好”的敌人。努力寻求最好只会延误我们的创造力并使其复杂化。在技术中，我们称这一隐伏的过程为“特征爬行”，即在产品发布前再增加一个华而不实的功能使其离完美更近一步。解决的办法就是分享测试，即把它分享出去看看它哪些地方还需要改进。

对完美的苛刻已经渗透到了社会的其他领域以及我们的生活中了。在学校里，我们告诉学生每一个问题只有一个正确答案。然后我们把这些问题组织在一起对学生进行测试，期望学生们能把我们灌输给他们的东西再答出来。我们把那叫作成绩。其实我们应该鼓励学生多试验，奖励那些对已然为我们所接受的知识提出质疑的学生，让学生们在失败中学习。

对完美的期望也不利于政府部门。几年前，我在华盛顿给 500 个联邦网站管理员讲解谷歌化的政府。这些公务员是政府中最有希望进行创新的。但是他们以及他们官僚主义的上司都害怕犯错误。他们清楚一次失策就会招致包括政治家、媒体以及选民在内的不认可。我告诉他们，公务员需要一张允许失败的许可证，这样他们才能公开地尝试一些举措，一些不完善的、不完整的举措，他们才会与我们协作。这些网站管理员都为这一提议喝彩。但是我发现几乎没有人相信这会实现，即使是那些非常乐观的人。我们仍然生活在这样一种文化当中，即当我们犯错误的时候，尤其是在政治上犯错误的时候，都希望这不至于影响我们的职位。在谷歌上搜索"政治家辞职"，你会发现一系列让人感到耻辱的事件。

在谷歌上搜索"CEO 道歉"，你会找到许多这样的事件：有日本丰田汽车，英国石油公司，美国克莱斯勒汽车公司，甚至还有美国国家公共电台。当迈克尔·戴尔重新执掌戴尔公司，霍华德·舒尔茨（Howard Schultz）返回星巴克重振他们各自公司的时候，他们都把公司中所存在的问题与公众分享了。戴尔公司在产品质量、顾客服务以及名誉上存在问题，这些我在我的博客上以及我的上一本书中进行了详细描述（在某种程度上，可以说是引用）。戴尔公司建立了倾听顾客的抱怨和想法的平台，并且按照顾客的意愿行事。舒尔茨相信，星巴克已经淡化了它的经历。他做出了其他 CEO 不敢做出的决定，即关闭各门店并对员工进行再培训。团购网站 Groupon 的首席执行官安德鲁·梅森（Andrew Mason）起初为 2011 年有争议的超级杯广告辩护，而这个商业广告似乎在取笑遭受苦难的人们和垂死的鲸鱼，最后，很显然公众并不欣赏这一笑话。他向公众道歉说："我们已经听取了你们的意见，之前我们没有意识到这则广告引起了众怒，我们将会撤下这则广告。"这些 CEO 们信任他们的顾客。他们深谙响应胜于防守的道理。坦白承认对于公关策略是有益的，对于人们的心灵也是有益的。"我们相信把自己展现在他人面前就其本身而言是一种道德上的慷慨行为。"理查德·塞纳特在其著作《公共人的衰落》中写道。

我怀疑我们的完美主义神话也影响到了我们的私人生活：我们的爱情和婚姻，以及我们作为孩子的父母和父母的孩子的关系。有多少妻子试图弥补她们丈夫的失败，但是最终都是徒劳？我们什么时候应该督促我们的孩子取得成功，以及什么时候阻止他们去做一些错误的不可能达到的标准？

就算，我对于完美主义的攻击会导致标准降低，会使得问题仓促解决，会成为完美主义的祸源，但是我相信分享和骄傲会拯救我们脱离那平庸的命运。即便不完美，我们也没有必要在众人面前冒充完美。

## 百无禁忌

完美的另一面是禁忌，分享也可以消除禁忌。也许对于分享的力量最好的说明是它如何给予那些同性恋者们公开自己的同性恋身份的力量。当男同性恋者和女同性恋者长期以来被迫隐藏他们的性取向的时候，这不是对他们的道德观念而是对社会的道德观念的说明。保密并没有给予同性恋者对他们的生活的控制权；而是把控制权给予了那些把他们的标准强加给别人的抱有偏见的人。对于同性恋者唯一的解决办法就是站出来，公开自己的身份，展示出自己的骄傲，聚集起来团结一致，向社会的不认同挑战。向全世界说："是的，这就是我。现在你们能怎么样？"或者像在我的家乡新泽西州的说法："你们对此有看法吗？"选择分享是一种果敢的行为。这需要勇气去直接面对人们的批评和憎恶，去面对人们将会怎么说你的担忧。

先澄清一点，我并不是在建议男人和女人们都应该公开他们同性恋的身份（我只是在为那些强烈反对同性恋公开身份的人最后反而是同性恋的人破个例——虽然最后所暴露出来的并不是他们的性取向问题而是他们虚伪的一面）。是否公开自己的私生活那是个人的选择。但是当一个人确实做出了这个勇敢的决定的时候，它可以改变人们的想法。“从社会的观点来看既然隐私掩饰了社会规范，”丹尼尔·索洛夫（Daniel J. Solove）说，“那么隐私可以阻止社会规范改变的过程。”也就是说，保密会阻碍变化；分享则会使变化加速。

当然，社会由于某种原因会存在一些禁忌。害怕社区的人报复这是一种强制的力量，它可以巩固文明社会，因为它会阻止我们做错事。或者果真如此吗？如果当你做了一些连自己也认为是错误的事情的时候你没有理由害怕人们以后会怎么看你，或者如果你知道你可以偷偷地做这件事，那么你会偷你邻居家的报纸吗（或者与邻居的配偶偷情）？或者你的道德底线有自己的标准？对于别人会怎么看你的担忧是否会足以促使你染发，使你改变你的口音，不再穿你喜欢的衣服，或者说一些你自己都不会相信的话？对于别人会怎么看你的担忧其阴险之处就在于你很少听到别人说出对你的看法。只是你在想象他们会说什么。你想象他们会那么关注你。我们那易碎的自尊心战胜了我们。

分享不仅展示出我们没有什么可隐瞒了，还展示出我们没有什么可害怕了。“如果隐私不与羞愧联系在一起，那么隐私会是什么样的呢？”《破茧而出》一书中曾这样写道。这让博主戴夫·佩尔（Dave Pell）想起了他十一岁时的经历，当时他正坐在儿童精神病医生的候诊室里候诊，和他同学校的一个孩子布雷德（Brad）从里面走了出来。“这简直就是个噩梦。”佩尔说。如果他们之前就知道这件事了，还会这么尴尬吗？如果戴夫和布雷德之前就已经公开说他们要去看医生，情况又会如何？他问道：“如果没有隐私，羞愧还能在这个世界上存在吗？”

## 至高的荣誉

其实，很多人都想要出名，不是吗？是的，但知名度有不同的程度，对于一个心智健全的人想要获得名声对他的行为是有限制的。稍后，我会分析过度分享的利弊。但是现在我们能规定说关注和荣誉让人感觉良好，而这些通常也是应得的吗？我们能同意说对荣誉的欲望是人类本性的一部分吗？

名望是人类特性的最终延伸。动物并没有因为什么而出名，或者即使有，它们也不会意识到。但是我们人类却想要在我们的身份上附加一些标志。我们希望自己因为什么而为人们所熟知。我们希望我们生命的标志随着我们而去，但是我们的荣誉和我们所创造的东西将永存于世。从这个程度上来说，我们大部分人都想做公众人物。

我承认我体验到了我曾经有过的作为半个名人的那些珍贵的时刻。当人们说他们读过我的书的时候，我会非常开心。很久以前，当我还只是《旧金山观察家报》（*San Francisco Examiner*）的一名专栏作者的时候，曾有一个月的时间我的照片都被大量而醒目地张贴在消息框里。特别是有几次在大街上我被一些陌生人认出来——尤其是当我恰巧在约会的时候，那种感觉特别棒。我是播客节目《本周在谷歌》定期的专题讨论小组成员，上了节目之后的我经常会被人认出来，无论是在慕尼黑和温哥华的机场，在新泽西的福德洛克（Fuddruckers）快餐店里，还是在纽约的人行道上。我能猜到现在你们在想什么：把这些经历拿出来自夸是不恰当的：自负，炫耀，我没猜错吧？你们批评得对。我很抱歉。我只是实话实说。我喜欢被人关注的感觉。我也是凡人。

我们相信名声是靠我们自己赢得的。名声的最佳状态是荣誉——成就，贡献，才华等方面的荣誉。如果我们做某件事的目的只是为了获得别人的关注——尤其是做慈善——难道我们不认为对荣耀的攫取贬低了这一行为吗？在宣扬我们的行为和想法的同时，我们也主张社会责任。我们创建了一个分享的信用记录。名声也可以为我们带来好处。

只有分享自己，我们才能在这个世界上留下我们的印记。汉娜·阿伦特（Hannah Arendt）认为如果我们不分享自己，我们就是被淹没在大森林里的树木，没有人会知道我们。她认为，如果不把自己表现出来，“我们就被剥夺了获得比生命本身更加永恒的东西的可能性……默默无闻的人如果不把自己表现出来，就仿佛他们从来没有存在过一样”。

在我们追求现代意义上的不朽的同时，我们公共领域的新架构也存在一个问题：数据被证明不能被永久保存。你房间里的旧软盘（如果你不至于年纪太大，而不知道这是什么东西的话）？知道怎么读它吗？“软盘不会像《古腾堡圣经》（*Gutenberg Bible*）那样保存那么久，它已经被保存了500年了。”伊丽莎白·爱森斯坦（Elizabeth Eisenstein）这样说道，她是撰写印刷术诞生方面权威著作的作者。她很担心数据的贮藏问题。戴夫·温纳（Dave Winer）对此也表示了担忧，他是互联网真正的先驱，他在许多网络技术的开发上发挥了重要的作用，从博客到RSS再到播客。他想知道我们怎么才能永久地保存我们的数字生活——我们的博客、照片、Facebook网页，以及我们其他的数字遗产——在我们离开人世之后。我们可以把它们委托给谁管理：委托给家人或者委托给那些专门负责管理数字遗产的公司（见在线账户/网络资产继承系统Entrustet）或者也许委托给大学——可是这些也终有一天会消失的？“这里没有坟墓。”爱森斯坦说，“没有可以永久地保存我们数字生活的书库。”

## 天使守护

社会分享的程度越高，它就越安全。这一断言令许多人不安，因为它唤起了人们的恐惧，即科技可以帮助任何政府——包括专制政权——监视我们，利用我们的行为对付我们，并且违背我们的意愿让我们分享自己。但是我们能忍受回到那样的日子吗？连政府都不知道什么人在我们的飞机上，他们携带了什么？分享与隐私的平衡点究竟在哪里？

在谷歌新闻里搜索“奥威尔”（Orwell），你会看到对到处都有政府的眼睛在监视我们的恐惧。实例比比皆是：虽然经受了宗教恐怖政治统治之痛，伦敦仍然有摄像头在记录城市里的点点滴滴：“大哥哥的注视”，人们这样称呼它。虽然没有权威性的统计，但据估计，2008 年的伦敦有 120 万 ~420 万个摄像头。2001 年 9 月 11 日之后，为了抓捕恐怖分子，据《纽约时报》报道，美国政府在居民不知情的情况下监听了他们的私人电话：“大哥哥的耳朵”。当地政府用摄像头监视那些违反交通规则的司机们并对他们下达违章通知。英国的城镇利用空中红外摄像术找出那些隔热不好的住户，并张贴地图，这样人们就可以检查他们的邻居是否发生了能源泄漏。传媒公司追踪违反了著作权法的人并传唤及起诉他们。2011 年，奥巴马政府提议对未经授权的流媒体定以重罪并让其承担刑事责任，同时提议授权 FBI 利用搭线窃听装置打击它们。由于层出不穷的财务丑闻，政府要求企业对于它们的业务要更加公开化，企业经理们说这样使他们的工作更难做了。每次对于政府部门的计算机丢失或者被盗的新闻报道，我们就会想到政府部门掌握了我们那么多信息，如果计算机丢失了，那么这些信息就太容易被暴露和滥用。

我们经常用“权衡”这个词结束关于隐私与分享的讨论。有一种理由可以让我们宽恕政府对我们的监视行为：政府利用科技手段追踪那些影响不好的"演员"从而让我们更安全。或者我们可以禁止政府这么做，如果我们担心他们利用科技手段追踪我们，这会威胁到我们的隐私和自由。德国的食品、农业兼消费者保护部长伊尔莎·爱格纳在2010年颁布法令，禁止今后把面部识别技术与地理定位技术进行绑定。从表面上看，这条禁令听起来很合情理，因为把面部识别与地理定位技术绑定这确实很邪恶。但是如果一项技术在它被使用前以及被人们所熟悉前就禁止难道会显得更加英明？想象一下，这两项技术的结合能在其他方面带来哪些益处：寻找丢失的孩子，或者了解灾难比如卡特里娜飓风以及2011年日本发生的地震和海啸中受害者的生命迹象。这就是隐私与分享的权衡。"如果是在英国，人们会为通过这样一项法案而欢呼雀跃，英国使用面部识别技术扫描机场的旅客以便于发现恐怖分子，"谷歌的执行总裁埃里克·施密特说，"在我看来，相比较对每一个人进行全身扫描这一不得不做的侵犯性的安全举措的成本而言，扫描人群中确知的恐怖分子的成本可能要低得多。"2010年，对于安检时的全身扫描这一事件被媒体炒得沸沸扬扬，当时一些旅客反对全身扫描设备把他们模糊的半裸的图像传给美国交通安全局的官员。如果乘客们不进行全身扫描，他们就会被要求搜身，一些人认为那样做更具侵犯性，因为他们侵犯了腹股沟——那里是"内衣炸弹者"奥马尔·法鲁克·阿布杜穆塔拉布（Umar Farouk Abdulmutallab）在2009年的圣诞节藏匿他的塑料炸弹的地方。既然知道完全不采取安全措施是不行的，那么你的选择是什么：身体扫描，搜身，通过监视器进行面部识别，在旅行记录中加入更多的个人信息？同样是隐私与分享的权衡。

我不反对以上任何一种方式。但是我也要揭示我这样说的背景："9·11"恐怖袭击当天我也在世贸中心，在北楼下面最后一班火车抵达的时候正好第一架民航客机撞击北楼。在第二架客机爆炸的时候我正站在街对面，当南搂倒塌的时候我跑开了。由于这次恐怖的经历导致我可能会与大部分人的看法不一样。对于监视的容忍程度我已经设置了很高的上限。作为一个社会，我们正在协商我们共同的限制。我们的确需要一些局限和控制。恐怖主义是一种边缘情况，是一种极端，它可以被利用来证明其他可能具有侵犯性的政府行为是有正当理由的，并用来掩饰政府的这些侵犯性行为。但是恐怖主义的存在也是事实。

监视技术的另一个用途，在纽约一个叫河源（Riverhead）的城镇，利用谷歌卫星图像找出了250个位于后院的非法游泳池，这些游泳池并没有获得安全认证。确保孩子们在邻居家的游泳池旁是安全的这对于我们重要吗？如果游泳池的主人不站出来主动承认，我们希望政府把这些非法游泳池找出来吗？如果不使用谷歌地图那还有什么办法是可行的呢？敲邻居家的门？找一架飞机在上空飞行着找？依靠那些告密的邻居？监测水的使用？安全与隐私会在哪一点上产生冲突呢？这个城镇确定了优先考虑的重点，然而后来又变卦了：在有消息传出河源镇要使用谷歌地图的一个月之后，地方会议投票停止了对谷歌地图的使用。那是一种政治上和情绪上的反应。这些图像现在仍然可以在网上看到。但是保护孩子们远离危险的游泳池的问题还是没有得到彻底解决。美国疾病控制与预防中心在2007年的报告中指出，1~4岁死亡的孩子们几乎有三分之一是因为溺水。在这场隐私与分享的战斗中隐私赢了这一回合。它应该赢吗？对游泳池公开不是一个更加英明的决定吗？在面临暴露隐私的风险和分享带来的益处之间我们是否已经合理地设定好了我们权衡的标准？

第四章
隐私与分享的历史碰撞
Public Parts

## 邪恶的柯达拍照者

美国第一次把隐私作为一项合法权益进行正式讨论始于1890年。科技的进步是其催化剂：1888年，柯达公司引进了它的第一个盒状的便携式的“快照”相机。摆脱了它只能在工作室里使用拍摄照片的局限性，这种照相机可以随身携带到任何地方，给任何人拍照。随着有插图的报纸发行量的增长，这些图片可以被更多的人看到：一美分一份的报纸。到了1890年，仅在美国，报纸的发行量就从100份成倍增加到了900份，它们在全球的总发行量从80万份激增到800万份。

然而，快照也让事情变得一团糟。《纽约时报》在1899年报道说“柯达恶魔”正在不断地骚扰新港的女士们。“满大街都是举着相机不断拍照的情景。”《纽约时报》发怒了。1903年，雷吉·范德比尔特（Reggie Vanderbilt），范德比尔特家族财产的继承人，成了一位“黄色柯达人”，即追求轰动效应的大众媒体的摄影师——《纽约时报》辩解称虽然他是富裕家庭的一员，但是这位范德比尔特并不是一位公众人物，不应理会。《纽约时报》注意到泰迪·罗斯福（Teddy Roosevelt）总统“在发现有人计划给他拍照时表现出了不耐烦”，这也是他禁止人们在华盛顿公园里携带照相机的原因。但是《纽约时报》认为，与年轻的雷吉·范德比尔特不同，罗斯福总统是“一位公众人物，应该被拍照”。

照片的刊登引发了关于隐私问题的争论，但当时的法律还没能解决这个问题，而且在未来的数年里也没能得到解决。“在《人权法案》中也从未对此进行过明确系统的阐述。”《纽约时报》在1874年的报道中说。1897年，纽约出台了一项法案，规定在未获得当事人书面同意的情况下刊印当事人的照片将被处以1000美元的罚款并判处一年的有期徒刑。《纽约时报》起初对此项立法表示赞同，直到它的编辑们明显地意识到他们由于刊登照片可能会为此承担法律责任时，他们最终给这项法案贴上了“糟糕法案”的标签。

1902年发生了一起侵犯公民肖像权的案例，在未经阿比盖尔·罗伯森（Abigail Roberson）同意的情况下，商家私自将她的照片贴在了面粉桶上，纽约上诉法院宣布“目前的法律中没有隐私权的相关条例”。或者，正如《纽约时报》上所写的，法院“已经认定以法律的行为准则来考虑隐私只是琐事之一，‘法律不予考虑琐碎的事情’”。也就是说，法律不关心此类“小事”。法院的首席法官奥尔顿·帕克（Alton B. Parker）这样写道：“所谓的隐私权，正如这个词所暗示的，是建立在这样的权利之上的。每个人都有权这样生活在这个世界上：让自己的照片不被刊印，让自己的企业不被人们讨论，让自己的成功经历不被写出来惠及他人，或者让自己的怪癖不为人所知，不论是在传单上、广告中、手册里还是在报纸上。”帕克法官推断如果对肖像的使用被认为是侵犯隐私的话，那么这一规则可以扩展到其他诸如这样的使用范围里，不论是正面的还是负面的，所有的形式，包括语言或者照片，在任何媒介中，包括报纸，那么这样很有可能会导致出现一股诉讼潮。当时，这一争论持续了一个月，《纽约时报》发表社论称约翰·皮尔庞特·摩根已经“为手持相机者们对其出其不意的拍照行为感到苦恼”并督促立法者们制定相关法律控制“这些不文明的可怕行为”。

当帕克法官参加总统竞选时，他也开始抱怨拍照者，他说：“我保留随时采取措施的权利，并会采取温和的态度，而不必总是担心被哪个拿着摄像机的家伙拍到。”罗伯森——她的照片曾被印在面粉桶上，而法官驳回了她对隐私权诉讼的那位女士——在《纽约时报》上对此回应道："你没有这样的权利……在你所建议的态度中并不能很明显地看到你的肖像受到了诽谤，至少并不是只要你随时准备采取措施就可以了的事情。"

促使美国隐私法案诞生的关键性时刻是在 1890 年，当时路易斯·布兰戴斯（Louis Brandeis），他后来成了美国最高法院的法官，和塞缪尔·沃伦（Samuel Warren）合作写了一篇《哈佛法律评论》的论文《隐私权》，在论文中他们提议制定新的准则以保护"不被打扰的权利"。要提醒大家的是，公开性在《人权法案》中是受到保护的——那是第一修正案的精髓——但是在《人权法案》中并没有保障隐私权的条款。正如以上案例所表明的，对于隐私权没有制定相关的法律。所以沃伦和布兰戴斯不得不在现有法律中的其他地方寻找相关的条款。他们非常愤怒地提出保护人们不受报纸中的谣言侵害的问题是有必要的。"报刊在各方面都正在逾越道德的底线，"他们轻蔑地说，"流言不再是那些懒散的人和邪恶的人的消遣，而是已经成为一种交易，被产业以及厚颜无耻的行为所追捧……每一次不恰当的流言，在收到预期效果之后，又会成为更多流言的源头，并与其发行量成正比，从而导致社会标准和道德的降低。"他们进一步认为对未经授权的公民肖像的刊印是"报纸对隐私的不道德的侵犯"。

我们并不能确切地了解到是什么事情使得沃伦和布兰戴斯暴怒。长期以来人们一直猜测是由于媒体对沃伦和托马斯·贝亚德的女儿梅布尔·贝亚德（Mabel Bayard）婚礼的新闻报道使其暴怒，托马斯·贝亚德是美国特拉华州的参议员，总统候选人，格罗弗·克利夫兰政府的国务卿。但是那场婚礼是在哈佛法律评论的论文发表之前的七年前举行的，所以很有可能不是暴怒的诱因。还有的认为是对沃伦女儿婚礼的新闻报道惹怒了他们，但是那发生在这件事情之后。在 2008 年密歇根州法律评论的文章中，艾米·加西达（Amy Gajda）分析了有关这个家庭的新闻报道，发现新闻媒体对沃伦本人的兴趣不大，反而是他的婚姻引起了媒体的极大兴趣。加西达认为如果不是他的婚姻问题，沃伦的照片很可能就不会大量地出现在报纸上，沃伦也不可能开始如此关心怎样限制大众媒体和他们的拍照者们。

## 科技进步的大恐惧

在历史的进程中，科技的进步一直都伴随着对隐私泄露的恐惧。1890 年，让人们感到不安的是照相机；再之前，就是印刷术。古腾堡在 1440~1450 年间发明的机器使得作家们开始担心自己分享的信息。分享——把一个人的想法永久地记录下来，并注上他的名字然后进行广泛传播——对于当时的人们来说这是新奇的，也是令人害怕的。“分享个人的想法在其自相矛盾的影响下并没有得到完全实现，直到作家们开始向观众发表演说的时候才真正得以实现。”伊丽莎白·艾森斯坦说。1628 年，清教徒牧师约翰·罗宾逊（John Robinson）担心写书会使得“作家们把自己暴露在所有人的指责之下”。丹尼尔·笛福（Daniel Defoe），《鲁滨孙漂流记》的作者，这部著作完成于 1704 年——也是他由于印制了一本讽刺的小册子而被公众嘲弄之后的那一年——“布道者们向一些人鼓吹：出书就是在对全世界讲话。”《格利佛游记》的作者约拿旦·斯威夫特也试图与印刷术的影响做斗争，他曾在 1711 年说：“一本诗集保存在柜子里，只给一些好朋友看，就好比是被众人追求和爱慕的少女一般高贵；但是一旦它被大量印刷和出版后，就好比是任何人都可以用半克朗得到的妓女一般廉价。”

我们再来看看近代的历史。艾伦·威斯汀（Alan F. Westin）在他

1967年完成的极具影响力的著作《隐私与自由》一书中，列出了19世纪80年代之前所取得的科技进步，这些技术进步在他看来，对隐私构成了威胁。19世纪70年代发明了麦克风，19世纪80年代发明了电话，19世纪90年代发明了录音机和照相机，这几项发明都可以被政府部门或者新闻媒体用来监视市民。在他所处的年代里，威斯汀发现了更多让人害怕的科技。威斯汀担心监测动物活动的无线电“药丸”、微型发报机，甚至是荧光粉和染料——更别提那些放射性的物质了——都可能被用在“手部、鞋子、衣服、头发、雨伞等诸如此类的东西上，或者被添加到比如香皂、剃须后擦的润肤液以及生发水等这些东西里”从而追踪到那些毫不知情的人。隐秘的微型摄像头，埋植在助听器或者鞋带里的无线电发报机，红外感光胶片，头部大小的微型麦克风，用电池提供电源的录音机，隐藏的“电子眼”监控器，电话窃听，“测量真实性”的测谎测试，人格测试，脑电波分析，个人资料的档案，电视收视率以及用蒸汽打开信封的方式——所有这些都让他感到忧虑。他推测“隐形的有磁性的油墨文身可能被应用于比如刚出生的婴儿”，无线电发报机可以被植入人们的身体里。他对于“无线电池驱动的纽扣大小的电子眼”感到烦恼，更别提U-2间谍摄像头了，以及科学家们阅读人类大脑发出的信号的能力。他也警告了计算机带来的危险。他在书中说，在1966年美国有30000台计算机，其中联邦政府有2600台。如果有一天，“医学领域的电脑最终建立了关于全国每个人的医疗情况的档案，‘从我们出生的那一刻开始’，并且在我们的一生中对其进行不断更新。每一条记录几乎都会立即被医务人员获得”，那又会怎样，他问道。哦，如果真有那么一天就好了。

威斯汀列出了他对50年前科技进步对隐私所产生的影响的担忧。他所有的担忧中又有多少在现实生活中出现了？如果有的话也是极少数的。这不是在嘲笑他，也不是在贬低他的警告，只是在我们应对当代科学所引发的问题的时候应该把科技进步所引起的担忧放在一定的背景下来考虑。对科技进步的恐惧今天仍然存在："信息技术被认为是对隐私最大的威胁，"海伦·尼森鲍姆（Helen Nissenbaum）在其著作《上下文中的隐私》（*Privacy in Context*）中这样写道，"它使得遍布四处的监视，众多的数据库，以及信息在全球以光的速度传播皆成为可能。"德国数据库保护专员彼得·斯卡尔（Peter Scharr）在其2007年所著的《隐私的终结》（*Das Ende der Privatsphäre*）一书中，列出了更多让人担忧的理由：网络攻击，有记忆功能的网络系统，无线电芯片，装在口袋里的定位器，生物特征识别，DNA识别技术，以及在反恐战争中伴随的对隐私的侵害。

是的，互联网，上网速度以级数增加的计算机，一直都很便宜的数据存储器，更大更有效率的数据库，移动技术，无处不在的摄像头，标注的地理信息，社交网络，以及随处可见的出版平台，都使得以全新的方式搜集和分享信息成为可能。但是也有可能发生一些糟糕的事情。我们应该小心谨慎并且机警地考虑到这些可能性，对抗这些危险，正如我们的对立方隐私倡导者们所做的那样。但是这些新技术同时也带来了新的机遇，如果我们忙于构建我们的防护措施就有可能错过这些机遇。正如报纸上会刊登流言也会刊登艺术；柯达相机会使人们局促不安但是也会给人以启迪；数码相机推动了暗中监视但也推动了网络视频电话的出现；轨道摄像机装备了间谍卫星但也装备了谷歌地图。科技之所以让人如此害怕又让人如此兴奋是因为它对于我们而言是如此陌生，充满了未知性。在我们混乱的思绪和恐惧中存在着进步。作家道格拉斯·亚当斯（Douglas Adams）在1999年报纸上的一篇文章中这样写道：

伴随着电视机、电话、电影院、收音机、汽车、自行车、印刷术、车轮等的发明，我想前几代人也不得不耐着性子听完这所有的抱怨和吹捧，但是也许你会认为我们可以学习这些事物运转的方式：

1. 在你出生的时候每一样已经存在于世界上的事物是合理的；

2. 从你出生到你30岁之前被发明出来的东西无疑是令人兴奋的也是富有创造性的，如果幸运的话，你可以借助它开创你自己的事业；

3. 在你30岁之后被发明出来的东西会与事物的自然法则和行将结束的文明的开端相悖，正如我们所知道的，直到它存在大约10年之后，才会逐渐被证明是确实可行的。

“各种想法之间发生了之前从未有过的相互交融。”科学记者马特·里德利（Matt Ridley）在《华尔街日报》以及他的著作《理智的乐观者》（*The Rational Optimist*）中写道。他认为45000年前人类接管其他物种取得主导地位的飞跃不是来自于我们脑子里的什么“人类思想的大爆炸”，而是来自于我们之间分享行为的相互影响。我们发明的工具以及对工具的交易，导致了“集体智慧”的发展。里德利坚持认为：“人类成功的所有要素——包括工具的制造、发达的智力、文化、火，甚至语言——在50万年前都似乎恰如其分，但是它们并没有带来什么实质性的进步。”尼安德特人（Neanderthals）比我们的大脑发达，然而他们并不耕种，经济也不发达。游牧民族没有定居下来，也没有向前发展。“然后，突然‘砰’的一声巨响，文明在非洲爆发了。”他说，“结果证明，决定一个民族的发明创造力和文明变革速度的是个体之间相互影响的程度和数量。”也就是说，我们的分享和彼此之间的联系为我们带来了文明的进步。

市场是文明的催化剂，因为它促使我们建设城市，旅游，相互融合，互相交流。“贸易之于文化正如性征之于生物学，”里德利说，“交换使变化集中起来并不断积累。它使得利用整个社会的发明创造而不仅仅局限于你周围的发明成为可能。”在相互作用的过程中，以及互联网所成就的对众多偶然想法的分享中，里德利看到我们的未来充满了希望。分享引起互动，互动引发创新。如果市场与城市之间的相互作用使我们能有今天的发展，那么我们不禁要问，互联网爆发性的相互作用又会让我们发展到哪一步呢？

## 现代分享的形成

今天，我们对于隐私和分享的概念——以及对于公共领域的构成的理解——会相对现代一些，至少在西方国家是这样的。在罗马共和国，国家属于它的民众（可以肯定，全体选民的数量是有限的）。在 16 世纪和 17 世纪时，“公众”是国家的同义词，而国家是国王的同义词。正如路易十四喜欢说：“国家，那就是我。”只有有官方地位的人才可以公开。这一观念解释了为什么在美国只有特权阶层才能就读的私人学校而在英国却被称为公立学校，这一点让很多美国人感到困惑，因为这些学校是专门为那些公开的人的孩子们所创办的。这也是为什么在军队里，尤尔根·哈伯玛斯（Jürgen Habermas）称，一般的士兵，即没有军衔的普通人，是非公开的人。

“隐私是现代人的发明，”劳伦斯·弗里德曼（Lawrence Friedman）在其著作《守护生命中的隐秘》（*Guarding Life's Dark Secrets*）中写道，“中世纪的人没有隐私的概念。他们实际上也没有隐私。因为没有一个人是单独存在的，也没有一个人有私人空间。房子很小也很拥挤。大家都生活在一个面对面的社区中。隐私，作为理想与现实，是现代资产阶级的发明物。”理查德·塞纳特在其著作《公共人的衰落》中说，英语中对“公开”一词第一次有记录的使用是在1470年，这个词的意思与“社会中的公共利益”相联系。直到70年之后，它才具有了“开放以便观察”的意思。“隐私”这个词直到16世纪中期才出现在德国的语言当中。

隐私并不是一种值得羡慕的状态。“隐私一词，”帕特丽夏·梅耶·斯帕克斯（Patricia Meyer Spacks）在《隐私》中解释道，“它来源于拉丁语，意思是被剥夺，被剥夺了公共的办公室，换句话说，完全终止一个人行使职责。”或者，像汉娜·阿伦特（Hannah Arendt）在《人的条件》（*The Human Condition*）中所解释的：“一个生活在隐私中的人，一个像奴隶一样的人是不被允许进入公共领域的，或者像原始人一样还没有建立这样的国度，这都不是完整的人类。”《公开与非公开》的作者迈克尔·沃纳注意到了隐私与淫秽的根源：“一个孩子最早的关于羞耻、行为举止以及清洁卫生方面的教育是对普遍意义上的公开和隐私教育的入门，当他确定了他的‘隐私部位’或者被教会上‘厕所’的时候。”

斯帕克斯认为，隐私并不是好事。实际上，隐私被认为是对社会秩序和易受伤害的人的威胁——尤其是对妇女和儿童——公众都认为他们应该被很好地保护免受伤害。“我们的祖先认为是危险的事物，”她说，“我们认为是我们的责任。”隐私也把人们从早期的公共责任的理念中隔离开来。1516年，托马斯·莫尔（Thomas More）骑士在他的小说《乌托邦》中说，田园般的社会是一个透明的社会：“由于每个人的眼睛都在盯着他们，所以人们没有其他选择只能按部就班地做他们的工作，或者娱乐，这并不是不光彩。”莫尔所处的那个年代，每个人都是在别人的“监视”下工作的。公开的生意都是在个人的屋子外面做的：补鞋匠在外面补鞋，艾尔啤酒店在外面的房子里经营。现代意义上的隐私也并不被人期望，即使是在家里仆人成群的富人当中，富人家的宅邸布局都要求居住者能穿过房间到达其他的房间。根据历史学家马克·吉罗德（Mark Girouard）的记载，17 世纪末期“革命性的楼梯的发明”把仆人与主人隔开了；18 世纪使用的室内大厅使得房间的交通封闭了。密室，这一被发明出来可以把个人物品都锁进去的地方，后来变成了独处室，我们将其称为隐私。理查德·塞纳特说，在 19 世纪，伦敦人加入了俱乐部但不是为了社交，正如我们现在这样，而是安静地坐在那儿，远离城市的拥挤。同时，丹尼尔·索洛夫指出，工作场所从农场向工厂和办公室转变，最终把家变成了家人的静居之所。菲利普·艾利斯（Philippe Aires）说，所以英格兰成了“隐私的发源地”。

当隐私在早期近代欧洲出现的时候，分享也开始崭露头角。这是“公众推广”（Making Publics）这一项目的观点，这一项目是由一组加拿大和美国的学者所进行的为时五年的具有吸引力的研究。他们认为新的工具——包括印刷术，还有剧院舞台、艺术、出版的乐谱、布道、地图，还有市场——可以让人们按照自己的兴趣爱好和想法聚集在一起，暂时离开他们的家人，不理会社会阶层和工作的烦恼。这些新兴工具导致了新的社群的产生。莎士比亚麦吉尔大学（McGill University Shakespeare）领导该项目的学者保罗·亚奇宁（Paul Yachnin）解释道，当 3000 人在全球影院观看《查理二世》的时候，当他们开始思考如果它的领导者不再胜任的时候，一个群体应该怎么做，“影院似乎创造了一种公众参与的条件。”他们不需要互相见面或者彼此认识，只需要有一个想法把他们作为公众联系在一起。起初，这样的聚集并没有威胁到当权者。“所有的当权者都认为这不要紧，”亚奇宁解释道，“这一群人聚集在一起并不是在向权利集团讲真理，而是闲荡的一群人。这也是当权者让它存在的原因。当权者们并没有意识到这正在改变他们的社会形态。”同样在今天，网络工具以及它们的数量起初当权者们并没有放在心上——直到它们对媒体、工业以及政府统治的影响逐渐显现出来。

在这一项目的引言《早期近代欧洲公众推广》中，亚奇宁和他的合作者布朗·威尔逊（Bronwen Wilson）写道：“在早期的现代形态中，生产者和消费者之间的界限不再那么严格……比如说，莎士比亚，在他成为一位演员和剧作家之前肯定是一位戏迷。”至于现在，创作者和观众之间的界限还是清晰的。在以后的几个世纪中，媒体开始成为企业的产物，进入的门槛提高了，使得影响公众的能力成为了强大机构的职权，而不是个人的职权。

网络工具可以重新定义社区团体。在欧洲宗教改革中，当教堂闲置下来不再需要装饰的时候，那些油漆工便没有了工作，所以他们转而开始给人画像。画像可以给那些画像者们和他们的团体一个公开的形象，从而可以让别人比较并识别他们的身份。所以威尼斯的居民能够识别出那些进城的奇怪的荷兰商人。“公众的形成不是简单的哈姆雷特的传播，雕刻术，地球仪，或者是意志消沉的结果，”威尔逊和亚奇宁写道，“而是他们进入不同媒体和不同地方的运动形成了公众。”那样的运动引发了多种观点。在今天的网络时代，我们称之为再融合。

当人们产生了新的公众团体的时候，他们也会重新定义公众的概念。现在国王不再是国家的同义词；《纽约时报》不再代表社会舆论；政党不再是政治体；好莱坞不再是文化。一个关于亚奇宁的项目《现代公共的起源》的 CBC 广播电台系列节目解释道，新的发现——比如说，北美洲人的新发现——动摇了人们关于他们的世界的假说。因此，甚至连地图和地球仪也成了形成和革新公众的工具。想想对于第八大洲——互联网的发现——是如何改变今天我们对于我们的世界的认知的。

变化带来的影响在现代早期与当今有着惊人的相似之处。就现在来说，新的工具能够让人们分享创造进而形成社群。权力机构——以前是教会和国王；如今是媒体、企业和政府——发现他们自己被他们的选民扰乱了。我们的工具可能比较微小——比如谷歌、博客、Twitter、YouTube、Flickr——但是他们所引发的文化变革不会逊于报纸、画像、出版的乐谱、探险家的船只、突然被证明是圆形的地球以及新型的市场等在它们那个时代所产生的重大影响。在文艺复兴时期以及互联网时代，即当代早期以及数字时代的早期，我们怀着突破先前局限的希望，“不论是智力上的还是区域性的。”利亚·马卡斯（Leah Marcus）在她的文章《网络空间的文艺复兴》（*Cyberpace Renaissance*）中写道。只有在今天，我们在“没有征服者”的情况下取得了突破。

## 公共领域

德国的哲学家尤尔根·哈贝马斯（Jürgen Habermas）的写作风格通常是很专业很学术的，深奥难懂，就像冷香肠一样难以消化。他学术上的朋友以及一些批判家们通常也不能很快地理解他的文章。然而，凡是引用过他的文章的人都一致认为是哈贝马斯定义了公共领域的概念，并确立了关于公共领域的形成和其预期发展之争的条件。他的构想对于讨论分享、公共领域、媒体以及民主在继互联网之后将会如何发展是有用的。我来为你们分析一下他的构想。

1962 年，哈贝马斯出版了德文版的《公共领域的结构转型：基于资产阶级社会的调查》。在它出版很长时间之后才于1989年被翻译成英语。书中，他认为直到18世纪，公众的想法才能被集中起来并成为与国家抗衡的砝码。因此文明社会才独立于政府盛行起来。在英格兰和欧洲的咖啡馆和沙龙中，公众的想法通过哈贝马斯所称的“理性的批判性的争论”在个体中联合起来。英国的第一家咖啡馆是于1650年在牛津创建的，布赖恩·科恩（Brian Cowan）在其著作《咖啡中的社会生活》（*The Social Life of Coffee*）中说，在18世纪初期，仅伦敦市就有三千家咖啡馆。有“一便士大学”（Penny Universities）之称的咖啡馆变成了“新文化的中心。”

政府貌似不太接纳新的批评声。1784年，普鲁士国王弗雷德里克二世（Frederick II）说，“公众是不能对政府的行为有不赞成的评论的。”但是在1792年的英国议会中公众的想法第一次在讨论中被引用。法国1791年制定的宪法（即在法国革命开始后的两年）和1793年的宪法中加入了言论自由和公众的概念：“对于想法和意见的自由交流是公民最重要的权利之一。”在1791年的宪法中如是规定。1793年的宪法中还增加了公民集会的权利。事实上，公共领域正在形成。

哈贝马斯的批评者们认为他对于18世纪公共领域所持的观点太过理想化。他发表了论文对此进行反驳称“我们把对所有人都开放的事件和场合称之为‘分享’”。然而，他所赞赏的资产阶级的咖啡馆聚会——他把他们界定为公共领域——其范围还远远不够广泛。因为参与者除了中上阶层，妇女和大部分其他的人都被排除在外了。“女性不被考虑在公共领域的范围内的观点是思想上的，它依赖于基于阶层和性别基础的分享的概念。”南茜·弗雷泽（Nancy Fraser）说。迈克尔·沃纳坚持认为分享通常是由于歧视、不公平以及非正义行为的斗争形成的。因此，分享更有可能开始于那些没有权利地位和财产的人以及哈贝马斯过分讲究的沙龙和咖啡屋中。

对于在那些咖啡屋里进行的讨论是否真的合理和重要是有争议的。是否曾经有一段光明的时期——长达几十年之久——那时政治讨论会满足“生活必需品的要求”不受情绪和个人私利的妨碍？我对此表示怀疑。也许哈贝马斯又陷入了另一种形式的排斥中：在他的评判标准中只有那些基于理性和学术的讨论才有资格被认为是“合理的，重要的”；其他的，他很快就会将其忽略。但是，哈贝马斯为通过对公共利益的讨论达成政治共识树立了完美的典范。

然而，在哈贝马斯刚刚定义了公共领域的原型后，他就叙述了公共领域的衰亡。在他的著作中，他说公共领域将很快处于瓦解状态。大众媒体是问题的根源。服从于社会的权力结构，媒体试图影响和腐蚀公众的舆论而不是听取他们的意见。“被大众媒体塑造的世界，”哈贝马斯说，“只是表面上的公共领域。”他悲叹道，政府接管了社会和家庭的许多职能——教育、住房、保护。公民变成了福利津贴的救济对象。家庭从一个生产性的机构转变为一个“收入和闲暇的消费者”。因此政府和社会的距离消失了。他把国家对公民的这一授权称为“再封建化”(refeudalization)，哈贝马斯也抱怨基于企业利益的政府干预——在自由贸易中加入贸易保护条款，允许“寡头垄断的兼并”，他说不透明的市场赋予了企业比消费者更多的权利，而工业资本主义赋予了企业比工人更多的权利。

有人可能会认为哈贝马斯会欢迎互联网的介入以打破大众媒体的霸权地位，倾听公民的心声，鼓励分享讨论，扰乱君主专制和寡头垄断。对于互联网，他很少公开发表评论——在2006年的一次演讲中他对互联网的评价出现在一个脚注中——哈贝马斯称赞了互联网对专政的影响力，但是他对于这次谈话的价值根本就不重视。“当然，互联网建立了作家与读者之间的平等的基础，”他说，那就是他给予互联网的所有评价。但是之后他又认为互联网表现出了“明确的民主优势”，因为它有能力“逐渐损害试图控制和镇压社会舆论的独裁主义政权的审查制度”。这已经是他愿意对互联网做出评价的极限了。“在自由主义政治体制的背景下，”他继续说道（以下也是我要强调的重点），“全世界数百万个零零散散的聊天室数量的上升可能会导致大量关心政治的观众被分裂为许多孤立的公众团体。在已经建立的全国性的公共领域中，当新闻集团明确了优质报刊，比如，全国性报纸和政治杂志的焦点问题的时候，互联网用户在网络上的争论只会促进政治沟通。”

让我感到困惑的是这个推崇分享的人似乎对分享的成员不屑一顾。哈贝马斯尊崇在上千个咖啡馆里聊天却贬低在数百万个聊天室里聊天。分裂？这是人们经常听到的来自于大众媒体的抱怨，这些媒体看着他们的观众都转移到了众多新出现的竞争者那里。哈贝马斯蔑视大众媒体，但是现在他却希望优质报刊提供焦点问题来讨论。哈贝马斯悲叹讨论被媒体操纵，但是现在他却想要优质媒体来传达公众所说的。最具说服力的是，哈贝马斯感叹大众的移情，感叹大众都成了“独立问题的公众团体”。然而对大众媒体兴趣的消失不正是因为人们现在可以解决他们认为重要的事而不是由编辑、政治家或者学者们告诉他们什么事应该是重要的吗？

要实现真正的公共领域，我们还不够熟练和有条理，或者还不够崇高和博学。我们就是众多公众团体中的一员，现在我们可以让更多不同的声音被听到。这些声音是不和谐的，是自由的，是不受约束的。这才是关键。我相信我们正处于公众观念发展的下一阶段。今天有机会打破把社会作为单一的集合和单一大众的观念。正如社会学家雷蒙德·威廉姆斯（Raymond Williams）所说："事实上不存在大众；只存在把人们看成大众的方式。"在《社会学的想象》(*The Sociological Imagination*)一书中，查尔斯·赖特·米尔斯（C.W. Mills）定义了"公众"和"大众"之间的差异：

| 大　众 | 公　众 |
| --- | --- |
| 表达意见的人要比接收意见的人少得多；他们接收大众媒体传递给他们的信息 | 实际表达意见的人数和接收意见的人数相当 |
| 每个个体很难或者不太可能互相回应 | 有机会立即并有效地回应任何公开表达出来的意见 |
| 有价值的意见是否被采纳是受当局控制的 | 在必要的情况下，意见在有效地行动中可以迅速找到出口，哪怕违背了占优势的当局的意愿 |
| 大众没有从机构中获得的自主权 | 官方机构不能识破公众，因为公众在一定程度上是有自主权的 |

从米尔斯对大众的定义中，我看到了媒体的世界观。在他对于公众的定义中——写于1959年——我看到了互联网以及它的众多公众团体的前景。

当"公众推广"项目组成员于2003年第一次在加拿大麦吉尔大学见面的时候，其中一个成员告诉亚奇宁有很多学者并不认同这一项目的假设前提。他们说，在16世纪和17世纪不可能有公众，因为哈贝马斯使他们确信公共领域直到18世纪才出现。在经过大量的讨论和研究之后，这个小组认为在哈贝马斯所定义的公共领域出现之前的16世纪和17世纪，是存在公众和公众推广的方式的。与哈贝马斯所描述的社会形态相比，我认为他们描述了一个更加自然的社会形态，这也正是我们现在正在回归的社会形态，在这一社会形态中有许多不同的公众。这一社会形态正在把它自己表现出来，在 Facebook 上，在所有的地方，当我们在努力区分公共领域（公众）与公众的形成（我们众多的社群团体）的时候。我们正在重新界定我们对于“公众”的概念的理解。

第五章
公共印刷术
Public Parts

## 古腾堡的礼物

对大多数人来说，媒体所存在的问题在于它只服务于某些人。媒体决定大众应该把注意力集中在哪里：报道什么新闻，报道哪些人等。从早期的意义上来说，媒体属于那些公开的人——他们享有特权。我们剩下的人，非公开的人，是那些被剥夺了获得媒体注意力的人。当哈贝马斯悲叹公共领域的再封建化的时候，我开始理解他的意思了：分享，一旦从政府的掌控中挣脱出来，对人民有利的时候，就会很快被另一个寡头组织接管。但是今天，随着可以形成社群的新型工具的出现，人们可以再次成为媒体（比如博客）以及公共领域（比如中东爆发的示威活动）的所有者。我们都拥有我们的“古腾堡印刷机”以及它们赋予我们的特权。这正是研究古腾堡时代的发展其价值所在，因为它带给我们的经验教训可以研究发生在我们这个时代的变化。

很难找到有比伊丽莎白·爱森斯坦的巨著《作为变革动因的印刷机：早期近代欧洲的传播与文化变革》更好的向导来引领我们解读古腾堡发明的力量，这本两卷共八百页历时十五年的辛苦研究所完成的巨著于 1979 年出版。这本书写在哈贝马斯的杰作于 1989 年被翻译成英语以及网页浏览器于 1994 年把互联网带到大众面前之前。所以，今天我们比爱森斯坦更具有发现不同时代之间的相似之处的优势。我致电爱森斯坦向她索要最新版本，并问她如何比较她所研究的时代与互联网时代。她迟疑了，说她并不熟悉互联网。她只是看到她的孙子们来她家玩时，通常会抱着个笔记本电脑坐在沙发上，在 Facebook 上与朋友聊天，她说她并不确定是什么形成了这个他们正在创造的新社会。这位教授太谦虚了。爱森斯坦对于预言我们互联网时代的到来以及它的变化有着特殊的作用，因为她在对 5 个世纪前的研究中很好地预示了这一点。

爱森斯坦认为古腾堡发明的印刷机所带来的变化是革命性的，而不仅仅是逐步演变来的。印刷术释放了“形成现代观念的主要动力”。一位同意她的观点的学者迈伦·吉尔摩（Myron Gilmore），在 1963 年说：“印刷机的发明以及活字印刷的发展在西方文明历史的文化生活形态中产生了最根本性的变革……它的影响迟早会体现在人类活动的每一个部门中。”当然，对人类文化生活有重要影响的还有马歇尔·麦克卢汉（Marshall McLuhan）。“打字员和抄写员之间的区别与没有文化修养的人和有文化修养的人之间的区别是很相近的，”他在 1962 年写道，“古腾堡的技术构成并不新颖。但是在 15 世纪当这些技术构成组合在一起的时候就会使社会和个人的行为加速。”正是麦克卢汉所著的《古腾堡星系》激发了爱森斯坦的灵感。“它像一缕清风吹过我的脑海。”她回忆道。虽然她最终并不同意麦克卢汉关于技术必然性的观点，但是她认同他所说的古腾堡的影响力。

爱森斯坦记载的大部分内容是关于活字印刷术在欧洲而不是最初在远东地区引进的时候所产生的影响，在远东地区引进的时候印刷机并没有——用我们今天的话来说就是——去病毒。约翰·曼（John Man）在他充满趣味性的传记《古腾堡革命》中提供了一份关于早期艺术的调查。无限地复制一个字体的字符是“早期发生在人类生活中的一种很显然的想法”。费斯托斯圆盘（Phaistos Disc），大约制作于公元前 1700 年，有 241 幅图像印制在它的黏土上，并带有金属印章（这些图像仍然是个谜）。古埃及人使用大块木头在瓦片上刻制象形文字。印刷术的一个关键组成部分——纸张——是中国于公元 105 年发明的，并且在 5 个世纪之后传到了韩国和日本。曼说，把图像用图章印在纸上的想法可能产生于5世纪。在8世纪时的中国、日本和韩国把字和图案刻在大块的木头或者石头上。中国率先使用了活字印刷。但是三种语言的书写系统太过复杂；手写仍然比印刷更有效率。随着拉丁字母的引进以及古腾堡印刷机的问世，印刷术最终变得具有可持续性和可扩展性。“最初，”曼说，“印刷机用一两个月才能印刷一本书的一份复印版；后来发展到你可以在一个星期之内印制500份。”这一革命不仅仅是文化上的，更是经济上的。在当代早期，保罗·亚奇宁的“公众推广”项目组认为，文化最终会找到顾客和市场来支撑自己，代替资源以及教堂和强大的顾客的控制。现在文化也可以利用技术来支撑自己发展。

爱森斯坦对于早期欧洲印刷术的描写给人印象最深的是它的变化多端和它的可塑性，以及它所带来的这样或那样的影响。根据爱森斯坦的叙述，印刷术的影响是逐渐形成的，虽然印刷机的印刷量已经很快达到了令人震惊的地步。在古腾堡印刷机发明之后的第一个50年，据吕西安·费夫贺（Lucien Febvre）和亨利·琼·马尔坦（Henri-Jean Martin）合著的《印刷书的诞生》记载，当时有两千万本书被印刷出来——据估算，这比以前欧洲所有的抄写员用1000年的时间所抄写的书都要多。爱森斯坦说：“在这次转变之后至少50年的时间里没有显著的文化形态的变革；在古腾堡之后，人们必须等一个世纪才能等到新世界的轮廓出现在我们的视野里。”今天互联网所带来的变化虽然已经非常显著了，但是我们仍然处于这一变革的初级阶段。我们还没有看到什么实质性的变化。

今天，出版商作为一个职业种类可以不费吹灰之力，只不过是用新的形式复制他们原来的内容和商业模式，从光盘到网页再到iPad。这与文艺复兴时期是一样的。早期的出版商靠模仿抄写员的作品来出书，甚至模仿他们的字体以便看起来像抄写员的笔迹。印刷被提升为自动化写作。“他们不再把印刷书籍看做是一种基本的不同形式，而是一种手写体书，可以以更快的速度和极大的便利生产出来。”利亚·马卡斯在《网络空间的文艺复兴》中说。他们还没有看到这种可能性。

伴随着印刷书籍所产生的早期的书里面有许多抄写员手写的错误，在印刷书籍产生的时候，它们不像今天我们所认为的那样是神圣的庙宇以及显要地位上的完美行为。第一批印刷书里面全是错误。印刷错误可以被广泛快速地传播，但是它们也可以被及早发现和及时予以改正。就像今天对互联网的褒贬不一一样。由于这些错误分布在书中的很多地方因此它们也变得异常危险。这也是为什么印刷厂由于印刷了 1631 年的“有害的圣经”而被罚（它在第七章圣训里面把“不”字给丢掉了……关于这件事可以查阅相关书籍）。一些同时期的人认为古腾堡印刷的所有《圣经》都是有害的。当古腾堡的前搭档兼投资人约翰·福斯特（Johann Fust）去巴黎销售这些《圣经》的时候，有人报警并揭发了他，因为“这样一个销售有价值的书的书店通过魔鬼的帮助成就了个人的财产”。

通常出版商和作者使用勘误表或者在新版次中改正书中的错误，这样对他们是有利的。爱森斯坦说，16 世纪的编辑“创造了广阔的平台，征集每一个版次的评论，有时公开承诺对于那些寄来新信息或者发现错误的读者，他们的名字会出现在书中，这些错误随后也将被改正”。今天，我们把这称为群众外包。“制图员亚伯拉罕·奥特里斯（Abraham Ortelius）从方方面面获得了有帮助的建议，地图制作者们争先恐后地把自己最近的地图发给他。”劳埃德·布朗（Lloyd A. Brown）在《地图的故事》中说。奥特里斯的团队，即与他的工作相关的公众也出版关于地形和当地历史的专著。“通过对他的读者诚实并欢迎各种批评和建议这一简单的策略，”杰拉尔德·斯特劳斯（Gerald Strauss）说，“奥特里斯使得他的书在某种意义上成为建立在国际基础上的合作事业。”在这一方面分享打开了合作的大门，比如最早的维基百科或者维基世界地图（OpenStreetMap）就采取了协作的方式。

“从一个抄写员到下一个抄写员，从一代到下一代，口口相传的古代思想令人敬畏和封闭的主体被一个开放式的调查进程所取代，并渗透到每一个先进的新型领域。”爱森斯坦说。以前写书的目的是为了保存旧知识，现在的书籍使得集中、比较、分析和传播新信息成为可能。詹姆斯·杜瓦（James A. Dewar）和汪炳华（Peng Hwa Ang）在《变革的代理人》（*Agent of Change*）一书中说，书的那些属性使得科学革命成为可能，这本书收录了爱森斯坦的文章。罗伯特·默顿（Robert Merton）说，科学是公开的知识。爱森斯坦说早期的出版商“鼓励读者开展自己的研究项目并进行实地考察……这样就会引发知识爆炸。”（我强调的重点。）比如，已知的植物的数量从600种成倍增加到了6000种。读者还把种子和样本寄给了作者。出版过程也让小说发生了改变。1740年出版了《帕梅拉》（*Pamela*）之后，它的作者塞缪尔·理查森（Samuel Richardson）在随后的版本中对这本小说进行了校订，以回应他的女性读者群所提出的批评和建议。还记得《英雄》的创作者在电视节目中也做了同样的事情，因为互联网给予了他了解观众心声的窗口。

早期出版商灵活的态度改变了我们看待书籍和媒体的方式：我们不再把书籍看成是刻在岩石上的版画，而是将它看成仍然湿润的黏土。在近代历史中我们所存在的问题是——从工业时代开始，不仅仅是印刷业而是几乎在每一个工业领域和活动中——我们所犯的错误代价大到连我们自己都不愿去承认。这中断了我们对错误的改正以及我们与公众的协作，也中断了爱森斯坦所谈论的知识的增加。但是互联网开始对此进行修正了。

在印刷业的早期，这种开放性的文化观会很容易朝另外一个方向发展。印刷文字的爆发——以及对其控制的缺乏——使得一些精英们感到困扰，包括天主教神学家德西德里乌斯·伊拉斯谟（Desiderius Erasmus）。“世界上哪个角落没有大批量新书的踪影？”他抱怨道，“它们的泛滥对学识而言是有害的，因为它使得供大于求，即使是好的事物，一旦饱和，也会变得有害。”据爱森斯坦记载，他担心人类“爱突发奇想以及对新生事物的好奇心”会从“原来作者的研究”中转变方向。在英国内战期间，理查德·阿特金斯（Richard Atkyns），一位印刷术方面的早期作家，渴望王室对印刷机进行控制。“印刷机，”他悲叹道，“已经使得英国扩充了太多的书籍，让人们的大脑里填充了太多向左的观点，这些纸张变得像子弹一样危险。”“在现代早期，一些人道主义者呼吁建立审查制度，以确保只有高质量的书籍才能付印，但是却从未施行。”安·布莱尔（Ann Blair）在《变革的代理人》中写道。现在我经常听到出版商、编辑以及学者们渴望有一种方式能确保互联网上的质量标准，仿佛互联网是他们的一个媒介而不是方便分享交流的公共空间。

我不是在暗示早期的书籍都是不稳定的。正如爱森斯坦指出的那样，印刷术的优势在于它使得冗长的在手工版本中容易丢失的知识变得持久、连贯，而且容易得到。她说，是印刷术使得托马斯·杰斐逊（Thomas Jefferson）收集弗吉尼亚州的所有法律成为可能。“对于杰斐逊来说，在民主化方面强调印刷术的保存能力，这似乎与自己的个性相符，这确保了珍贵文件的安全性，不是把它们妥善锁藏，而是把它们从柜子里以及地下室里拿出来，复制它们以便所有的人都可以阅读。”

印刷术离开了寺院的高墙走进了社区，来到了大声而嘈杂的车间，每当设置类型或者出现错误的时候，作者们就不得不经常出入那里。商店“变成了学者、艺术家以及文人学士们的聚集地；变成了外国翻译家、流亡者以及难民的避难所；也成了先进的学习机构，以及文化和知识交流的重要场所。”在那里，人们的大杂烩导致了“不同流派的交流”。“有知识的人之间以及思想体系之间关系的改变。”爱森斯坦说，“这次革命是社会性的也是知识性的。”那些商店，就好比我们今天的互联网，为我们建立了新的关系。

打印店也算一个企业。“印刷，一台复印设备……生产出了第一批完全一样的重复性的‘商品’，这是第一条生产线的批量生产。”麦克鲁汉说。“印刷业者和售书者从一开始就是为了获利。”费夫贺和马丁说。令人难过的是，那最终并不适合古腾堡自身的情况。他破产了，约翰·福斯特接管了他的大部分印刷业和贸易。但是，古腾堡可能也是最早的科技型的新兴公司中的第一位企业家。这也是我让我的企业新闻专业的学生们学习曼的传记的原因。曼带领我们欣赏了引人入胜的科技方面的知识以及发明用于规模生产的手持式模具所需要的灵感、冶金术、可以在两面都留下印记的工程师纸以及油墨的化学现象等。

曼也探讨了商业的基本需求以及出版商在市场的驱动下必须要做的事，即找到第一批最好的销售者，创造现金流，回报投资者。安德鲁·佩蒂格里（Andrew Pettegree）在《在文艺复兴时期》一书中说，在抄写员的世界里，供给和需求是均衡的：一本书，一个抄写员，一个顾客。而印刷术的供给和需求是不均衡的，它要求相当数量的前期投资以购买设备、纸张和劳动力，也不能确保一定有买家。在早期，印刷业者用经典文本大量供应市场，导致了失败。他们试图把旧的媒体和模式强行应用于新的形式中，即我们今天所看到的模式。“印刷术发展到第30年，”佩蒂格里说，“其新奇感已经消失。”为了生存，印刷业者不得不创造一种基于对需求和市场营销有新的理解的盈利模式。为了盈利，他们出版了单面大活页歌谣、小册子、入门手册以及教会特赦。“吹捧的艺术，大肆推介的广告词，以及其他熟悉的推销手段也都被早期的印刷业者使用了。”爱森斯坦说。书籍也变成了现在新作家进入这一市场的推销工具。佩蒂格里说，在古腾堡发明之后的50年，作为媒介物的印刷书，“在印刷体的世界里最终挣脱了它的根”。

印刷术改变了人们理解世界以及与世界进行交流的方式。“公众推广”项目组认为，一个新大洲的发现以及印证它的地图改变了人们对于他们周围环境的理解。“印刷术的发明消除了匿名，培养了文学名誉的观念，以及把智力成果作为私人财产的习惯。”麦克鲁汉补充道，“便于携带的书籍可以让人们在私下以及与人群隔离的地方阅读。”——马库斯（Marcus）坚持认为，这样会把作者和读者隔离开，使得媒体更客观。“正如古腾堡用凸版印刷术填充了世界，人类的声音就关闭了。”麦克鲁汉争辩道。印刷术让作者丢掉了威信，而让读者也后退到无名和沉默的境地。

书籍大大提高了学习的效率。学者们不再需要从一个城镇跑到另一个城镇查阅寥寥无几的几本书以获取知识。现在，书籍可以从一个地方运送到另一个地方并且互相参照，使得思考中出现的矛盾很容易被发现。“这种思考的便利性起初有利于旧有想法的新的融合，之后，有利于整个新的思考体系的创建。”爱森斯坦说。学生们不再只是在他们师傅的门下学习——结束了牧师在教育上的垄断地位——他们也可以依赖“无声的指导者”自学，因为书籍已经为人们所熟知。艾萨克·牛顿（Isaac Newton）自学了数学。学习不再只是修道士的特权，它也是孩子们的特权。

书籍也改变了我们记忆的方式。“顺口溜和抑扬顿挫的调子不再被需要用来记忆特定的公式和食谱，”爱森斯坦说，“集中记忆的本质发生了改变。”书籍变成了我们的数据库，以及个体和社会的存储器。“仿佛人类突然获得了值得信任的存储器，而不是那个变化无常的虚假的存储器。”乔治·萨顿（George Sarton）说。今天，以同样的方式，谷歌已经变成了我们个人的存储器以及全球的图书馆。

印刷业很快影响了社会的政治结构。据艾伯特·卡普尔（Albert Kapr）的权威性传记《约翰·古腾堡：一个男人和他的发明》记载，在这个伟大男人的商店中他的继承人——约翰·福斯特和他的女婿彼得·舍福尔（Peter Schöffer）——所印刷的早期非宗教类出版物是一些政治小册子。教会企图控制美因茨市而由此引发了一系列猛烈的抨击，这一事件于1461年由一个出版机构印刷出版，这些政治小册子从一开始就揭示了这一分享的工具，正如后来出现的众多分享工具一样，是中立的和不可知的。“所有的这些小册子都旨在获取公众对于各自领导者的支持并诋毁他们的对手。”卡普尔写道，“心理学的武器已经被加入到了作战装备中来——这些作战装备包括戟、双刃长剑、刺刀、火绳枪和大炮——心理学的武器可以通过印刷的方式得以传播。”这里我们看到了在媒体、宣传以及将会受到影响的公共领域中，印刷术的新兴作用。

已经出版了的地图用带有设定好的界限和标准化的语言开始给各个国家以不同的形状作为其身份的标识。爱森斯坦说：“民族特征和大众文化的同步发展不是偶然。”马丁·路德对世界的影响并不是通过他对维滕贝格教堂的连续重击，而是通过印刷术，他的30本出版物在1517~1520年间出售了超过30万份。“路德自己把印刷术描述成是‘上帝最高的异乎寻常的恩赐’。”爱森斯坦说。路德和他的对手教皇里欧十世（Pope Leo X）都认同这一观点。教皇在1515年的审查法令中说，印刷术“作为神的礼物已经从天而降”。或许这也是他的诅咒。路德的改革是由作为分享工具的印刷机引发和传播的第一个革命性的运动。

## 大众媒体的形成与毁灭

让我们跳过古腾堡和书来探讨由此所引发的机械化的印刷业和报纸。现在“印刷业”有了新的含义，它不再只是指一台机器，而是指一个行业以及一个公开的机构。从那时起，就有力量在竞争获取对新闻业的控制权以及与公众对话和为公众说话的能力。在19世纪初期，报纸就是为政党和他们的利益机构服务的，直到广告业的出现才使得报纸在经济上独立于政治所有权。记者们开始认为自己是公众的自主代表，是人民和政府之间的调解人。那时，哈贝马斯想建立文明的公共领域的理想破灭了。人民无法发出自己的声音。

还有另一种看待媒体和公众之间关系的方式，那就是詹姆斯·凯利（James Carey）的方式。在搜集的由哥伦比亚大学新闻学教授所写的关于凯利的文章当中，纽约大学的杰伊·罗森（Jay Rosen）写道，凯利认为：“不应该是媒体‘通知’公众，而应该是公众通知媒体。真正的新闻题材是公众与媒体本身的对话。”

凯利生前我有幸见过他一次。那时，我是新闻学术交流会议和专题小组讨论会的新成员。我所提出的——或者是我所认为的——关于互联网已经把新闻作为一种对话机制引进的观点困扰了会议室里传统的新闻记者。我走下了讲台，坐到了凯利教授旁边，他低声跟我说他已经把他的职业建立在了新闻对话理念的基础上了。在很长一段时间，凯利一直都认为《美国的人权法案》是“对于我们作为一个个体怎么样平静地、激辩地，但是文明地、主张进步地生活在一起的禁令”。凯利说，开国元勋们使我们承担起“建设一个平等对话的社会的责任……用其他话说就是：建立一个辩论型的社会，或者，应该用比如争论、讨论这样的词。

但是我相信我们必须以对话为第一位。它暗示了社会分工比它的其他选择更加淡化了等级制度，更加注重平等主义”。凯利，像哈贝马斯一样，希望寻找合理的重要的辩论作为民主社会的神经系统这样的文明理想。他希望新闻业不仅仅是开启公开对话。

“公开，”凯利说，“是新闻业的神圣术语。没有公开，新闻业就毫无意义。”因此，新闻业保护的是公众的利益，报道社会舆论，教育公众，为公众的知情权服务。但是凯利，像哈贝马斯一样，看到了媒体在利用公众中的腐败。凯利认为邪恶之风存在于公众舆论行业。民意测验“是模拟公众舆论从而防止真正的社会舆论形成的一种尝试”。民意测验迫使我们的意见减少到可控的数量，剥夺了我们谈话的细节和复杂性。“一个独立于对话文化的新闻机构，”凯利说，“很有可能是对公众生活和有效政治的威胁。”很强硬的一句话但它却是事实。作为一名记者，我没有被教育过我的工作是鼓励、收集和传播公众的对话，我只是被告知我的作用就是通知公众，这也表明公众也认为自己是被告知的。我们记者在公众中成长起来并且把自己与公众隔离开，我们相信我们是客观的、没有意见的人群，在这方面我们比我们所报道的政治家们或者我们所服务的公众更加单纯。

人类学家杰克·顾迪（Jack Goody）认为人类历史不仅仅是生产方式的斗争史，更是交流方式和交流模式的斗争史。这种观点当然也适用于20世纪，当控制与公众交流的斗争有时出现在一场神圣的战争中时，当新流行的广播节目威胁到报纸出版商时，出版业大亨们会诉诸“神圣辞令的援引”。格温妮丝·杰克威（Gwyneth L. Jackaway）在《战争中的媒体》中说：“广播新闻，他们警告说，是对新闻客观性的理想、社会公共服务的理想、资本家财产权的理想、政治上的民主理想的威胁……因此，他们援引国家的利益作为保护他们自身利益的一种方式。”

在广播新闻的早期，报纸把这种媒介看成是一种罕见的事物，给予了它极大的关注并对它进行了报道。出版商意识到广播会成为他们的麻烦。“刚开始，广播只是年轻的男孩子们蹲厕所时的一种消遣，但现在它却逐渐成为人们所依赖的媒介。”格温妮丝写道。出版商们认为广播新闻部门没有足够资格的记者和编辑来支撑它超高的新闻标准。他们还抱怨说，广播新闻使得报纸的销售量锐减。他们甚至还投诉广播新闻侵犯了他们的版权。

当电视机的出现威胁到报纸业的时候，同样也上演了这一幕。编辑们把电视台的记者称为“寄生虫”，并试图把他们赶出白宫的记者室。在 20 世纪 80 年代，当电话公司涉足内容业务的时候，报纸业便开始追逐电话公司，在互联网出现之前，通过电话提供信息服务。今天，当这种模式再次出现，旧的媒体巨人仍在抱怨着媒体新贵，传统媒体把博客看成是固执己见的业余爱好者，认为他们并没有与这个行业持相同的标准。他们像伊拉兹马斯（Erasmus）一样，担心过量的内容会使他们的忠实观众转移注意力。在许多关于媒体行业的发展前景的讨论中，我听到一些存活下来难以被新媒体替换掉的公司的高管人员提醒我们，至今没有哪一种新兴媒介能把旧的媒介完全扼杀：报纸的出现，并没有让书籍消亡；电视机的出现，也没有让广播不复存在。但是今天的报纸行业是昂贵的、资本密集型的、已经没有了竞争力的行业，它们最终还是会消亡的。杂志也慢慢在衰退。广播，至少在美国，只剩下它昔日的影子了。2010 年，前麻省理工学院有远见卓识的尼古拉斯 · 尼葛洛庞帝（Nicholas Negroponte）教授认为印刷书籍还能存活 5 年以上的时间。而我希望他的判断是错误的，因为我的女儿朱莉娅，从小的梦想就是想当个作家。我希望那时书籍依然还能存在。但是为了避免她的希望落空，朱莉娅已经在《最后剪辑》（*Final Cut*）上自学了视频编辑。

有人说，技术上的转变不仅会改变经济和社会，也会改变我们以及我们的思考方式。作家尼古拉斯·卡尔（Nicholas Carr）自问自答道：“谷歌让我们变笨了吗？”他认为网络剥夺了我们“深入阅读”书籍并“深入思考”的特权。他认为书籍是唯一的或者是最好的激发我们思考的方式。埃里克·施密特对卡尔的问题回应道：“难道我们现在不是变得更聪明了吗？”我承认在后网络时代我没读过多少书，但是我相信互联网使我的好奇心更加强烈了——因为它能引起人们的好奇心，也因为它可以很容易地满足人们的好奇心。我会用几周或者几个月的时间设法完成一个想法，通过博客上的许多帖子，利用与我的读者的互动交流，我希望能提高我的思考能力。书中写的内容可能很有深度也可能很肤浅——正如互联网上的想法有深有浅一样。

对于互联网对我们的思考能力的影响的不同意见引发了关于是否技术进步正在改变我们大脑的运转方式的讨论。虽然我倾向于认为互联网是变革的动因，这些变化影响着我们的生活，但我并不认为它会改变我们的生理机能。然而，我也相信互联网改变了我们看待世界的方式以及我们相互影响的方式——正如印刷机所产生的变革一样——但是它也同样令人感到不安。“让人感到有趣和欣慰的是我们发现我们现在对于把以前固定的文字释放到网络空间模糊不清的自由体中的心神不安与文艺复兴时期作家们所经历的担忧极为相似，当他们不得不把自己的作品交给在他们看来很没有人情味的无法遏制的遍布四处的印刷机的时候。”马库斯说道。今天，我们在电脑上写字并不断地改变我们的文字，这“正在侵蚀手写体和印刷体之间的区别，因此这给予了我们自己的时代一个特别的窗口去理解文艺复兴时期的精神状态，那时这种区别还没有清晰地显现出来”。正如现代早期的读者“需要适当的时间来适应减少了的印刷书籍的听觉刺激”一样，我们正在放弃这种熟悉的、舒服的、能够触摸到和能够看到的书籍阅读方式，转而在电脑屏幕上看书或者听有声书。马库斯辩解道，我们可以同时进行阅读和写作的事实，打破了原作和评论或者是它们激发的重新合成的作品之间的界限。“它严重削弱了几个世纪以来对原创作者的尊敬之情。”不论是在出版业还是新闻业，马库斯宣称，我们看到了旧的“职权等级制度”的崩溃，听到了人们想要知道没有了等级制度他们将要如何做的心声。正如我的朋友杰伊·罗森所说的，那个时刻就是读者成为作者，作者成为读者的时刻。

丹麦学者为这一模式杜撰了一个极为动听的短语：古腾堡间歇。在古腾堡之前，知识的保存是由抄写员来完成的，并以口头的形式得以传播，重新合成。在古腾堡时代——1500~2000 年间——是一个“由印刷机占据主导地位甚至由印刷机文化上的重要性所定义的时代”，这些丹麦学者说。在古腾堡间歇时期当局“把精力放在了对存在于书中的不断积累的智慧准则的控制上（用培根的话来说，**书籍就是‘时间的船舶’载着珍贵的货物历经岁月的沧桑**）。”不论是在科学上还是在小说中，我们的思考模式，至少在西方，开始模仿线性印刷：我们以直线的方式思考。“直线，连续体——这个句子是一个基本的例子——它成了生活的组织原则。”麦克卢汉写道。

另一方面，“数字文本是无限可变的、灵活的。”丹麦学者说，“不要把文本看成是在某一版次中大量印刷的书籍的最终产品，而应该把它看成是一个永远都不停止的持续进行的过程——博客，维基百科等——不要把文本的存在归功于一个享有特权的作者而应该归功于许多临近的看不见的人的贡献，这对于认知来说有着极其重要的影响。从业已完成的书籍作品开始，我们正处于向永无完结的、多方创作的以及多媒体转移工作的永久性的进程当中。”他们说，职权将来自于对“永久性的变化”的掌控。

**在间歇之前**，传播媒介是手写的，口头的，被大众分享的，受分布过程的影响，通常是匿名的，得到老主顾的支持，并且强调通过搜集新知识来保存古老的智慧。

**在间歇期内**，宣传工具是书面的，线型的，固定的，持久的，授权的，被他人拥有的，被包装成产品，是商业性的，有明确的开头和结尾。

**在间歇之后**，我们的传播媒介再次变成了对话式的，开放的，被大众分享的，再混合的，再次建立在过程而不仅仅是在产品的基础之上的，是互相协作的，业余的，无止境的。

这些变化发生在工业经济向把信息作为传播媒介的数字经济转变的大背景下。那改变的不仅仅是传播媒介。我们对这一变化应该做出怎样的反应呢？这里只有两种可能的选择：抵制它，显然这是没用的，要么理解并接受它并在变化中发现机遇。“事实上，当我们拥有新技术的时候，处于新技术黑暗的可能性中是没有什么意义的，我们无法去预测它的最终效果。”马库斯说，“文艺复兴很少发生，所以在这一进程中人们应该享受它。我，作为其中之一，以极大的兴趣等待着网络空间的文艺复兴，并且希望我能看到它的极盛时期。”

第六章
什么是隐私?
Public Parts

## 你如何定义隐私?

结果表明，这是一个出乎意料难回答的问题。你不妨试着写下你的定义——如果你能给出一个定义的话。在你看了很多其他人的定义以及他们所提出的所有问题之后，再来看看你的定义是否还站得住脚。我可以提醒你：前方有一个迷宫。

当我开始写这本书的时候，我第一次尝试给隐私下定义，现在我意识到了我所下的定义是站不住脚的。我在博客上写道，这不是关于隐私的问题而是关于控制的问题：对我们的信息和身份的控制。这听起来很简单明了，但事实却并非如此。什么是我们自己的信息？是我们所说的话，所做的事情，所喜欢的东西，所购买的物品，或者所制造的东西吗？是我们所去过的地方或者是我们所认识的人吗？当我们的信息与别人的信息结合在一起的时候，谁会获益呢：某一个群体还是我们每一个人？为什么有些信息属于隐私呢：因为它们见不得光，或是因为它们本身就是私密，又或是因为我们对这些信息所施加的条件吗？还是因为我们害怕它们被泄露出去？关键的问题是他人利用这些信息是为了更好地为我们服务，还是为了监视我们，向我们推销东西，或是评价我们？难道隐私在我们的家庭、工作以及社区中不是意味着一些不一样的东西吗？你所认为的隐私并不代表我对隐私的理解。所以我们怎么才能有一个统一的定义呢？

“隐私似乎包括每一件事，所以就其本身而言隐私什么都不是。”丹尼尔·索洛夫说道。在他的著作《了解隐私》中，索洛夫引用了别人悲叹隐私的“千变万化”的形式及其“尴尬的意义”。“也许关于隐私权最值得注意的是没有人对于隐私的定义有一个清晰的认识。”朱迪斯·嘉威斯·汤姆森（Judith Jarvis Thomson）说道。“隐私是一个像变色龙一样反复无常的词汇”可以被用来掩饰范围广泛的利益，以及“代表以利益的名义所产生的良好信誉”，法学家莉莲·比维尔（Lillian BeVier）说。“隐私已经变成了像‘幸福’或者‘安全’一样含糊的概念。”雷蒙德·瓦克斯（Raymond Wacks）写道。索洛夫注意到要明确地表达他所称为隐私的对立面即我所称为的分享似乎更容易一些：“言论自由，高效率的消费交易，以及安全性。”但是我不打算把隐私置于与分享对立的地位——我再重申一次，因为它们不是对立的；它们是相互影响的。我们不能简单地把隐私定义为诸如那些不公开的信息。

我想以它自身的权利来定义隐私。许多人在我之前已经尝试过。艾伦·威斯汀（Alan F. Westin）在他1967年的著作《隐私与自由》中提议：“隐私是个体、团体或者机构的诉求，他们自行决定他们的信息在什么时候、以什么方式、什么程度传递给其他人。”这是在试图限制别人了解我的信息。但是那不是取决于了解的方式吗？如果你在示威游行的队伍中看到了我并把这件事告诉了其他人，那怎么能算作隐私呢？威斯汀也说隐私是“一个人通过形体或者心理的方式自愿地暂时性的回避大众社会”。他承认隐私降低了一个人在社团中的参与度，最终会对分享产生影响。“因此，每一个个体不断地参与到一个个人调整的过程中来。”也就是说，不存在一个固定的隐私的定义。

1960年，威廉·普罗塞（William L. Prosser），一位倡导《侵权法案》的领头人，他把隐私分成了四部分侵权行为：

1. 对一个人的独处或者寂寞的入侵或者侵犯一个人的个人事务；

2. 对尴尬的个人情况的分享与泄露；

3. 宣传，把一个人置于错误的公众的视线下；

4. 盗用一个人的名字和照片。

这四种对于不同利益的侵犯类型在“隐私”的名义下紧密地联系在了一起，但是除了干扰个人独处的权利之外，“几乎没有任何共同之处”。普罗塞说。

在他自己对隐私的分类中，普罗塞把侵犯行为分成四步：“信息搜集，信息处理，信息传播，侵犯隐私。”他然后列出了不同类型的隐私：“限制访问……对私人信息的控制……保密……个性——对个人的品行、个性和尊严的保护……亲密行为。”要绘制所有的这些类型让人望而却步。

“生命的权利，”路易斯·布兰戴斯和塞缪尔·沃伦在他们合著的著名的法学论文中写道，“已经开始意味着享受生命的权利——即不被打扰的权利。”他们的经典框架预示着一个人有独处的权利。在他们看来，对隐私的侵犯，是时常打破我们的安静的骚扰行为。对隐私的这一看法也暗示了一旦我们冒险从隐士般的生活中出来，我们对隐私的控制就消失了。这也不是一个令人满意的定义。

由于隐私并没有在《宪法》及其修正法案中得到明确的保护，布兰戴斯和沃伦——正如跟随他们的隐私保护方面的学者们——不得不在《权利法案》的不同条款以及其他法律中寻找对于隐私的保护。他们不得不创造一种叫作隐私权的权利。因此他们请求《第五修正案》对隐私加以保护以防自证其罪，他们也注意到普通法给予了每个个体决定“他的想法、感情以及情绪在多大程度上传递给其他人”的权利。他们在普通法里读到了关于隐私保护的条款。其他学者在《第一修正案》（言论自由），《第三修正案》（防止在居民家里驻扎军队），《第四修正案》（保护公民免受不合理的搜查和没收），以及《第九修正案》（保护在《宪法》中没有被列举出来的权利）中找到了关于隐私权的线索。布兰戴斯和沃伦也谈到了版权，说一个人“有权利决定他的版权是否给予公众”。他们认为这一理论根植于“一个人的人格权利”中。在设置隐私权的时候，他们也必须设置它的权限。他们承认这一权利并不能禁止“有关公共利益或者一般利益的问题的发生”。所以隐私可以“用那些团体并没有合理地给予关注的事物”使人们获益，即成为隐私的人。如果运气不好，你就会成为公众人物。

布兰戴斯和沃伦也抓住了关于隐私之争的一个关键问题：伤害。我们在提防什么？他们说，侵犯隐私所带来的真正的伤害不是身体上的，甚至不是经济上的，而是情感上的伤害。其他人会怎么看我们呢？对于这一点我们在害怕什么？这一问题的关键与其说是关乎我们自己，不如说是关乎其他人（或者说是我们所认为的其他人对于我们的看法）。隐私是布满镜子的大厅。我已经警告过这一问题的复杂性了。最后，威斯汀说，布兰戴斯和沃伦的文章“基本上是代表贵族阶层的价值观的抗议，反对‘大众社会’以及大众媒体在政治上和文化上的价值观的崛起”。

在这一部分中，威斯汀划定了隐私的区域。里面的一圈涵盖了我们的“终极秘密……不会和任何人分享”。接下来的一圈代表“小圈子内的秘密”，我们只与我们信任的人分享。次外圈代表我们的朋友圈。最外圈代表“随意的谈话……可以对任何人分享”——即可以对公众分享。在我们试图管理 Facebook 的过程中，这与我们所遵循的隐私模型很相似：哪些内容是我们不会与任何人分享的，哪些内容是我们可以与朋友分享的，哪些内容是我们可以与任何人分享的。可能发生的最坏的情况是，威斯汀说：“有的人可能会通过身体的或者心理的方式侵入最里面的区域获悉一个人的终极秘密。这种蓄意的渗透……会使一个人赤裸裸地被人嘲笑，使他感到无地自容，从而被获悉他秘密的人所控制。”因此威斯汀对隐私的定义也是建立在情感和社交的恐惧基础之上的。

如果隐私是关于恐惧——这也并没有什么不对，因为恐惧是对最坏的情况分析的一种方法，是建立在我们的理解力的基础之上并保护我们免受恐惧的一种方式——布兰戴斯和沃伦并没有论述其他方面的恐惧和危害，我在关于隐私的讨论中听到了一些更具现代特征的恐惧和危害。

- 身份被盗用，导致金钱的损失，财务信誉被破坏，造成相当大的麻烦。我想说那不仅是一个隐私问题，更是一种盗窃行为。
- 未经授权擅自使用他人的肖像或者名誉，用于商业用途（而不是用于新闻或者自由言论中），即使用你的照片、名字或者名誉来推销某种商品。我也把这种行为看作是偷窃行为，但是它已经进入了隐私的讨论范围。
- 撒谎也已经成为隐私讨论的一个分支。我会把这个问题更多地看成是一种诽谤，因为一个人可以在不了解别人的私生活和想法的情况下随意捏造事实。我不需要了解你就可以毫无事实根据地指责你虐待小动物。
- 推销员和垃圾邮件的发送者不断地骚扰我们并利用他们所掌握的信息纠缠我们。（“为什么他们会向我推销很便宜的伟哥……他们难道知道些什么吗？”）那不仅仅是扰乱社会治安的问题吧？

对于隐私的讨论中最普遍和最具威胁性的问题——尤其是自从20世纪中期以后——在于对政府的担忧，即政府对我们的监视，政府的入侵，政府的起诉，政府对我们生活的控制（回想：堕胎事件和1973年的罗伊诉韦德案，隐私成为政府干预夫妻亲密关系和妇女选择权的因素）。虽然法西斯的幽灵在这里投下了黑暗的阴影，但是出版于 1949 年奥威尔的《1984》已经成为对政府的担忧和隐私的试金石，甚至也许还是催化剂。《华盛顿邮报》发表社论说，在奥威尔的世界中最可怕的是“隐私的完全废除”。奥威尔激发了一种不祥的超前预测，也是《时代》杂志经常详细阐明的方面：“电视节目，”《时代》杂志在 1950 年说道，“很自信地预测了这一天会到来，到时候每个家庭都拥有专用网络（这样妈妈们就可以追踪到孩子了），电话上会安装屏幕。但是我们仍然会担心政府的监视：在这种情况下，‘大哥哥’和他控制民众思想的荧光屏会不会被落在后面？”那个时候的公民，请你们告诉我：政府会被落在后面吗？

在布兰戴斯升任最高法院的法官之后，正是政府对隐私的干预为他提供了把隐私从理论纳入到法律中的机会。在 1928 年的奥姆斯特德（Olmstead）诉美国政府案中，法院的大多数人裁定政府监听是合理的调查。然而，布兰戴斯不这么认为。他认为《宪法》“授予了人们不被打扰的权利——这是最综合的权利，也是文明社会的人们最重视的权利，这是对政府干预隐私的抗议”（此处是我强调的重点。你们认为隐私权或言论自由的权利是我们最重视的权利吗？）。布兰戴斯在 1939 年卸任法官的职务，但是法院在 1967 年吸纳了他对隐私的理论阐述，这一阐述在卡茨诉美国政府案中推翻了奥姆斯特德诉案件的结论。在后纳粹主义时期，后奥威尔时代的案件当中，法院，在首席大法官厄尔·沃伦（Earl Warren）的领导下，欣然接受了布兰戴斯的学说，宣称在电话亭安装电子窃听装置是对隐私的侵犯。在他对隐私历史的阐述当中，弗雷德里克·莱恩（Frederick Lane）说，在沃伦于 1953 年成为首席大法官之前的 166 年间，“隐私”一词只用在 88 个高等法院的陈述当中。

在沃伦任首席大法官的法院中，隐私一词出现在 107 条陈述当中。从那以后，它被超过 535 条陈述引用。虽然隐私保护姗姗来迟，但是现在在美国我们拥有合法的隐私权，而且它的范围还在不断扩大。然而，问题是：对隐私的保护应该达到什么样的程度呢?

隐私不仅仅是政府之于个体的法律问题。隐私是其自身的社会定义中的一个关键因素：它是个人之于团体的关系，顾客之于企业的关系，所有权的限制，以及个体的权利。在我的调查当中，我发现没有一个人在描述隐私领域的宽度方面会比文学学者，也是著作《隐私的社会历史：隐藏十八世纪的本体》(*Social History Privacy: Concealing the Eighteenth-Century Self*)的作者帕特丽夏·梅耶·斯帕克斯(Patricia Mayer Spacks)所做的工作更加细致周到的。她把隐私看成是选择的问题。“隐私的概念是由不被打扰这一简单的概念中衍生出来的，并发展为一种简化的关于自主权和完整性的观念的方式。”她写道，“隐私提出了关于个人和其他人之间责任的合理平衡的问题。”斯帕克斯注意到“不论隐私的定义是什么，它总是暗示了与社会体的分离，至少是暂时性的分离”。或者，正如社会学家阿诺德·西美尔(Arnold Simmel)所说的：“我们生活在不断与社会争夺我们的自主权的斗争当中。”隐私是与社会的共同价值观之间的拉锯战。因为社会关系强化了道德准则，隐私会提醒人们关于别人的秘密——比如“她在隐瞒什么”——而且这预示着危险。斯帕克斯说：“那些要求获得不被打扰的权利的人，或者甚至对自己的事情保密的人，可能在计划坏的行径或者心存不好的想法，没有人会知道……对隐私的要求可能也暗示了自私或者不负责任。”

隐私也会让人产生偷窥的欲望：“渴望偷窥别人的隐私。”隐私不是我们所能听到的使我们感兴趣的谈话，而是我们几乎听不到的谈话。为什么我们想要偷窥？因为我们的好奇心。然而，斯帕克斯把这个问题又向前推进了一步。“隐私的观念通常会带有些许的情色意味。”但是那是一厢情愿的偷窥癖。大部分时候，隐私并不一定是保护丑闻；它更有可能是保护平凡的单调的事物。斯帕克斯认识到了隐私的两面性：“如果隐私预示着自由——远离监视者、远离指责、流言蜚语，以及寻求轰动效应者——那么它也意味着可以自由地探索事物的可能性而不用担心受到外部的谴责。隐私可以构成一种实现形式。”

在《家庭生活秘史》（*The Secret History of Domesticity*）中，迈克尔·麦克科恩（Michael McKeon）引用了剧作家约翰·丹尼斯在 1720 年所说的话：“没有什么会比一个人的思想和创造力更能属于一个人了……现在这笔钱是我的，之前它是别人的，将来它又会成为其他人的。房子和土地当然也会改变它们的主人……但是我的思想是不可改变、不可剥夺地属于我的。”是的，直到这一时刻，当人们公开分享自己的想法的时候，思想就不再属于个人了。一旦被分享就无法再收回了。想法不像财产，某个想法可以立刻被许多人获得。如果信息是通过与另一个人的互动产生的，索洛夫问道，那么这两个人当中谁拥有这条信息的所有权呢？他指出我们的个性特征不是隐秘的而是对我们自己的公开表达。这里我们看到了在隐私之争中孤立和互动之间的不断持续的拉锯战。法学家理查德·帕克（Richard Parker）在他对隐私的定义中把这个方程发挥到了极限：“控制那些能够看见我们，听见我们，触摸到我们，闻到我们，以及体味到我们的人，总之，控制所有能够感觉到我们的人就是隐私的核心。”索洛夫对此准确无误地回应帕克的规则，会使得人与人之间的任何接触都成为对隐私的侵犯。

在目前关于隐私的大多数讨论中，人们看到了计算机和数据库把我们的信息组合在一起的能力。“一条关于个体的孤立的信息通常并不能透露出什么，”索洛夫写道，“然而，结合了许多信息后，就开始展现我们的个性特征了。”如果你不知道它意味着什么，那么要把一条具体的信息定义为隐私是比较困难的。我买化肥这条信息并没有透露出什么情况，直到我去了一个关于用化肥如何制作炸弹的网站。你母亲的娘家姓可能并不有趣，直到我利用它获得了关于你银行账户密码的线索。

与其处理侵犯隐私的细节，一些学者试图在一个更大的背景下处理这个问题。索洛夫说，我们应该集中在侵犯隐私所造成的伤害上。纽约大学的海伦·尼森鲍姆建议建立一个基于背景的框架。她也是《背景中谈隐私》的作者，她认为我们“有权利获悉适当的个人信息流”，基于在什么情景和准则下我们与不同的人应该扮演什么角色，她绘制出了复杂的隐私矩阵图。在她看来，隐私依赖于各种各样的因素。谁告诉了谁什么，以什么方式，为什么，什么时候；他们之间有什么关系；期望获得什么。一些关于健康状况的信息当在医疗卫生、工作、家庭以及社会等不同的背景下分享的时候，就会有不同的影响。尼森鲍姆的想法是好的，但是想要把一系列的规则放在信息流所有可能的排列中，这看起来似乎太过复杂而难以操作和实施。

这些定义大部分都是以消极的词汇来表达隐私：对无尺度分享的恐惧。隐私也有许多积极的因素。“隐私是一种特殊的独立类型。”克林顿·罗斯特（Clinton Rossitor）说道，“它给予人们创造和实验的空间和自由。”“自由的人，”他继续说道，“是一个隐私的人。”威斯汀说隐私也给予人们“把他们的面具放到一边休息一下的机会”。但这不正是在假定只有在我们独处不戴面具的时候才是我们最真实的时候吗？如果是这样的话，这对于我们的关系网来说将是一个悲惨的标准。

同时，隐私授予了匿名的权利。许多人都相信匿名破坏在互联网上的讨论，不善的来者可以在假名的掩护下攻击受害者。但是假名也鼓励和保护了检举者和革命者。艾伦·威斯汀（Alan Westin）把17世纪英国的许可法律（它要求出版物包含作者和出版商的名字）与美国的《第一修正案》（这部法律保护所有的言论，包括匿名言论）进行了对比。他引用了历史学家贝弗里奇（A.J. Beveridge）的解释，6位总统，15位内阁成员，20位参议员，以及34位国会议员，他们都是匿名或者用笔名出版刊物。匿名隐私的允许是一种特权，这种特权可能会被滥用，然而这种权利又是必需的。

对隐私最糟糕的定义是："爬行"（creepy），我会经常在隐私会议以及谈话中听到这个词。互联网应用程序、广告跟踪或者无线射频识别芯片就被这么称呼过。谷歌把它的街景摄像头安装在自行车上，去拍摄一些汽车去不了的地方，这就是"爬行"。几乎每一次关于面部识别软件的讨论都会以"爬行"结束。谷歌的埃里克·施密特说："公司在许多事情上的政策都是接近爬行线而不去穿越它。"那本身就被称为"爬行"。在我听到"爬行"这个词的时候，我停止了谈话，问说出这个词汇的人为什么要用这个词。这个人耸了耸肩。"我不知道。我只是要表达我的不喜欢。它是爬行。"这是对不了解的事物、对可能发生的事情的一种情感上的反应。虽然我们已经看到隐私通常是与感受和恐惧相关，但是单纯的情绪不是调节新技术、行业以及言论的合理基础。

你有没有感觉到更接近隐私的定义了？然而，我却不这么认为。我看到了网站上对于焦虑，变化的规则，不同的文化习俗，复杂的关系，冲突的动机，对危险的模糊的感觉伴随着不时发生的具体的伤害事实的困惑，以及不明确的法律法规使得所有的事情更加复杂。也许一种更好的处理这个问题的方式是不要问隐私是什么而应该问我们需要保护什么以及怎样去保护。

## 我们应该怎样保护隐私?

在奥斯汀举办的西南偏南影视音乐互动大会上，奥斯汀也是Twitter和Foursquare被开始广泛使用的地方，黛娜·波伊德（Danah Boyd）的演讲使大厅里挤满了人，因为在青少年的隐私保护方面她给予那些成年人严厉的警告和很好的建议：“你们每一个人——作为设计者，作为市场营销人员，作为父母，作为使用者——需要通过密切联系和道德标准来考虑你的决定，考虑侵犯别人的隐私意味着什么，或者你对于别人分享的设想实际上可能会影响到他们……你们如何处理这些具有挑战性的问题会影响一代人。确保你们正在创造一个你们想要的未来。”

当然，现如今的传统想法是认为隐私已经不复存在了。互联网的出现破坏了隐私。Facebook抹杀了隐私。1999年，Sun的首席执行官斯科特·麦克尼利（Scott Mcnealy）告诉我们：“你们已经没有隐私了。忘了隐私这回事吧。”但是正如我们所看到的，隐私从来不缺乏拥护者。隐私离消亡还远着呢。我认为我们可以用更多的隐私调控来影响我们的生活——而不仅仅是在数字领域。我也相信我们每一个人比以前更加意识到了我们的隐私的重要性。这样我们就更有可能保护好我们自己。“实际上，现在的人们比以前更加注重隐私了，”波伊德说，“因为他们总会竭力找到它。”我们重视隐私是因为它更难保持了。

传统观点也认为年轻人不太关心隐私的丧失因为他们已经完全丢弃它了。这种看法也是不正确的。皮尤互联网与美国人的生活研究中心（Pew Internet & American Life）在2007年针对年轻人所做的调查发现那时有55%的年轻人有在线简历，其中三分之二的人设置了公众进入的权限；46% 的人有时候会给出虚假的信息以保护他们自己或者是出于开玩笑的心态；91% 的人会使用社交网络与他们已经认识的人保持联系——也就是说，他们不是在利用社交网络服务与陌生人互动。皮尤研究中心发现许多青少年懂得隐私的保护。“许多孩子，但不是所有的孩子，已经意识到在一个分享的持续的环境下把个人信息放在网络上的风险。”皮尤研究中心说道，“许多孩子，当然也不是所有的孩子，都会慎重地考虑在什么环境下应该分享什么。”

波伊德认为我们低估了年轻人。但是波伊德是一个非传统的思考者。她在加州大学伯克利分校的博士论文中研究了在网络公众中美国的孩子是如何社交的。在微软研究所，她研究了社交媒体，她通过调查及与孩子们的交谈以理解他们在网络上是怎么与别人交流的。她写的那本即将与读者见面的《网络少年的社交生活》(*The Social Lives of Networked Teens*)，打破了关于青少年的神话，包括社交媒体所一直沉迷的见解；互联网是一个危险的地方；年轻人是数字时代的土著人。“年轻人在他们的 DNA 中并不是生来就有互联网的才能，”她说道，“他们也必须学习如何在互联网上生存。就像我们所有的人一样，他们也要通过经验学习如何保护他们的隐私。”

波伊德向我展示了青少年是如何熟练地利用社交工具做他们想做的事情的，通常还是藏而不露的。她给我讲了一个小姑娘的故事，她的妈妈在 Facebook 上密切关注着她，但这个小姑娘却一点都不在意。但是当她与她的男朋友分手之后，这个女孩想让她的朋友知道而不引起她妈妈的注意，不让她妈妈担心。这个女孩决定在她的 Facebook 的留言板上发一个歌词的帖子，她选择了一首很欢快的歌曲——《要看到生活光明的一面》，让妈妈没有担心的理由。毕竟，这看起来是很快乐的。但是她的朋友知道这首歌是在《布莱恩的一生》(*The Life of Brian*) 中主角要被行刑的时候唱的。这是她在暗示她失去了什么东西，她现在需要朋友的安慰。她利用这些工具达到了她想要达到的目的。

由于青少年处于隐私和分享之间，波伊德想要确保他们做出了明智的选择。比如，她警告说，我们看到了“默认设置的倒置，当涉及什么应该分享什么应该设为隐私的时候”。也就是说，任何特定的社会际遇的规则不能再被保证。在现实生活中，当你在走廊和别人进行一对一的谈话时，这样的讨论可能是很私密的虽然是在公开场合进行的。如果有其他人走过来，你可以决定是否让他们也加入进来还是转换话题。你在那儿所说的话不会被传出去除非谈话的小组里面有人把你的话传出去了。正如波伊德所说的，你的话“要通过努力才能被分享”。在Facebook的留言板上正好相反，谈话“默认设置是公开的，要通过努力才能将其变成隐私”。一个年轻人在Facebook上进行一次谈话也许没什么——直到要申请常春藤大学的时候，麻烦就来了。所以一个孩子被认为是很公开的一代人可能比你和我更需要隐私。同时，波伊德说，一个成年人被认为是很注重隐私的一代人，可能刚刚认识到“博客和Twitter为他们打开了强有力的分享之门”。所以不要认为年轻人生活在公众的视野下而他们的长辈却藏在门后面。我们都在经历并发现我们的隐私和分享的限制。

在隐私问题的解决方案中，波伊德把一些方案看成是法律上的，一些看成是技术上的，还有一些看成是社会上的。她把一些解决方案看成是与法律相关是非常规的但是是令人信服的。“隐私，”她说，“不仅仅是控制信息的获取，更是控制信息被使用、被解读的方式。”问题不仅仅在于信息的搜集，更在于利用信息来做什么。她举了个例子：“如果你来我公司面试，我只需快速地看一眼你的简历，我就能了解你的性别、种族和年龄。”反对歧视的法律允许我获得关于你的这些信息。但是，法律会禁止我在招聘中利用这些信息来拒绝你。当然，可能会由于你的年龄问题我仍然可以拒绝提供给你这份工作。但是如果我被抓到基于年龄而歧视应聘者，那么我是会被起诉的。

管理对信息的使用而不是控制对信息的搜集是一个明智的策略。如果我们不断地追逐，试图阻止信息的泄露以及被别人搜集，那么我们会发现自己永远都处在“打地鼠”的游戏当中。我们将会告诉人们、公司和政府，他们不允许知道他们已经听到的、看到的或者读到的信息。这正是美国制药公司当今所面临的荒诞行径。当我向制药公司的高管们建议他们应该寻找新的途径倾听患者的心声的时候，他们告诉我说他们的律师是不允许这样做的。如果制药公司听到了药物所出现的问题而没有立即做出适当的反应，那么这些公司就会增加他们应负的责任。所以，他们干脆就回避谈话。他们拒绝倾听患者的声音：不聆听患者的心声，不聆听他们的问题、需求和想法。我们对此感到十分可悲。

现在考虑保险公司观察在线患者之间的对话。“这些保险公司有权利用这些信息吗？”波伊德问道。“我认为答案是否定的，不论他们是否获得了这些信息。”限制使用信息的后果是：“如果你不能利用这些信息，那么努力找到获得这些信息的途径就毫无意义了。”波伊德认为大学招生办公室不应该被允许使用在线的资料，而且招聘者也不应该被允许使用这些资料——如果这些资料是出于个人原因而被分享的话。在芬兰，用谷歌搜索未来员工的资料是非法的。在德国，已经引进了相关法律禁止使用那些过时的信息或者应聘者没有对其进行控制的信息。

波伊德在他们的隐私方程式中正在引入另一个因素：背景。即出于什么原因，在什么地方，以及以什么方式分享我们的信息；与谁分享；出于什么理由分享；有什么预期——所有这些因素，正如海伦·尼森鲍姆所说的，当信息被使用的时候都要考虑进来。如果别人拒绝给你提供一份工作，或者拒绝你的投保，或者拒绝你的入学申请，你可能就需要问问你自己为什么以及在哪里你获得了关于我的信息，以及这些信息是否是我打算分享的。控制会带来意想不到的后果。现在，法律使得雇主不愿意为以前的雇员提供真实的工作推荐信，害怕破坏信息而被起诉。所以除了姓名、级别以及序列号之外，他们什么都不提供。结果可能是有问题的雇员被通过了，从一份错误的工作到另一份错误的工作，从一个失败到另一个失败。在招聘雇员之前，强迫雇主不调查雇员这样做对吗？

背景是复杂的。一位应聘的老师被拒绝了，因为这所私立宗教学校的校长在Facebook上发现了一张她参加聚会的照片。如果喝酒是合法的，而且她也不会在学生面前这样做——为什么这要成为一个问题呢？只是因为校长不赞成？这个老师的隐私不是被侵犯了吗？这里的问题是出在这个老师的行为？这张照片？这个校长的审查仔细？这个校长的政策？或者以上都不是？如果与此同时，这个老师还做了一个很不雅的姿势呢？因为这张照片别人是可以看到的，那么她的年轻的学生们也能够看到，那最终会怎么样呢？问题在于这个姿势以及这张照片或者是这个年龄段的学生不应该在Facebook上窥探老师？

一些医院不仅禁止在工作中吸烟，也试图禁止烟民在医院工作。假如你是一位护士，一位朋友上传了一张你在聚会时吸烟的照片，然后你就被开除了。你的朋友上传那张照片侵犯了你的隐私吗？Facebook允许有人把你在一个私人事件中的照片分享，这侵犯了你的隐私吗？雇主利用从私人事件中获得的被分享的信息，这一行为侵犯了你的隐私吗？或者你只是恰好被抓到违反了一条你本来认同的规定？如果这次事件是一次街头聚会，即在公开场合举办的，而你的老板也看到了你呢？你能争辩说你有隐私的期望即使是在公开的大街上吗？那是我与德国人的争论，他们坚持认为一个人可以在任何地方有隐私的期望。任何其他的人怎么会知道那是你的期望呢？承认的风险不会使得所有分享的事物都成为隐私吗？威廉姆·普罗塞（William Prosser）在1960年写道："在公开的大街上，或者在任何公开的地方，原告没有不被打扰的权利。"

我们在寻找准则，但是在一个不断变化的环境下，技术以及我们使用技术的行为还依然不成熟，因此还很难制定法规。但是那不会阻止律师们的。每天当我们"点击接受"的时候，我们视为同意了我们并没有阅读或让人费解的规章。在律师的眼中，一个网页的跟踪器最初听起来像一个手榴弹。没有必要这样。这里工作的规则，用作家科利·多克托罗（Cory Doctorow）的话说，就是了解情况的同意。如果我们不了解情况，我们怎么能顺从一个网站的条例，同意它的规程呢？律师们并不了解，他们也很困惑。当隐私之争爆发的时候，网站指着46页的细则，争辩道，"都在这里呢"，这样做没什么益处。Facebook学到了教训，它不得不简化并讲清楚它的隐私政策和工具。Facebook清楚政策上的突然变化只会引起怀疑。我认为，公司里的每一位高管都应该清楚自己公司的隐私政策，并且能够向一位年长的阿姨或者一个小孩子解释清楚。明智的公司会调查用户，确保他们明白搜集了关于他们的哪些信息，怎么使用以及为什么要使用这些信息，以及他们对此都有哪些控制。这份隐私审核不是从符合规章和法律责任的角度出发而仅仅是确保使用者们了解了情况。2011年，在解决联邦贸易委员会的Buzz服务关于隐私失策的争端中，谷歌同意进行定期的独立的隐私审核。对于任何组织来说，那并不是一个坏主意。

波伊德也认为年轻人必须做出关于他们自己的隐私的明智决定。但是她并不是说我们必须用规则把他们武装起来。事实上，她认为我们对年轻人有过度保护之嫌。“我们已经做了很了不起的工作试图去规范他们，规范他们进入公共领域，规范发生在他们周围的所有事情，但是我们并没有给予年轻人一种健康的方式来应对发生在他们生活中的事情。这让我感到很担心。”我们把年轻人与成年人的公共领域隔离了，她说。她也是伴随着互联网成长起来的第一代人，波伊德说，互联网可以弥补她的缺陷，因为互联网可以让她与成年人谈论世界，去弄清楚这个世界。但是我们已经以一种复仇的心态，把我们认为的陌生人是危险的恐慌不安延伸到了网络上。

鉴于对年轻人的担忧，《儿童在线隐私保护法案》(*The Children's Online Privacy Protection Act*，简称COPPA）得以通过，这一法案对于哪些网站是13岁以下的孩子可以进入的进行了严格的限制。COPPA要求如果一个网站想要搜集孩子的信息——包括名字、邮箱地址、家乡——它必须获得家长的书面同意。从表面上看，这听起来似乎很有道理，但是波伊德指出了这一法案带来的更多意想不到的后果。COPPA教会了孩子撒谎——即使祖父母允许孩子撒一些无伤大雅的小谎，她说，这样他们就可以注册邮箱或者使用在线呼叫服务以保持联系。在互联网上每一个孩子都是14岁以上。COPPA导致为年轻人提供的内容和服务水平不到位，因为公司不想承担责任。波伊德说，更让人心碎的是，COPPA使那些想要帮助自杀的孩子或者有饮食失调问题的孩子的医疗机构感到恐慌，不敢再来解决这些问题。在波伊德看来，我们把精力集中在了这一事务的错误的一端。“我不希望对青少年自身再有更多的控制，”她说，“我希望去更多地控制那些掌控他们的人。”

控制，我们将如何实现它呢？正如波伊德所说的，一些解决方法是法律层面的，一些是技术层面的，一些是社会层面的。在这一变革的时代，这三种方法是不会同步的。最近去阿姆斯特丹，让我感到震惊的是，当我们驶进市里的时候，我的出租车司机将车速减慢到了规定的时速限制——不超过 1km/h——其他的司机也都这么做。没有人超车。司机解释说传感器在监视每一辆车。如果这个装置抓到你超过了限制时速，它会自动给你开出违章罚款单。所以所有的人都会遵守规则。一方面，这是值得羡慕的：科技带来了更加安全的出行——警察就没有太大的必要了，这样也可以减少经费支出——以及更加良好的交通秩序。那不正是我们所希望社会具备的吗？但是在美国，我们对于摄像头和计算机监视以及揭发我们的行为很气愤。**事实上，我们都会有一点超速和作弊行为，我们只是不希望被抓到。换一个角度来看，根据我们的行为来判断，路上的大多数司机都相信速度限制设置得太低了。所以限速是谎言。如果科技能够更好地监视我们遵守规则，那么就不是我们的隐私被侵犯的问题了，也不是科技的问题了，而是我们的信念和行为不符合我们的法律。科技只是暴露出了那个缺口。**

所以对此我们要做什么呢？我们告诉科技要停止干涉。我们谴责传感器和路上安装的摄像头因为“大哥哥”侵犯了我们的隐私。我们认为我们车里记录我们行为的黑盒子具有侵略性。当谷歌宣布在电脑操纵的车里它已经行驶了 23 万千米的时候，我听到许多同行的司机——在我不具代表性的调查中，尤其是年轻的司机——他们说他们对此表示不满。（这一反应来自于有序的荷兰媒体：“最终！”对于这一反应一位德国人在博客中写道，“它引发了全面监控。”）这些想法都没有反应出什么对于社会是最好的。如果科技能够阻止我们所有的人在行车中做愚蠢和危险的事情，那么我们不应该采用它吗？我们正在平衡不亚于生与死的对我们感情的控制。

在写这本书的时候，我看到在新泽西州罗格斯大学所发生的不幸的事情。大学一年级的学生泰勒·克莱蒙泰（Tyler Clementi）的室友把与另一个男人性爱的图片分享到了互联网上。克莱蒙泰得知以后便跳桥自杀了。据报道参与了这一事件的他的室友和他的朋友都退学了。一个人的生命丧失了。其他人的生活也被毁了。由于我对隐私话题所发表的公开意见，CBS 晚间新闻邀请我挑战新闻主播凯蒂·库里克（Katie Couric）。她一次又一次地逼迫我接受是互联网使这个事情有了不一样的结局，互联网是危险的，我们应该教育我们的孩子这就是互联网。她找到一个关于互联网的“可被教育的机会”。我回击道，这是关于生命教育的机会。互联网确实增加了信息传播的速度，使信息具有了可得性和永久性。它是可以放大错误，但是这件事情给我们的真正教训与它素来应有的教训是相同的：黄金法则。在没有互联网的时代，那个宿舍的过失在过去原本也可以用柯达照相机、电话、一封信等手段犯下的。社会也应该承担责任。任何人被揭发是同性恋都会感到羞愧的，做出这样悲剧的决定也是我们的过错。如果我们认为科技是问题的根源，那么我们就可能忽略更深层次的错误和更重要的教训。

几个月之后，我在纽约市立大学巴鲁学院的一次活动中向纽约市高中生做演讲。他们为我证实了波伊德和皮尤的研究。这些孩子会管理他们的隐私设置。他们知道他们在 Facebook 上对朋友所说的任何事情都可能被爱说闲话的同学传得更远；他们已经得到了教训。他们意识到大学招生办公室和招聘者会看他们在互联网上做了什么；让我吃惊的是，他们对此表示理解，而且也表现出一点都不在乎。一些学生利用 YouTube 等工具为他们的创造性寻找到一个分享的窗口——包括一些表演艺术学校的学生——小心地触摸着公共领域。在泰勒·克莱蒙泰事件之后，我问他们媒体的说法是否是正确的，即互联网导致了恃强凌弱行为的盛行。“是的，社会中存在恃强凌弱的行为，”他们说，“但是我们那一代人并没有发明它。只是网络使得这一行为更加引起公众的注意。”

这些隐私问题将会归根结底到一个问题上，即人们如何对待彼此。我们会努力把它融入我们的法律、规章、道德规范和技术中去。但是最后，我想知道能不能找到一个单纯的意思来解释“隐私”一词。现在我反而开始相信隐私是一种伦理标准。我就是在这里找到了隐私的定义。

## 隐私与分享的伦理规范

我们可能在望远镜错误的一端观察隐私。不仅是从我们的角度看待它——正如隐私信息的创作者和侵犯隐私的可能的受害者的角度——我们也可以从获得我们信息的个人、公司或者机构的角度看待它。问题是，一旦他们获得了这些信息，他们会用这些信息做什么。这就是需要做出道德选择的地方，也是责任之所在。当你即使是只向一个人透露了一些事情，那么从某种意义上来说这条信息已经公开了。这条信息是否会变得更加公开这要取决于你所告知的这个人。当斯蒂芬告诉鲍勃说他离婚了，鲍勃就面临着怎么处理这条信息的选择。鲍勃应该弄清楚他是否得到了斯蒂芬的允许去告诉其他人。鲍勃应该问问自己，为什么把这条消息传递出去——是为了散布小道消息伤害斯蒂芬呢，还是为了为斯蒂芬获得更多的支持并帮助他。

分享，从另一方面来说，是一种道德标准管理着信息源。如果萨莉得了乳腺癌，她需要决定分享那条信息是否会带来好处，她是不是会鼓励她的朋友简去医院做检查呢？如果在萨莉工作和生活的地方突然出现了很多乳腺癌病例，那么她的新数据是否会有助于查明问题的根源？萨莉不是必须分享。但是不分享，她可能会影响到其他人。分享与否责任在于她。

因此，隐私是一种道德标准，支配着接收到他人的信息的接收者的选择。分享也是一种道德标准，支配着自身信息的创造者的选择。或者，说得更简单一点：隐私是一种获悉的道德标准，分享是一种分享的道德标准。

下面我将要分析每一条准则看看它们是如何更好地应用于我们所面临的这些选择以及处理我在上面所说的隐私问题的：

- **不要偷窃信息**。不要在人们不知情的情况下偷取别人的信息。不要撒谎获取。不要窥探别人的隐私。不要哄骗别人把信息给你。分享表示你有这样的信息。我并不是说明确地签署声明永远都是必要的——我们不想每次在我们说一些事情的时候都要签署法律表格和免责声明——但是信息披露是最低的要求。人们应该意识到他们身上的眼睛。
- **对于你会用这些信息做什么要保持透明度**。每当博主们问，“如果我把这条消息放到博客上有没有关系呢？”在对话中他们开始于隐私的假设。公司也应该采取同样的方式。当他们把信息出售或者传递给第三方的时候，不是被监管者强迫披露信息，而是他们应该在此之前就让意图明确。没有透明度，就不会有知情后的同意和信任。
- **保护信息**。当你受托管理别人的信息的时候，确保信息的安全这是你的责任。比如说，由于不小心，你使得购物者的信用卡卡号容易被盗和暴露，或者一个网络游戏暴露了使用者的邮箱地址和密码，你就失去了他们对你的信任。
- **提供出处**。在没有对信息的来源进行识别的情况下获取和传递信息是另一种形式的盗窃。信息的来源很重要。最简单的在线提供出处的方式是建立链接。

- **给予人们获得他们自己的信息的途[illegible]**人们应该知道他们的哪些信息被保留了。可能的时候，他[illegible]该能够对它们进行更正或者提出质疑。雅虎提供给用户一[illegible]以调整针对他们的广告分类的工具。信用服务可以让我们[illegible]他们对我们的评价。我们的信息——包括我们自己制作的[illegible]（不论是我们制作的视频，或者是我们编制的朋友列表[illegible]是关于我们的购物信息）——都应该是可移植的。我们应[illegible]够复制或者输出这些资料（因为，毕竟是关于我们的）。
- **不要利用信息去对抗别人（除非他们应该被这样对待）。**不要造谣生事。不要勒索他们。我希望我加的括号很明显。我后面附加说明了例外情况“除非他们应该被这样对待”。因为刑法和新闻调查就是建立在利用一个人的个人信息来对付他的基础上的以便证明他的违法行为或者揭露他的伪善。如果这个人有一定的权利那么这一点尤其重要——比如，一位道貌岸然的立法者正在编写打击毒品的法律条文，但结果是他自己也在吸毒。
- **背景很重要。**虽然背景很难判断，意图很难凭直觉知道，但是我们应该试试。我在前面就讲过我曾经垫过成人尿布。如果你想再重复这件事，我希望你考虑到我前列腺手术的背景，所以不要给你的观众这样的印象认为我有奇怪的要求。
- **动机很重要。**当你泄露了别人的信息，问问自己为什么你这么做以及为什么那个人想让或者不想让信息泄露。你这么做是认为这样会帮助到他们还是会伤害到他们？你这样做是否是为了你自己而不是为了帮助他们？
- **增加价值。**当你使用我的信息的时候，如果你这么做了会给我返回价值，这对我们双方都是最好的。总之，当谷歌获得我们的链接和点击的时候，它增加了我们搜索数据的价值，谷歌分析那些信息，再以相关的推荐的形式反馈给我们。明智的公司会找到方式利用我的信息然后告诉我比我自己能够知道的更多的关于我自己的信息：比如，一个信用卡公司，能够告诉我的通信费用是如何支出的。

我们注意到这些观点都集中在信息的使用上，而不是技术上。我们需要适用于任何新工具的规则。它们可以应用于个体、公司、政府——虽然一个人对另一个人了解得越多，那么利用信息可做的事情就越多，责任就越重（因此爱人、医生、Facebook、谷歌以及政府都负有重大的责任）。是否以及怎样把这些指导方针编进法律法规里面——以及它们如何被执行——这些问题只能在我们先努力克服适应这个新时代的社会规范之后才能回答。如果我们不能定义隐私，我们怎么能期望给它立法呢？

分享的等效伦理标准都包括什么呢？它涵盖的方面包括了我之前所探索的分享的优势——透明，分享，协作，给予尊重，给予价值——以及以下这些：

- **慷慨**。如果你所拥有的信息对他人是有价值的，那么你必须问问你自己：为什么不分享它呢？
- **找一个分享的理由**。如果你想不出为什么其他人要关注你所分享的内容——比如，是否在 Twitter 上分享你的早餐或者关于你的产品的新闻发布——那就不要分享了。互联网上已经充斥了太多的噪音。

- **使用普遍的标准**。在分享数据的时候，要使用能够被许多程序阅读和分析的格式。能够让其他人分享这一信息并且可以结合更多的信息从而学到更多的东西。
- **保护分享的内容**。把分享的信息看成是公共利益。坚决抵制缩小公共知识，我们支持大家扩充它。

分享没有隐私那么复杂。它不是关于恐惧、限制和法规。它是关于联系、加盟、学习、行动和增加。分享使得了解一个人的隐私是安全的，使它更容易被公开。我希望我们所有的人都能更加自由地分享。

第七章
分享有几许?
Public Parts

## 其实，真正的公众就是我们

“有关数据显示，人们正在以极快的速度侵犯自己的隐私，”谷歌的埃里克·施密特说，“对于未来产生隐私问题的首要原因将会是人们自行发布自己的信息，包括照片、博客、Facebook、MySpace……”

如我曾写到的，仅在Facebook上分享个人信息、关系网、想法、照片、行为、喜好以及生活的人就有6亿人之多——将近世界总人口的十分之一。他们平均每人有130位朋友，每个月总共分享300亿条内容——包括照片、链接、评论，这也就意味着一天要分享100万次。在2011年年初，超过12岁的美国人一半以上都把自己的简介放在了Facebook上（而三年前仅有8%的人这样做）。在2010年，美国有四分之三的孩子和年轻人以及一半的成年人在使用社交网络。超过1.75亿的Twitter用户每天在Twitter上发布1亿条信息，在2010年信息总量达到了250亿条。还有十分之一的美国成年人在使用博客（其中14%的博客是青少年——但这一比例在下降）。

Twitter、Facebook和博客一起与谷歌形成了激烈的竞争。谷歌一个月向新闻出版商发送40亿次点击，然而——在这个不可否认的类似于苹果与金橘的较量中——Bit.ly，只是在Twitter上使用的一项缩短网页地址的服务，一个月发送了80亿次点击（但不是都发向出版商，其中有一些是发向猫咪视频的）。论大小，Twitter只是Facebook的一小部分，Facebook是另一个提供点对点连接的平台。通过公开分享，我们形成了对谷歌的挑战，从计算机算法中夺回了我们在互联网上的权利。约翰·亨利将会感到很自豪。

我们分享的不仅仅是链接。我们分享的是我们的生活。Flickr 上有超过 50 亿张照片，它们大部分都是公开的，而 Facebook 上的照片数是 Flickr 的十倍之多。 YouTube 每分钟接收 35 小时的视频。它的视频每天被观看 20 亿次。我们也会分享我们的最新境况。Foursquare、Gowalla 以及 Facebook 可以让我们告诉朋友们我们在哪儿，GoodReads 可以让我们分享我们正在读的书，Last.fm 可以让我们分享我们喜欢的音乐，Delicious 可以让我们创建书签，Scribd 可以让我们创建文档，Slideshare 可以帮助我们发布 PPT 演示文稿（这一分享服务可能有点极端）。也许在所有的分享服务中最极端的是 Covestor，可以让投资者分享他们的股票交易（以及从中所获的盈利情况），Blippy 可以让购物者向朋友们展示他们所购买的物品（对于此项服务我们在后面章节中会有更多的描述）。在这本书付梓出版之际，以上的每一个数字都将会成倍增加，帮助我们分享的这些服务网站也会成倍增加。施密特说，把所有这些都加起来——在这些统计数据当中有一个数据是谁也无法证实的，包括谷歌——那就是我们每两天所创造的信息与我们在 2003 年所创造的信息一样多。

皮尤研究中心互联网与美国人的生活项目保存了关于社会中科技进步的非常珍贵的数字记录。从 2009 年到 2010 年的一些调查研究中，我们发现：

- 在互联网使用者当中有将近一半的成年人搜索过过去生活中出现的人，寻找他们的老朋友或旧情人。在我做演讲的时候，我也曾问过这样的问题，其中有一些人举起了手，我感谢那些诚实的人。
- 57% 的用户用谷歌搜索他们自己。也就是说，大多数人都希望有一个公开的身份，一个谷歌上的自己。就像彼得·潘，大部分人都发现了自己的影子：几乎有三分之二的人在网页上发现了与自己相关的资料。

- 几乎在线的一半成年人认为认识新朋友很容易也很有好处，因为这样我们可以在线寻找其他人。16% 的互联网使用者在谷歌上搜索与他们约会的人的资料（这似乎很卑劣，不是吗），34% 的在线约会服务的使用者在互联网上寻找约会对象。
- 42% 的互联网使用者以及 61% 的博客比其他人更有可能去公园，这与一些报告上说博客们是恶毒的吸血鬼，他们大多都是穿着睡衣宅在家里的情况不符。皮尤研究中心之后的一份调查发现经常在线的人们更有可能参加志愿者组织。
- 44% 的在线成年人会在网络上寻找为他们提供专业服务的人的信息。提醒医生、律师以及指甲修剪师：你们最好是在线的公开的。
- 只有 33% 的互联网使用者担心在互联网上有关于他们的多少信息可能被人利用。这听起来似乎很浅薄，但也是可以理解的。这一比例已经在下降了，4 年时间里它下降了 7%。所以，也许我们对于隐私也没有那么恐慌，媒体和政府在代表我们恐慌。
- 现在越来越多的人开始用手机而不是用电脑来上网。81% 的年轻人都在用手机上网。我们注意到手机将会成为美国乃至全世界建立数字世界桥梁的关键设备，它把人们分成了建立联系和没有建立联系两部分。皮尤研究中心说非洲裔美国成年人是“手机互联网最活跃的使用者”，比其他种族使用手机互联网的人数增长得要快。
- 86% 的青少年社交网络使用者会对朋友的网页做出评价，有

83% 是评论朋友的照片。在其他人看来，这些互动使得关系成了一种旁观者的运动。

- 大约有三分之一的美国人创设并分享了相关内容，包括照片、视频、艺术、故事。也就是说，有三分之一的美国人在制作媒体。

## 怎样算过度分享

奥普拉·温弗瑞（Oprah Winfrey）把她的事业建立在分享的抛物线上。在 20 世纪 80 年代，在她成为芝加哥一档清晨播出的电视节目的主持人之后，很快，她模仿——有人说是，腐化——菲尔·多纳休（Phil Donahue）的谈话节目的风格：以真人羞辱自己为特色。当多纳休仍然在很负责、很严肃地探讨无神论、同性恋、公共政策的时候，他的收视率被击败了，直到他也开始涉猎耸人听闻的话题。这种病毒在逐渐蔓延，之后诞生了一大批这种类型的主持人像杰瑞·斯普林格（Jerry Springer），里基·林克（Ricki Lake），珍妮·琼斯（Jenny Jones），以及杰拉尔多·瑞弗拉（Geraldo Rivera）。他们都探索到了人们内心最原始的欲望：出名。这又向名誉很难获得的时代回归，如果你不能够用才华或者金钱买到荣誉，那么更多的人就会用羞辱自己来换取名声。我那时还只是一个电视节目评论员，我记得当时的评论员们还担心电波会被垃圾节目占据。后来，在 20 世纪 90 年代，温弗瑞经历了一次质的转变，她决定利用她的影响力来获得好的甚至更高的收视率。这就是分享的弧线：从默默无闻到过度出名再到平衡。

“这些年我了解的最重大的事情之一就是人们想要出名的心理，”温弗瑞在 YouTube 视频上宣布结束她的广播节目的时候说道，“每一个人，不论年龄大小，不论变得多老，都在追求同一件事情。每个人想要知道的就是：‘你见过我吗？你知道我吗？我所说的话对你是否有意义？’”在 Twitter 上，Meetup 的创始人斯科特·海弗曼（Scott Heiferman）回应温弗瑞说，我们不再需要她和媒体来获得关注了。我们有 Facebook 和 YouTube。在熟悉了 Twitter 上的简写技巧之后，他写道，社交网络的秘诀在于“See+hear F2F IRL”，即看和听，在现实生活中面对面（See and hear，face-to-face，in real life）。

1996 年，詹妮弗·林利（Jennifer Ringley），迪金森学院（Dickinson College）一名 19 岁的学生在她的宿舍里安装了一个摄像头，它会每隔三分钟就向刚开始流行的互联网上发送图片，展示发生的所有事情，包括她沐浴后的照片，以及别的一些比较隐私的图片，虽然人们不得不等很长时间才能看到这些细节。当生活完全被公之于众的时候，很多东西也就变得不再那么色情了。1998 年，她增加了一些视频。2003 年，她关掉了摄像头，如今她的生活又变得相对低调了。在林利退出四年之后，她那为人们所熟知的“生活播报”的艺术取得了很大的发展。在 2007 年 3 月，贾斯汀·坎（Justin Kan）把摄像头安装到他的帽子上，而且还和他后背上的计算机连接了起来，接着他开始播报他的一整天。他播报的不是他自己而是他所看到的事物。一年后，坎厌倦了这样的播报，关掉了他的摄像头。他开通了一个他自己建立的平台，Justin.TV，其他人可以利用这一服务播报生活。其中的一位生活播报者，贾斯廷·埃里克（Justine Ezarik）把自己称为 iJustine，名称里面使用了隐喻，她播报了她所看到的，在她开车去街角的咖啡馆或者去苹果零售店的时候她会把她摄像头的帽子摘下来放在汽车的仪表板上。人们想要看到贾斯廷本人，而不仅仅是她所播报的内容。所有这些有艺术气息的项目都很吸引人……但这都只是暂时的。而真正的生活是被乏味占据主导地位的。但是苹果和它的竞争对手们从这些先锋者的行为中看到了商机，很快利用他们的技术把摄像头安装在了手机上。现在我们所有的人都可以向世界展示我们所看到的，并且让我们被世界看到。

我们都生活在抛物线上：我们发现了一些新鲜事物。我们得意忘形，吓唬那些宣称生活永远都不会一样的专家。然后我们找到了我们的平衡点。这也是现在我们正在对许多科学技术所做的，当我们发现它们的局限性并且对它们进行测试的时候，我们对开放和好出风头，效用和利用，信用和名誉，自我尊重和自恋，保护和隔离之间的界限进行了重新设置。

拿网络跟踪器来说，这些代码行记录了你的电脑是否访问过某个网站。下次你再访问那个网站，它可能会利用你的网络跟踪器把目标内容和广告推荐给你，而且它不会把同样的广告反复展示给你。它利用网络跟踪器来测算观众数量和交通状况——有多少用户访问了某一网站，多长时间访问一次。网络跟踪器可能是你所访问的网站安装的也可能是发布广告的公司安装的。大部分网络跟踪器不携带个人可识别的信息（PII）——具体来说，就是你的名字。它们通常是匿名的。通过下载一个程序比如 Ghostery，你就可以在你所访问的网站上看到哪些公司在使用网络跟踪器以及这些公司所使用的其他科学技术。你也可以阻止所有的网络跟踪器。在大部分的浏览器上，你可以进入到参数选择中找到隐私设置，在你关闭浏览器的时候你就可以禁止这些网络跟踪器或者删除它们。一些浏览器也可以让你隐秘地打开（在谷歌的 Chrome 网页浏览工具中叫作“匿名窗口”）以阻止浏览器追踪你的行为——除了你的下载行为。（谷歌仍然警告——不是讽刺——小心站在你身后的人以及“间谍的监视”）你可以通过安装相关软件来阻止广告的自动弹出。当然，当被问及你的相关信息时，你也可以撒谎（你并不是第一个诙谐地说自己已经是 99 岁的人）。

没有网络跟踪器的浏览器也是有缺陷的。需要输入密码的网站会要求你记住密码并一次又一次地输入。你可能会毫无头绪地打开大量与你想要检索的内容毫不相干的网站。你很有可能看到那些价值较低的通用广告，或是很让人气愤的那种广告。对于你所访问的网站来说，你会变得没有什么价值。如果你的浏览跟踪器显示你是一个比如说对旅游感兴趣的用户，你浏览一则旅游广告可以为展示这个广告的网站增加 2.5 美分的收入——如果你点击这则广告则会为网站带来更多的收入。如果你把网页跟踪器关掉，那么你得到的只是一则通用广告，展示这则广告的网站得到的收入会直线下降至 0.015 美分或者是零。你会影响网站的生意以及它通常免费为你提供内容或者服务的能力。受媒体对广告跟踪的消极反应的诱导——《华尔街日报》悲叹道："市场营销人员在监视互联网用户。"——各种政府机构威胁要颁布禁止广告追踪的法令，这类似于美国禁止使用手机的名单。既然用户已经有可以阻止追踪的工具了，那颁布这样的法令确实没什么必要。这种立法就好比政府干预说你有权利获得一份没有广告的报纸，而广告费通常是用于支付报纸的内容。虽然广告商跟踪不受欢迎，但是颁布禁止追踪的法令在政治上将会大受欢迎。

如果我听起来像一位广告的辩护者，那是因为广告是支持新闻业和媒体的最主要的方式。我承认——我相信我们都会同意——大部分广告都是让人讨厌的。这些广告不了解我们，以及我们的需求和欲望。它只是强行把信息弹到我们眼前。这对我们来说是一种被侵犯的行为和注意力的浪费。即便如此，缺乏定位目标群体的能力，广告将会变得不那么有针对性，也会让人更加厌烦，即使是高质量的广告商也会逃离网页。网页，就像高速公路一样，将会被塞满广告牌。更糟糕的是，媒体公司可能会被强制要求对他们的内容和服务设置付费墙——那么媒体公司可能会面临倒闭。

广告业和新闻行业对于追踪的过分焦虑也应归咎于它们自己。它们对自己在监视什么以及如何监视没有完全公开透明化。对所搜集的关于用户的信息没有给予用户足够的可见度，或者没有给予用户对那些信息的使用、准确性和相关性的足够的控制。在它们开始努力调整自己之前，它们却在被动地等待着监管机构过来对它们嗤之以鼻。然而那时对它们而言，要想重新获得信任很可能已经太迟了。广告商应该像亚马逊那样运作，亚马逊会清楚地显示它利用我所购买的东西进行了目标群体的推荐，也可以很容易地纠正它的错误印象。那使得亚马逊的市场营销对于目标群体来说，目标会更明确，效率会更高。反过来，这名顾客对于这家公司来说也会更有价值。如果广告追踪也能给消费者提供同样的益处、透明度和控制度，我想那样的广告是可以容忍的。

“甜饼”（cookie）一词至少听起来是比较温和的，而“无线射频识别芯片”（RFID chip）听起来就比较具有威胁性。2010 年，沃尔玛说它将把这些可追踪的芯片附着到裤子上，这样它就可以监视并补充商店里的存货。一位自称是隐私拥护者的人——凯瑟琳·奥布莱彻（Katherine Albrecht）对此提出了警告，报纸也是出于本能地第一时间对此事进行了报道。在报纸对此事进行报道之前，这些报纸并没有探究这位隐私拥护者的历史，如果他们这样做了，他们会发现她反对使用芯片——就像她反对超市频繁购物者卡片一样——因为她深信这些芯片和卡片是“兽的印记”和世界末日的标志。基于她的这种荒谬理论，媒体开始大肆炒作，这让人们更加觉得自己的隐私正在受到威胁。但是让我们来审视一下隐私正在遭遇的危机。“一些隐私拥护者，”《华尔街日报》说，“假设不法商人或者罪犯会开车经过消费者的家并扫描他们的垃圾箱看看最近他们都买了什么。”这会是真的吗？当坏人听到这个消息的时候会怎么做呢？就像窃贼一样挨家挨户地搜查并抢劫人们的东西？一个人通过把数据结合起来分析，就可以凭直觉知道我的体重增加了，我认为从理论上来讲这很有可能，我的保险公司就可以提高我的保额了。我很愿意冒这个险担保这家商店货架上的货物数目正好，我也很乐意报上我裤子的尺寸：33/34。

埃丝特·戴森（Esther Dyson）泄露了更多的个人信息。她与其他的9个人已经在“个人基因组项目”中在线公布了他们全部的基因组。作为DNA绘制公司23andMe的投资人，她告诉我她想表明一种观点，即在这样的透明度下是没有什么害处的。她曾经以为可能会有制药公司来为她提供一些药物上的建议，实际上却没有。一些朋友想知道她的家人是否会反对她这样做，因为她的DNA与家人的有很多是相同的。戴森说他们都是科学家，所以她耸了耸肩表示没有人会反对。当我告诉她我分享了我患有前列腺癌的信息，我分享的不仅是我的DNA还有我儿子的，她咧嘴一笑说：“不要吹嘘自己了。每个人都有前列腺癌。”

我已经使用过23andMe了。几个星期后，我收到了我的DNA报告。这份报告告诉我我的祖先来自于哪儿（欧洲北部，考虑到我苍白的脸色这几乎不算什么惊喜）。这份报告也告诉我与疾病的平均遗传概率相比我是处于一个更高还是更低的水平，包括1型糖尿病（我患1型糖尿病的概率是平均数的9倍）；黑色素瘤、类风湿性关节炎以及胃癌（都有很高的可能性）；牛皮癣、多发性硬化症以及克罗恩病（可能性都很低）。这份报告并没有太多提到关于前列腺癌和甲状腺癌，以及心房纤维性颤动，而这些疾病我都有。23andMe给了我选择，我分享我的基因信息有可能会找到我的亲戚。我喜欢那样，因为我丢失的家谱很快在西弗吉尼亚找到了。但是，遗憾的是，至今我还没有找到我的表兄弟们。

一旦我的DNA被记录了，它就可能被利用来对付我。如果一家保险公司可以要求查验我的健康记录，那它也能要求查验我的 DNA 图谱吗？它会不会因为我基因的关系而拒绝我的投保？可能会有雇主不愿意聘用我吗，因为我有可能会得上影响我工作的疾病？在犯罪调查中，警方会不会从 23andMe 中调用我的 DNA ？我与隐私服务公司 Reputation.com 的创始人迈克尔·弗迪克（Michael Fertik）交流，他担心潜在的伴侣不仅可以在 Facebook 上研究彼此的喜好，而且还可以基于 DNA 信息决定婚姻是否有价值。所有提到的这些事情甚至比这更糟的事情都有可能发生。所以我们要做什么呢？为了保护我们自己的隐私，禁止戴森和我泄露甚至分析自己的 DNA 信息？或者，按照黛娜·波伊德的规则，我们调整对数据的使用，禁止保险公司和雇主们在 DNA 信息的基础上歧视我们？问题是为了防止糟糕的事情发生而调控这一新技术也切断了可能带来的好处。23andMe 对志愿者们的健康史进行了测验，以便把不适和基因联系起来，这对于查找某种疾病的原因甚至研究治愈方法是很有帮助的。这一知识会挽救生命，如果我们愿意分享它的话。对于这一界限该如何划分，我们至今还没有答案。

在公开披露了关于我阴茎的内容之后，我只听到了 3 个人的不满之声。其中之一是作家马克·德瑞（Mark Dery），他经常批评我以及我的意见。他认为我过度分享了我的信息。

过度分享，很奇怪的字眼。分享多少算过度？分享多少算足够？对谁分享？人们都认为是埃米莉·古尔德（Emily Gould）发明了这个术语或者是她使这个术语流行起来的，当她还是八卦博客的作者的时候，她在《纽约时报杂志》上写了一篇关于她过度分享的文章。在八卦博客上，她爆料名人的轶事，因此使她变得小有名气。在她使用“过度分享”这个词的时候，她并没有对这个词汇做太多的定义，她向读者讲述了关于她的男朋友以及分手的事情，后来她把目光转向了互联网，用她的话说就是进入了群体治疗——直到她发觉自己分享得太多了。“我以这样奇怪的方式让自己的生活变得如此公开，”她写道，“我想把我所说的都收回，但是要收回的话我就不得不破坏整个互联网。如果我可以的话！”

现在德瑞指责我过度分享。他回应了《时代》杂志上史蒂文·约翰逊（Steven Johnson）写的一篇《赞美过度分享》(*In Praise of Oversharing*）的文章，约翰逊在文章中讲述了我在本书前面提到的那个故事。“贾维斯是我的一个朋友，”约翰逊说，“但是这个故事对于你们了解关于21世纪这种奇怪的调解状态的友谊会有所启发，我在Twitter的最新动态中第一次发现了他的癌症诊断，他发布了一个链接，可以链接到他最初的博客帖子。这就是我们现在的生活方式：我知道我们正在面对威胁到生命的疾病，但是本能的反应却是，我最好立刻把这个消息发布到Twitter上。”正如约翰逊所说的，“我们过度暴露于过多的信息披露中”。但是最后，他开始采用我的思考方式：“我们习惯性地把过度分享者看成是自大者或者是自我吹嘘者。但是贾维斯准确无误地指出不分享就是存在极度自私的想法。”

德瑞没有完全信服。在他的博客上，他争辩道，像我一样的过度分享者会被贴上“有心理疾病”的标签，会被认为“对于与他人建立联系有一种强迫性的需求”，我们正在“重新划定可被分享接受的行为的界限”，我代表了“我们所处的这个博客、Twitter被排斥的时代，在这样的时代，我们许多人感觉到在每一分钟里，对每一个人广播我们的每一个想法是一种必要”。他担心我们正在“消除隐私的‘我’与分享的‘我’之间的界限”并“正在逆转分享与隐私的极性”。

如果我公开谈论我的癌症那德瑞对此会怎么看？我认为他所披露的有关他的信息要比我披露的信息要多，虽然我是公开我的生活的人。

“公然广播最令人郁闷的是它不仅关乎我们的私生活而且关乎我们隐私部位的细节，这是一种欲望吗？这种欲望真的能在一个宏大的规模上感受到爱吗？”德瑞问道。“如果是这样，那这岂不是很自私而并非无私吗？”在他看来，关于癌症和阴茎是令人伤心的事情。“表现欲，”他补充道，“是一种在社交中处于支配地位的形式。”怎么会呢？德瑞在试图告诉我哪些内容不要分享。稍后在我们公开的争论中他才提到他自己也是一位前列腺癌患者。

注意德瑞的措辞“广播”。他把大众媒体的术语用在了这次讨论中。他说，“这部分是关于媒体时代的信仰，这种信仰认为没有什么是真实的，除非它被记录了下来，并且不断地被大家分享。”他说我讨论我的癌症“与我们媒体时代定位于名誉有很大的关系”。“噢，是的。”我回应道，“我想靠我那软弱无力的无法再工作的阴茎来出名。”当我只不过是生活得比较有声有色的时候，德瑞指责我试图模仿大众媒体。他是那种透过大众媒体的镜头来看待生活的人，他把互联网看作是电视台而不是现实中的人们彼此建立联系的一种方式。因为他认为我们都是在镜头前，所以与他的交流在他看来像是在表演。

一家致力于过度分享的网站上充满了 Twitter 的帖子，这并不奇怪。“一个强烈想扎根在我下巴上的青春痘。”有人在 Oversharers.com 上如此形容。还有更多的内容：“爱情意味着在你丈夫出现皮疹的睾丸上擦尿布疹软膏。”“我刚打了个足够响的嗝，楼底下的狗就开始狂吠。”“你好，经前综合征以及你朋友的‘欲望’，刚刚害得我吃掉了 1/4 磅的香肠。”“一位绅士在我旁边使用小便池，并把他的肾结石拿给我看，然后他把它拿回去到外面参加派对去了。”

茱莉亚 · 艾莉森（Julia Allison）由于过度分享而被她的批评者们指责。她是纽约一个爱寻欢作乐的人，她会邀请你访问她的 Facebook、

Twitter、Tumblr、YouTube、MySpace，以及她的网站JuliaAllison.com。当她还在乔治城上学的时候，她写了一个关于约会的专栏，之后她来到了纽约，她在纽约工作并且频频在媒体中露脸。在《纽约时报》中，埃米莉·古尔德衡量了自己过度分享的情况并与茱莉亚·艾莉森进行了比较："我早就对茱莉亚为了吸引注意力而赤身裸体的荡妇形象反感了——她经常坦陈，'别人的关注像毒药一样让我上瘾'。在她Flickr上的上千张照片中，她浓妆艳抹摆出各种姿势，俨然一个走过红地毯的明星，她总是把她的乳房挤在外面，把她那性感的一面展示出来。但是在这巧妙当中，她用消除敌意的话语坦言她多么渴望互联网上的曝光所带给她的关注——即使是以人们极度刻薄的嘲讽为代价，她也在所不惜。"

艾莉森的行为引起了许多批评者的不满，他们在线的目的就是为了攻击她。"我是具有媒体个性的一个人，因为缺乏更好的词汇来表达，"她在"纽约互联网周"活动的台上告诉我，"我是一个很专业的分享者——而不是过度分享者。"她在提到"过度分享者"一词时显得很不自然。"这很明显是一个贬义词。"她说，"因为它暗示了对成名的渴望。""当你告诉你的朋友有关你的生活的时候，他们不会指责你在沽名钓誉，"她抱怨道，"然而在网上，很多人都抨击我。"她对此感到恼怒吗？"是的，当然，我感到非常愤怒。"她陷入困境了吗？"是的，我当然会觉得我陷入了困境。我嫉妒那些可以在Facebook上改变他们的隐私设置的人。"那为什么不退出网络成为一个修女呢？"我要继续玩下去。一个月前我去了一个修行地，那段时间我完全退出了互联网。"她说道，眼睛里没有嘲讽的意味。然而，当我问她为什么会受到攻击时，她很有自知之明。她笑了笑承认说："哦，我有点自负。"

艾莉森希望网络上对她不堪入耳的评论能够得到控制，但是她还不知道该怎么去控制。“我是完全赞同言论自由的，”她说道，“但是我认为我们应该谈论一些别的事情。我们需要保护人们……这是诽谤和骚扰之间的灰色地带。”她希望能制定一些规则。当她在线的时候，她希望有人告诉她：“这是你要放弃的。这会带来某些特定的后果，但是我永远都无法预见到。”但是她承认生活公开也带来了一定的好处。“互联网能够保证的一件事是：对于任何事情我都不能撒谎，”她说，“我接过头发，我还计划注射肉毒杆菌。”

艾莉森和我碰巧都在线分享了各自的一位（其实是，至少一位）批评者。我告诉她说我已经放弃看他的评论了。我在 Twitter 上屏蔽了他，也不去访问他的网站。所以他唯一能出现在我的视线中的时候是在很少用的 Twitter 搜索中。我忽略了他。我知道他将会说什么，我也不在乎。我不会给他反击的乐趣。**操场上的法则以及网络互动的第一准则就是：“不要给魔鬼机会。”**艾莉森说其他人的冷嘲热讽已经让她失去了工作、人际关系和朋友。然而她还是在继续分享着，为什么？“在互联网上分享可以让我有钱支付房租。”这是生计，分享已然变成了她的职业。

第八章
作为公众的你
Public Parts

## 身份与荣誉

有时我会被问到是否相信彻底的透明化。“我还穿着衣服呢，不是吗？”我回答道。科技不需要把我们剥得赤身裸体。你是否愿意在 Facebook 或者 Twitter 上分享细节的决定权在你手里。你怎么才会意识到自己已披露得太多？什么是过度分享呢？我认为过度分享就是你后悔分享了自己的信息。过度分享并不是旁观者所看到或听到的。它是分享者所做的以及所说的。如果你不想别人知道，最安全的方式就是你不要说出来或者不要去做。正如埃里克·施密特在 2009 年 CNBC 的采访中所说：“如果你有不想让人知道的事情，也许一开始你就不应该做它。”姑且把这称作是“施密特训令”。正如施密特的其他引用引起了众怒一样，这一条也不例外。但是，他说的是对的。

如果你把自己的秘密告诉了很信任的朋友，而朋友又把你的秘密分享给了别人，那么你的问题应该出在朋友的选择上。错误不在于使分享成为可能的科学技术而在于我们自己。电脑并没有让人们陷入窘境；而是人们让自己陷入了窘境。如果你不希望你所说的发送给错误的人，那么你就不应该在邮件中说，难道我们所有的人不都是按照发邮件的规则来操作的吗？我们都有过那样的教训。我们受过了这样的伤害。我们已经汲取了教训。我们适应了。施密特说，以前的妈妈们都不需要牵着小孩的手过马路，直到新技术的出现——马车和汽车——使得这种行为发生了改变。当然今天的科技就更复杂了。“当一切都可用、可知，并被每一个人随时记录的时候，我随时可以知道发生了什么。”施密特在《华尔街日报》上说道。他跟我说，“在我成长的过程中，我有过孤独，有过无聊，有过很多我不理解的事情。所以现在你永远都不会感到孤单，因为你随时可以联系上你的朋友。你也不会感到无聊，因为网络上有无尽的信息流和可供你娱乐的东西。我们的生活发生了根本性的变化。”科技给我们带来了新的选择，这些选择最终也带来了更多的控制。我们开始分享更多的信息。同样，我们也可以看到更多别人的信息。那意味着我们需要重新审视关于我们该如何应对别人过度分享的准则。

2010 年，有人爆料说马尼托巴省的高级法官洛瑞·道格拉斯（Lori Douglas），曾经在一个服务于异族夫妇的网站上有她性虐待的照片——在她升任高级法官之前。当批评者们开始质疑时，她的麻烦也就来了，在她被考虑担任联邦法官职务时，她是否能通过不暴露她的性生活而恰当地回应这一事件：“在你过去或者现在的生活中有没有一些可以消极地反映你自己或者司法体系的应该被公开的事情？”我们当中有谁没有做过那样的事情？谁又会愚蠢到去做那样的事情呢？我们都有让自己尴尬的事情。**如果我们都有缺点，我们又怎么有资格去评判别人的缺点呢？**《环球邮报》（*Globe and Mail*）的一位专栏作者要求道格拉斯辞职，因为“她应该比别人更了解法律”。但是《蒙特利尔公报》（*Montreal Gazette*）质问道：“我们是希望我们的法官都是道德圣人吗？……他们应该这样吗？世界在改变。社会准则也在改变。”

法官的性虐待并不是具有代表性的情况。然而，这场争论有围绕极端情形进行下去的趋势。丹尼尔·索洛夫（Daniel J. Solove）在《声誉的未来》一书中给出了一种理性的而且合理的获得声誉的方式，但是仍然使用极端的例子来阐述他的观点：有个女孩让她的狗在火车上随地大小便，而且还拒绝清理，于是她的照片传遍了整个韩国；一个纽约地铁上的暴露狂，在他被送进看守所时，他的照片刊登在了报纸上；一个曾经坐过牢有过案底的年轻人，会让他在约会中感到很苦恼；一位在美国国会上写关于她性生活博客的人虽然得到了媒体的恶评却达成了一本书的交易。极端事例有利于支持论点但是不利于让人们了解准则规范。

这一章节的问题是一般人——你或者我或者是我在火车上随便看到的一个人——怎么处理以及应该如何处理分享的问题。当我们把一张照片上传到 Facebook 或者 Flickr 上，在博客的评论中或者讨论会上阐明观点的时候，或者告诉朋友我们购买了什么或者我们在哪儿的时候，我们如何权衡这样做的风险和益处呢？我们怎么才能建立并管理我们的身份和声誉呢——我们能这样做吗？

应对对分享以及过度分享的担忧的一个策略就是匿名。匿名有它的优势。匿名可以保护持不同政见的人的言论，比如公司中讲真话的人。它可以保护那些同性恋的青少年，他们需要倾诉他们的生活但是又不敢让自己在学校中暴露。它可以让人们用新的身份来做一些事情。当游戏公司暴雪娱乐（Blizzard Entertainment）试图把真实的身份带进大规模多玩家的游戏（如魔兽世界）中时，遭到了玩家们的一致反对——这也难怪：谁会希望每个人都知道在你生活的其他方面，你把自己看成是一位 80 级水平的暗中伤人的暗夜精灵，总是在十字路口趁机攻击小号（lowbies）？使用假名的身份是玩游戏的乐趣所在。

但是匿名通常也是懦夫的外衣。匿名的恶魔，并非魔兽世界中的类型——而是在线攻击别人，散布和传递关于公众人物的谣言，破坏一个政治家的维基百科页面，或者是在别人的博客评论中说一些蠢话。我在博客评论中告诉评论者，如果他们像我一样有勇气在他们所说的话的后面加上他们真实的名字，那么我尊重他们不得不说的话。

真实的身份提高了在线互动的基调和品位。这是 Facebook 具有关键洞察力之处。Twitter 也很有先见之明。Twitter 的用户会获得跟随者和转播的奖励，以及微名。Facebook 是建立在真实的生活中与真实的人的真实关系基础之上。“那并不意味着每一件事都是真实的，”马克・扎克伯格说，“但总的说来，我认为这比互联网上的其他事情的真实性更大一些。”扎克伯格相信我们有一个真实的身份，但是它正在变得“越来越不真实”，人们会保留不同的身份。埃米莉・古尔德承认自己是过度分享者，并对这一观点表示了认同。许多人和茱莉亚・艾莉森一样认为我们需要保持很多个身份——一个是工作上的身份，一个是学校里的身份，另一个是家庭里的身份，还有就是朋友间的身份。有人说，当我们不小心把这些身份混淆的话，我们就会在网络上陷入麻烦，比如我们的老板看到了我们在大学啤酒聚会上的照片（好像老板从来都不喝啤酒似的）。《纽约时代杂志》的一条报道写道：“互联网记录了所有的事情，从来不会被落下什么。”杰弗里・罗森（Jeffrey Rosen）讲述了一位 25 岁教师的故事，由于她在 MySpace 上上传了一张自己醉酒的照片，并且冠以“醉酒的海盗”的标题而被剥夺了学位。斯科特・罗森伯格（Scott Rosenberg）在他的博客中对此表示了不同的意见：**“这张照片本身不会带来什么不好的影响，麻烦在于那些把它转化成问题的人。”**

亟须改变的并不是我们的行为，我们的惯例或者说是我们的科技，而是我们的规范：作为公众的一员，我们应该怎样运作，彼此怎样互动。当别人的公众形象可能与我们自己所认同的不一致时，我们的反应是不认同、谴责、讥讽、抨击呢，还是努力去理解这种差异，表达我们的认同感，忽略别人的愚蠢，并且分享呢？当我们不认同的时候——我们有时确实会这样——我们会为自己的褊狭而自责。而当我们表达自己的认同感的时候，我们就是一个思想开明的人。由于我们都很公开，我想知道我们是否很快会遵循一个相互保证羞辱的规则：我向你保证，如果你取笑我的照片我也会取笑你尴尬的照片。“**一个透明的时代，**”《大而难解》（*Too Big to Know*）的作者大卫·温伯格（David Weinberger）说，**“这必须是一个谅解的时代。”**

这里有两种力量在起作用：身份和荣誉。我们的身份是我们自身第一人称的表达。我们的荣誉是其他人对我们第三人称的看法和观点。由于我们不断增加分享的内容，二者变得越来越接近，有时还会陷入冲突之中。当我在我的博客上讨论这些问题的时候，温伯格给我留了条很有远见的评论，想知道他所称之为的“隐私—分享”的轴线在哪儿：

> 玛丽莲·梦露（Marilyn Monroe）是一位公众人物，而我们大部分人都只是默默无闻的普通大众。这很容易理解，但是由于广播媒体的本质，它又倾向于进入一个极端或者另一个极端：他是塞维·蔡斯（Chevy Chase），而你不是。但是这里又存在另一个“隐私—分享”的轴线：我们是谁以及我们如何看待彼此。我们倾向于相信，至少在西方国家是这样认为的，我们真实的自己是存在于内心的自己。表现在外面的那个公开的自己可能会或者也可能不会反应我们内心的那个隐秘的自己，我们有一整套道德的或者规范的词汇来谈论二者之间的关系：真诚、可信、正直、诚实。

这是我们试图去管理的两个身份——不是我们工作中的身份以及家庭中的身份，也不是聚会中的自己和严肃的自己，而是我们内心真实的自己和我们表现在外面的自己。当我们内心的自己与表现在外面的自己产生冲突和混乱的时候，我们看起来就很虚伪。在我们的口中所有关于隐私和分享的恐惧中，我认为这种恐惧才是我们最大的无法言说的恐惧：我们并不是人们认为的那样，我们是会被发现的。

每个人都有可以使用的新技能，不论是名人抑或是平民。玛丽莲·梦露永远都不需要处理博客和Twitter，更不用说24小时的电视新闻了。她有专门的新闻代理人替自己去创建并管理她的身份，也有安全人员保护她以免有威胁的陌生人靠近她。今天，明星们和政治家们不得不处理不间断的爆料。当我们发现他们言行不一——这并不难发现——他们就被我们抓到了小把柄。然后再次，明星们像艾什顿·库彻（Ashton Kutcher），雷迪·卡卡（Lady Gaga），以及霍华德·斯特恩都抓住了在Twitter上与公众进行直接互动的机会，没有手稿或者公共人员以及记者等中间人。

当人们在谷歌中搜索他们的名字而找到直言不讳的结果的时候，Reputation.com建议解决的办法不是隐藏而是发布更多关于你的情况，这样你的名誉就会在谷歌中上升。提高你声誉的方式通常是去分享更多的内容。最好的解决办法是做你自己。如果那样会让你感到不安，那么你可以和你的精神病医生好好谈一谈。然而，更好的解决办法是在博客上说出来。

## 对于分享的建议

我让我19岁的儿子杰克告诉我，当他14岁的妹妹朱莉亚进入高中的网络社交活动的时候，他会给她什么建议。他耸了耸肩，不仅仅是因为他只是个十几岁的孩子，而且还因为这一切对于他来说都很顺其自然。他那一代——在互联网迅速发展的那几年，时代发展得很快——他们创设了他们自己的关于社交工具的准则规范。他们使用社交工具不同于他们的长辈。当我第一次用一所大学的后缀是“.edu”的邮件地址上Facebook的时候，我问杰克关于交友的规范。他告诉我说不把你在学校认识的人加为好友是不礼貌的。我的业务伙伴倾向于把他们非常了解的人加为好友。一些人把交友看成是一种认可而不仅仅是一种联系。年轻人利用 Facebook 的语言和结构分享笑话。他们可以闪婚闪离，而我们成年人却需要律师。

所以很难制定出一套具体、明确的规则和技巧来帮助每一个人应对更多的分享信息和更少的隐私。不仅仅是社交工具在迅速地发生着改变，而且这些社交工具也在迅速地改变着社会。各种观点、期望，甚至是隐喻和类比都开始失效。(在你年轻的时候也不用手机来打电话，那手机算什么呢？“发布”意味着什么？当“朋友”这个名词作为一个动词使用的时候这有什么含义？)同时，社会规范变成了一个迅速移动的目标。把电视连续剧《广告狂人》(*Mad Men*)中的罪恶和美德与当今的互联网文化做比较，看看从露西和里基公寓的单人床到现代大家庭纷繁多样的关系，我们走了多远。想象我们对待几年前喜欢性虐待的法官的讨论是不公平的，即使是在宽容的加拿大。想象一下，一切事物都是由于公共网络而在加速发展。

当你分享信息的时候，请不要用大众媒体的术语来判断你的成功或失败。我们的目标不是得到 100 万个关注者。分享是始于双方的。在人们理智的头脑中谁会想要 100 万人一直关注你呢？我收到一封十几岁孩子的邮件，他刚开通了博客，正在尝试着怎么样才能增加自己的点击率——通过写泰迪熊或者滑板。我告诉他不要管太多，写他感兴趣的内容就可以了，然后不断去探索，重要的是要使人能从中得到启发。分享的回报最好是从你所建立的关系中去发现：交到了朋友，找到了与你有共同爱好和需求的人，解决了你自己的问题或者别人的问题，发现你并不是自己一个人成功完成了一些事情。这些才是分享的最好理由。

虽然我很赞成分享，对于分享对我们生活的影响我也是持乐观态度的，但是我也同意我们应该谨慎，就像别人所说的，**我们需要停下来想**

**想——也要让我们的孩子停下来想想——在我们泄露自己的信息之前。**媒体素养——或者，正如德国人对此更加贴切的称呼，媒体能力——涉及的不仅仅是消费的内容。它现在意味着教人们如何制作内容以及它的结果是什么。在一个人的小村庄里，公开地开展关系与在全世界范围内开展关系之间的区别变得日益显著。信息，不论是好的还是坏的，传递的范围更广，速度更快。在利益增加的同时，成本也在增加。所以我们很有必要花一些时间为公共生活提一些建议：

**文身规则。**Blippy 的联合创始人菲利普 · 卡普兰（Philip Kaplan）重申了这一明智的建议：你放在互联网上的任何信息就像文身一样，它会永久地存在。它不会消失。网络已经记录下来了。人们可能会给你补齐你所短缺的部分，但是不能保证他们一定会给你。在今天被认为是罪恶的事物——喝酒，抽烟，吸毒，吸食可卡因，偷情，列出一系列总统的小失误，随着时间的推移这些所激起的愤怒会越来越少——也许在以后，这些就是被人们所接受的甚至是过时的事物。或者也许情况不是这样。

埃里克 · 施密特说**年轻人可以在 21 岁的时候改名，然后重新开始生活。**当然，他是在开玩笑。我听说他在 2007 年的个人民主论坛上带着颇具讽刺意味的语气讲了这句话的时候，大家都笑了。但是当他在 2010 年再次使用这句话的时候，讽刺的意味就没有了。媒体界开始骚乱起来。当《华尔街日报》报道了施密特的引述，也没有写出它笑话的意味，或者选择不当做笑话来看。“他显然是很严肃地预计，将来有一天青年人在成年的过程中将有资格改名，以同储存在他们朋友的社交媒体网站中他们年轻时的荒唐行为隔绝开来。”《华尔街日报》的记者霍尔曼 · 詹金斯（Holman W. Jenkins，Jr）写道。这一文化基因像水面浮油一样散布开来。“该死的 Twitter！”施密特抱怨道。当他公开谈论这件事的时候，他说人们只是在 Twitter 上转发了可引用的部分而“省略了前言和后文以及上下文的背景”。他并不是很严肃地认为我们都应该改自己的名字。“以前它是一个玩笑，现在它也是一个玩笑，将来它还是一个玩笑。”他告诉我说。他自己的玩笑表明了这一规则：说一次的内容，就相当于你永远地说了。但是对此的担忧不应该强迫我们丢弃自己的心声。

**头版规则。**长期以来人们都认为如果你不想在《纽约时报》的头版看到你所说的内容的话你就不要在网上说，尤其在维基解密时代，这再正确不过了。但是我也想把这条规则倒过来说：你应该说一些可以登上首页的内容——是 Twitter、Facebook、谷歌等的首页。你永远都不会知道你的想法被分享后可能会对他人产生的影响。美国人的新梦想就是让分享的内容像病毒一样传播开来。这件事就发生在我身上，当我在我的博客上抱怨我的戴尔电脑的时候。我并没有受到什么影响，但是我的“该死的戴尔”这一信息在其他人那里引起了共鸣。由于这次风暴，戴尔公司改变了它的营销方式，重新定位了与顾客的关系。所以当你分享的时候，仔细考虑一下头版的效应，不仅仅是出于担忧而且更要着眼于机遇。

**社交——破产规则：与越多的人建立联系就会有越多的人来打扰你。**他们都有所期待。他们想要你回复他们的评论，回答他们的问题，甚至是回复邮件中的诋毁。现在同样在 Facebook、Twitter 以及新的服务，比如 Quora 中，用户都互相提问。够了！我很早之前就宣称电子邮件倒闭了。我并不能一一回复我所收到的邮件，即使是我认识的人，更别说我新结识的社交媒体朋友了。我很怀念以前忙碌的日子，那时我的时间和关注看起来并不是很多。把这个问题用技术上的术语来形容就是：分享并没有很好地形成规模。

科技可能会有助于解决它所引起的这个问题。Facebook 的“新闻递送”（News Feed）的后台系统基于“有多少朋友评论了某一条特定的消息，谁发布的这条消息，它是什么类型的内容”，正在努力测算哪一条新闻动态最让我们感兴趣。谷歌邮箱通过清理垃圾邮件以及它推出的优先级收件箱来为我们整理邮件并为我们的邮件排序。我们可以想象，新技术将如何改变我们的习惯。以前，当我们没有及时履行某一责任的时候，我们会说它在“信箱里”。之后，对于某个没有回复的邮件我们会说它被“垃圾邮件过滤器给过滤掉了”。现在，我们会说：“我猜谷歌不认为你的邮件享有优先级。”谷歌的副总裁玛丽莎·梅耶尔（Marissa Mayer）梦想着有一天计算机算法会为我们所有的东西进行分类排序——包括我们的电子邮件、新闻、Twitter 上的消息、Facebook 上的最新动态——然后会为我们传递一个有优先顺序的“超个人的信息流”。**科技并不能做所有的事情，我们也不希望它为我们做所有的事情。但是既然它创造了这一混乱的状态，那么就让我们希望它能帮我们梳理好吧。**

**“不要给恶魔机会”的规则**。随着建立联系的人越来越多，遇到蠢货的概率也会随之增加。互联网本身并不会产生蠢货。只是互联网使得这些蠢货更容易被看到。当你看到一个恶魔的时候，千万不要给他机会。他们在线交流只是为了挑衅。如果你做出回应，你就等于给了他们想要的东西：关注以及继续攻击的机会。如果他们进来掠夺你所控制的空间——比如在博客上发表评论——那就删除他们来访的痕迹。关注你的团体中的其他人会感谢你把这样的蠢货踢出圈子。我并不是建议切断那些只是单纯地很谦恭地与你持不同意见的人，那样做会有损你的声誉，比恶魔的行径还要糟糕。

**红葡萄酒规则**。一定量的酒精会暂时把一个最友善头脑最清醒的人变成恶魔。我就经历过这样的事。一个人过度饮酒之后，对于愚蠢的容忍度就会消失，骂别人为蠢货的概率就会增加，酒醒之后又会很后悔。喝醉了以后，你就不要在博客上发文，不要在Twitter上留言，不要更新社交状态，不要上传照片，不要制作YouTube的视频或者操作互联网的其他工具。

**诚信原则**。犯了错误就要主动承认，这样，下次即使再犯错，人们还是会信任你。博客教会我不要试图隐匿错误而是要改正错误，这样人们就会知道我搞砸了，但是我坦率地承认了，我没有隐瞒任何事情。我需要改正的是事实上的错误。虽然承认错误并不那么容易，但是我知道改正错误并不会使一个人的信誉减少，相反会增加一个人的信誉。

**黄金法则**。在现实生活中，真实的事物在网络上也是真实的。如果有些信息能够帮助到其他人的话，那么就应该分享这些信息，分享信誉、链接。链接可以展示你的成果，使你的读者能够看到你的资源，然后做出自己的判断。你也可以分享你所关注的事物，把你认为好的东西分享给其他人。在Twitter上转发——转发你所读到的好的内容并给予评价——这是一个分享社会的具体化，使慷慨成为社会的写照。

**不做傻瓜的原则**。这一原则可以代替上面所有的规则。每当我被问及博客和社会媒体共同的理想方针的时候，我说它可以归结为一件事：不要当白痴。一位广告经理在他去孟菲斯出席联邦快递会议的前一晚在微博上说他不能忍受孟菲斯，而联邦快递公司却以把总部设在孟菲斯而感到骄傲，这位经理就是个白痴。《华盛顿邮报》的体育新闻记者在Twitter上发布了一条错误的新闻报道，却希望能诱惑博主们点击这条报道的链接，这位记者是个十足的蠢货。一位女士在Twitter上发布她得到了微软公司的工作机会，以及她在“丰厚的薪水”和“讨厌这份工作”之间的权衡——正巧被她的一位面试官看到，这位面试官在 Twitter 上告诉她说“我们微软的工作人员是精通互联网的”——这位女士真是个白痴。一位陪审员在她的案件开始之前在 Facebook 上宣称“告诉被告他们是有罪的将会非常有趣”，这种做法既不合文法也很愚蠢。

互联网即是生活，只不过它更大更快而已。你孩提时代学到的教训以及你教给你的孩子如何对待他人的教训仍然可以在此得以应用。网络仍然只是一个充斥着形形色色人的地方。

第九章
分享产业
Public Parts

## 公共经济

“让人感到可笑的是，隐私的获得曾经是容易且廉价的，让自己分享的代价反而很高。”企业家萨姆·列森（Sam Lessin）如是说，“现在却正好相反：如果你想要获得隐私的话，你就需要付出现金、时间、社会资本等的代价。”为了获得隐私，你需要付出努力，而且管理隐私设置时你也可能会面临麻烦。如果你选择不公开参加社交的话，你也需要为此付出丧失机会的代价。而另一方面，如果你选择公开的话，你可以得到的回报是关注，影响，信息，交易。这一新经济在向分享倾斜。

在隐私方面有赚钱的机会。在许多会议上，我观察到了蓬勃发展的管理 / 工业方面隐私的复杂性。2011 年在不列颠哥伦比亚省维多利亚港市举行的重启隐私与安全会议上，一位向各大公司销售网络安全软件的卖主用幻灯片介绍了自己的软件，并引用了一些我之前列出来的数据，但是用的却是暗色调。他说成千上万的人在使用 Facebook，他颇具戏剧性地顿了顿，然后他又继续说道，“这太骇人听闻了。”为什么那会骇人听闻呢？他没有说。他认为自己没必要说。先引起大家的恐惧然后销售软件这是他的策略。一位政府部门的监管者上台，把 Facebook 的扎克伯格和谷歌的施密特妖魔化了，她错误地引用了施密特的话，告诉公众施密特摒弃了隐私因为他认为隐私是无关紧要的。她吹嘘要制定更多的监管政策，增加更多的员工。当我见到首席隐私官协会的负责人时，我对他说，我敢打赌你的会员还在增加。“以千位在增加。”他回答道。恐惧与会员的增加，让风险投资基金专注于隐私产业的投资机会。

在纽约的“数字隐私论坛”中以及 2010 年在西雅图举办的“隐私

身份创新”（PII）会议上我已经看到了同样的动态作用，在西雅图的会议上我带着我的儿子杰克。一位与会者在 Twitter 上说参加这两天的会议“让我意识到了对于我的孩子来说互联网安全教育和性知识教育同样重要”。他说得非常正确。但是如果我们的孩子在性知识方面比我们所认为的要了解得多，那么当然他们在社交网络方面也会比我们知道得多。我的儿子有些焦躁不安。我们从会场逃出去吃午饭，他告诉我说这些人总是在说一些并不存在的问题。他说，既然这样那展示给我看这个世界是怎么一步步瓦解的。他想忽略他们。我警告他说他们可能会实施条例，这些条例可能会改变他所钟爱的服务的运作方式，或者使得这些服务太昂贵而无法继续。我听说监管者们在考虑扩大《美国儿童网路隐私保护法》（COPPA）的保护范围——从 13 岁扩大到 18 岁。那将意味着像 Facebook 等服务即使是高中生也将需要父母的书面同意才能保留自己的个人信息（比如姓名、住址等）。从实践的角度来说，那意味着公司要避免为青少年提供服务——这也是为什么定位于 13 岁以下的孩子的服务那么少。隐私监管将会对企业产生重要影响。隐私也正在成为一个庞大的产业。在这些会议上，我每次都遇到同样的参会者：权益保护组织，引起人们的关注并筹集资金；制定法律的立法者以及制定规章制度的政府官员；帮助公司遵守上述规定的顾问；以及一些服务提供商，比如 Reputation.com，承诺保护公众的隐私。隐私隐含着商机。

但是在分享方面，建立推动分享的平台所产生的赚钱机会更多。这些公司将会对企业和社会产生更大的影响，在它们转移权利取代那些仍然依赖于稀缺性和控制的旧有机构的时候。这些公司包括博客，谷歌，WordPress，Facebook，YouTube，Flickr，Twitter，Blippy，Foursquare，Quora……这个名单会一直往下延续。下面要讲的四位企业家创建了分享行业，他们所创建的服务平台逐渐彰显了冒险精神，对于一些人来说，这应该是让人惊恐的吧。

## 埃文 · 威廉姆斯：博客和 Twitter 的创始人

很少有人能够改变世界并且亲眼看见他的创造物所产生的影响力。埃文 · 威廉姆斯（Evan Williams）至今已经两次改变世界了。他是博客的联合创始人，这项服务使得分享的形式得到了推广，可以让所有的人轻而易举地不断地向人们发布信息。它瓦解了媒体和新闻的结构，人们可以讨论政治的、商业的以及社会的力量。接着，他又联合创建了 Twitter。Twitter 的影响力才刚刚开始显现，虽然很多人还不能完全理解它，但至少它在示威活动中起到了重要的支持作用，并且在重组媒体和市场中取得了另一重大的突破。威廉姆斯是分享产业的鼻祖。

正如数字时代的许多其他发明一样，威廉姆斯的每一个合作发明物都是另一个想法的副产品，实际上是巧合，但是他的本能意识到了并且挖掘了它们普遍的吸引力。皮雷实验室（Pyra Labs），由威廉姆斯和梅格 · 胡里安（Meg Hourihan）合伙创办，计划制造生产性的工具。他们在建设的过程中所加入的一个记录程序变成了后来的博客，但它绝不是第一个博客工具。许多人认为贾斯丁 · 哈尔（Justin Hall）在 1994 年创建了第一个博客原型。戴夫 · 温纳（Dave Winer）创立了最早的网络日志之一脚本新闻（Scripting News），也是最早的博客工具。约恩 · 巴格尔（Jorn Barger）在 1997 年发明了“博客”（weblog）一词；彼得 · 莫霍尔兹（Peter Merholz）在 1999 年把这个单词缩写为“博客”（blog）；据报道，威廉姆斯在他的服务平台于 1999 年 8 月投入运营后想出了“博客”（blogger）这个词。所以威廉姆斯并没有发明博客正如比尔 · 盖茨没有发明电脑一样。但是他让博客看上去更简洁、更酷，而且不受约束。

博客由此深受人们的欢迎。即使是在公司的资金严重紧缺、员工和合伙人不止一次的离开，他毅然决然地坚持了自己的想法。在极度艰难的环境下，威廉姆斯继续经营着他的公司，因为他明白它的潜力。

我当时并不相信博客的发展潜力。当尼克·邓顿（Nick Denton）——他是之后非常成功的博客公司高客传媒（Gawker Media）的创始人——第一次把博客展示给我看时，我耸了耸肩。“那又怎样呢？”我问道，“你只不过是把一些文本放在了网页上。你为什么对此如此兴奋呢？”我已经阅读了很多网络日志。当皮雷实验室濒临破产的时候，邓顿让我帮他说服我后来的老板史蒂夫·纽斯豪斯（Steve Newhouse），投相对少量的资金给这家公司以维持它的经营。纽斯豪斯是难得的旧媒体的高级管理人员却理解分享的潜力。我是直到“9·11”事件之后才开始明白博客的重要性，在目睹了世贸中心惨遭袭击并且在这一袭击事件中存活下来之后，我开始写博客——Buzzmachine.com。博客让我很快意识到了链接的力量以及分享的好处。我开始尊重并理解威廉姆斯为什么即使面临资金和服务困难的情况下还要让博客继续运转的决心了。2003 年，威廉姆斯把公司出售给了谷歌，至今谷歌还在经营着它。

最具讽刺意味的是，埃文很安静也很谦逊——就像一位害羞的、固执己见的罗杰斯先生。他不像使用他的服务工具的成千上万的用户那样寻求众人的关注。他的博客有一年多没有更新了——从 2009 年 12 月到 2011 年 3 月，那时他宣布他要把他全部的时间留给 Twitter，并开始他的下一步计划。虽然他在 Twitter 上——@ev——有 130 万个关注者，但是他只发布了 6000 条信息。我是在他之后的几年才开通了微博，但是我发布的信息有他的 3 倍之多。Twitter 上我所认识的最多产的用户，美国国家公共广播电台（NPR）的安迪·卡文（Andy Carvin）（@

acarvin)，几乎是威廉姆斯输出量的 10 倍。“从你的 Twitter 信息流可以看出你是个什么样的人。”一位 Twitter 上的同事在我们坐下来聊威廉姆斯的时候说道，“他就是那样一个人。”

在博客和 Twitter 发明之前，我们有制造和复制内容的工具：复写纸，发明于 1806 年；切斯特·卡尔逊（Chester Carlson）在 1938 年发明了施乐复印机；1890 年发明了可怕的柯达相机；1932 年发明了柯达的 8 毫米家庭电影照相机；1876 年和 1880 年，托马斯·爱迪生利用注册的专利发明了油印机，在长达一个多世纪的时间里推动了政治宣传册和所谓的科幻类杂志的印刷。但是我们发布和广播的大众激情并没有爆发出来，直到博客的出现。为什么？因为它使用简单，因为互联网为我们简单的内容创作方式增加了一个简单的分配方式。伴随着 1994 年互联网的首次出现产生了 Tripod，它是第一个可以制作我们后来称之为主页的简单的工具。Tripod 并没有产生大量的信息发布，也没有产生大的社会变革。大多数时候，它只是出产很普通的、容易被遗忘的、很快就会被丢弃的网站页面。那么是什么让博客在 5 年之后改变了世界呢？

博客打开了新的写作方式的大门，正如印刷术产生了另一种新的相似的形式——文章。在法国的文艺复兴时期，米歇尔·德·蒙田（Michel Eyquem de Montaigne）打破了对古代手写文本的智慧的敬畏，使得写作更具时代和个性的特征。从 1572 年开始，蒙田就泡在图书馆里，寻找着自己问题的答案。“取代抽象的答案，蒙田告诉我们在每一种情况下他都做了什么，以及当他做这些的时候感觉是什么样的。”莎拉·贝克韦尔（Sarah Bakewell）在她关于蒙田的一本书《如何生活》（*How to Live*）中这样写道，“他告诉我们，不是出于什么特殊的原因，他唯一喜欢的水果是甜瓜，还有他不会唱歌。”这些话听起来像什么？像博客中发布的内容！像在 Twitter 上广播的消息！那些该死的傻瓜公开了他们的私生活，公众又莫名其妙地阅读了。印刷术显示出了蒙田的能力。500 年后，威廉姆斯的服务工具显示出了超过百万人的能力。

这些分享工具还有另一个因素。贝克韦尔说，蒙田的文章，“不仅仅是一本书。它是长达几个世纪的在蒙田和所有那些开始了解他的人之间的对话：那是一段随着历史而改变的对话，几乎每次随着读者发出的那一声‘他是怎么了解到所有关于我那方面的内容的？’而再度开启与蒙田的对话”。那也解释了什么是博客，当我在博客上写关于我对“9 · 11”的记忆，别人就会对我所写的内容进行评论，然后我再回复他们，这一刻我发现了博客是什么。我们是在不同的时间和地点进行的一次对话，其中有朋友也有陌生人，是被链接所推动的，公开的对话。

“博客给予了我们一张前所未有的画布，”威廉姆斯说，“博客出现之前，在互联网上发布信息是一项技术任务，博客把它变成了一种创造性的追求……你可以在博客上建立你自己的公众，如果他们关心某个问题的话，大家可以聚集在一起讨论。那是自由的。那可以让人们做任何他们想做的事情。”他说，博客，就像是去某个朋友的房间，那时你的朋友是主人；之后她也可以来你的房间，这时你是主人。也就是说，博客给了我们自己的空间而不是强迫我们聚集在一个公共的空间里（比如 AOL 聊天室或者报纸论坛）。公众变成了我们以及我们空间的集聚而不是其他人——比如政府、媒体、学校——提供给我们的一个广场。威廉姆斯对博客所发挥的重要作用而感到自豪，博客把人们从“只是新闻的消费者中解放出来，人们可以切实地去思考并分析问题”。当我们坐下来开始使用服务工具的时候，会被嘲笑。威廉姆斯回想起技术早期的使用者们，嘲笑博客只是一个自我陶醉的工具。记者们对于非专业人员在博客上漫无边际的讲话嗤之以鼻。公司把博客看成是嗡嗡叫的蚊子。但是现在我们知道，博客的引进和普及有着深远的影响。

在2006年还没有人想到Twitter的影响会如此深远，当时杰克·多尔西（Jack Dorsey）与Twitter的另一位创始人比兹·斯通（Biz Stone），正在他们的播客广播公司里工作，杰克·多尔西突然想到了一个好创意。多尔西想要一种能让一小群人通过存储管理服务（SMS）交流的工具（这就是为什么设置了140个人的限制）。2007年初，在奥斯汀举办的西南偏南影视音乐互动大会上，Twitter得以被广泛使用。与会者利用Twitter分享他们听到的美妙的语言，在会议进行的过程中推荐会话，与朋友见面。在两年之后的西南偏南影视音乐互动大会上，当一位采访者占据了发言的时间一直在谈论关于马克·扎克伯格的主题的时候，我观察到对Twitter的反感情绪开始冒了出来，就好像是挤满舞厅的怪人们生气了。我在教室中看到了同样的现象，在教室中Twitter给了学生们联络的渠道，结束了老师在注意力方面的垄断地位。

在Twitter首次出现之后，威廉姆斯、多尔西以及斯通扔下了播客，转移了他们的注意力——转移，正如科技公司所称为的战略转移。这一新的服务工具仍然看起来像玩具。我还记得我第一次把Twitter展示给我们系的同事看时的情景。“好吧，杰夫，”他们当中的一个人质疑道，“我明白这为什么很酷了。但是它与新闻业存在什么关系呢？”我们开始列举记者们可以如何利用Twitter找到人们谈论的故事，获得信息，从而推动他们的工作。Twitter很快就被人们接受了。阿兰·拉斯布里杰（Alan Rusbridger），伦敦《卫报》的主编，列出了许多为什么Twitter对于新闻业重要的理由。这是一个非常有用的列表，它可以应用于许多组织机构：

- 它是一种**分配**形式。Twitter的链接每个月向网站发送数十亿次的点击。《卫报》利用Twitter可以推广它的故事并吸引新的读者。

- 它是一个**预警**系统。每当发生地震或者飞机降落在了曼哈顿边上的河岸上，或者是中东爆发了战争，人们都可以在 Twitter 上分享他们正在经历的事情。他们并不是在发布新闻。他们只是在告诉朋友他们的生活中发生了什么。美国国家公共广播电台 Twitter 的超级用户安迪·卡文说他在 Twitter 上通过搜索短语比如“天啊”（holy shit），“我的天啊”（OMG），以及“什么事啊”（WTF）寻找事件的目击者。一些明智的公司也会在使用常规渠道之前利用 Twitter 来发现他们的产品存在的问题。
- 它是一个**报道**的工具。威廉姆斯把 Twitter 用户看作是报道者，“信息—搜集节点，世界上数百万的人会在 Twitter 上报道他们身边正在发生的事情。”他设想在一天当中 Twitter 用户能够“看到在任何地方正在发生的事情”。我看到一些有进取心的记者利用 Twitter 询问读者他们知道哪些新闻事件以及他们想了解些什么。
- 它是**营销**的一种方式。戴尔公司利用 Twitter 分发优惠券，在 Twitter 上销售了数百万台电脑。 百思买集团（Best Buy）利用 Twitter 为顾客提供服务，这个我在后面会加以讨论。
- 它比媒体更加**多元化**：Twitter 从某一水平层面上改变了权威的概念。威廉姆斯说 Twitter “应该尽可能地民主”。想法的传播不应该基于名誉和关注者的多寡，而应该基于它所要表达的内容的价值。这是一厢情愿的想法，当查利·希恩（Charlie Sheen）的夸夸其谈和插科打诨吸引了超过 400 万的关注者时，他得到的关注度远比拉斯布里杰那不超过 4 万个关注者多得多。
- 它是变革的**代理人**。它并不会引起革命，但是它有助于传播革命。

- 它的**关注时间跨度很长**。是的，拉斯布里杰说对了：关注的时间跨度很长。Twitter用户“将会在专业记者改换话题之后，搜寻并汇总他们长期关注问题的相关信息”。雅瑞安娜·哈芬顿（Arianna Huffington）说记者们有注意力不足症——当他们对某个话题感到厌烦的时候他们就会改变话题——但是互联网上的人们有强迫性精神障碍——一旦他们盯住某个问题，他们就不会轻易地放过它。比如，格雷格·米切尔（Greg Mitchell）——@gregmitch——每天在博客和Twitter上发布维基解密的故事已经有160多天了。

威廉姆斯还没有像他已经制造出的能产生很多对话的工具一样制造出能产生如此多内容的工具。但是，反过来，这产生了公众。他和Twitter都在寻找更多的方式来帮助用户发现趣味相投的人，由于一个想法，一个笑话，某个地点，一次事件而聚集在一起。Twitter是一个有发现意外事物本领的东西。那可能是我听过的比任何其他的悲叹互联网对媒体和世界的影响方面都更甚的语言：如果没有编辑们为我们揭示新兴趣的话题，我们就会失去发现意外事物的能力，从而被困在都是可预见的千篇一律的事物的回音室里。为了解决这一问题，《卫报》在没有经过认真考虑的情况下，使用了一个可以产生意外的生成器，即建立任意的链接。事实上，它产生的只有随意性。那不是意外，那是噪音。根据我的定义，意外是意想不到的相关性。当它出现的时刻，你说，“哈！那正是我想要的。它来自哪里呢？”通过Twitter上的链接，我从我认识的、喜欢的、尊重的人那儿得到了意外之事，每天我都会经历很多次这样的意外时刻。我会看到他们所发布的想法、消息，并发现那些有意外关联性的人，这比只有一个编辑的大众市场出版物所能提供的发现意外的可能性要大。当我把自己的某个想法发布在Twitter上的时候，我永远都无法预知它会产生什么意外的联系。“你可能会与某些人不期而遇，”威廉姆斯说，“人们把信息发布在Twitter上总是会触发一些东西的。”

Twitter的用户们已经自己发明出一些新的围绕他们感兴趣的主题和事件来讨论的途径。其中一种途径是“标签”（hashtag）。在一次会议上，与会者们同意使用一种共同的标签——在2012年的西南偏南影视音乐互动大会上，将使用标签定为#SXSW12——所以任何人都可以搜索或者点击那个标签以查找其他人关于这个话题都说了什么。他们也可以利用标签传播笑话。其中我喜欢的一个游戏是#boringprequels。举几个我的朋友@jimbradysp的例子：大都会的骄傲（The Pride of the Mets），是的医生（Dr. Yes），所有的波尔卡舞曲（All That Polka）以及佐巴怪人（Zorba the Geek）。财经（StockTwits），基于Twitter建立的一家公司，使用美元的标志来组织关于公司以及这些公司的股票的讨论。如果你想知道对于今天苹果公司的股价人们是怎么看的，在Twitter上搜索$AAPL即可。“一个独特的公众团体会被自发地创建，但是持续的时间很短，”威廉姆斯观察到了这一现象，“而后这些团体就被解散了。”

但是，最终，威廉姆斯并不认为他创造了一个社交网络，比如Facebook，可以把人们都组织起来，建立起人际关系网。“而Twitter是一个分享的信息网。”他说。他承认在Twitter运行初期他并不太了解Twitter是什么。我认为现在我们仍然不知道它是什么。他回想道，Twitter建立之初并不发布个人信息，因为创始人都认为用户的状态更新属于个人信息。开始的时候，一条最新的状态会覆盖前一条状态，因此对话就不能建立起来。正如用户发明了标签的惯例，他们也同样发明

了用 @ 回复的惯例，这样对话就能建立起来了。（如果你想要我看到某条信息，就在信息的开头加上 @jeffjarvis，我的 Twitter 就会处理，以及我是否关注你，我会在我的 Twitter 留言板中看到它提到了我。）用户也发明了转发或者 RT 惯例，作为对感兴趣的想法的跟帖方式。（当你想向你的关注者分享我的内容时，你可以点击转发按钮，或者在我分享的内容前面加“RT”然后继续发送。）Twitter 起初反对 RT 的想法，但是最终还是默认了。作为一个信息服务平台，Twitter 通过建立新的应用，不断地增加它新的功能：搜索，上传照片，分享视频等。所有这些功能都是可实现的，因为 Twitter 是一个开放的分享平台——它仍然有待完善，仍然在不断地进化。Twitter 获得了广泛的用户分布，因为外部的开发商为它提供了客户源，虽然 Twitter 后来建立了自己的代理商，与这些外部的开发商形成了竞争。问题在于 Twitter 在一个至关重要的方面仍然有待完善：它仍然没有一个清晰的商业模式：虽然它在保护自己的领地，但它仍然不知道自己的利润来源。

Twitter 内部积聚的信息潜藏着巨大的价值。Twitter 的用户中蕴藏着智慧。2010 年，据《洛杉矶时报》报道，惠普实验室的两位社会计算科学家计算出了通过分析 Twitter 上的讨论内容可以预测一部影片在它上映的第一个周末的表现，其准确率高达 97.3%。同样在 2010 年，三位计算机科学家——约翰·博伦（Johan Bollen），毛慧娜，曾小军——使用一套特定的关键词来追踪 Twitter 信息中特定的情绪——他们把情绪分成这几类，冷静、警觉、确定、有活力、善良、快乐，以及他们的反义词。结果，他们发现他们可以预测每天道琼斯工业平均指数的涨跌，准确率高达 87.6%。一家对冲基金现在利用这一公式与其中一位科学家建立了合作关系。

2005 年，一位叫作乔纳森·哈里斯（Jonathan Harris）的了不起的数字艺术家开始用短语“我觉得”或者“我正在觉得”搜集博客片段。他与他的合作者塞普·卡姆瓦尔（Sep Kamvar），在四年的时间里积累了超过 120 万的情绪片段，他们在 WeFeelFine.org 网站上以及以同样名字命名的书中展示他们的成果。每一种情绪显示为一个浮动点。点击它，就可以阅读情绪了。以下是从这个网站上随机摘录的一些片段：“我觉得他会哭，而我将会是唯一一个可以制止他哭的人，因为很显然我是他最好的朋友。”“我感觉很满意，很有用，很开心。”从书中摘录的一些内容：“我又觉得自己漂亮了。”“我感觉很害怕，我觉得我迷路了。”“对于糟糕的感觉我感觉良好。”哈里斯和卡姆瓦尔根据所处的位置、年龄、天气、性别以及一年当中所在的时间来追踪情绪。你应该振作起来，感觉“良好”（在追踪到的情绪中占 5.74%），感觉“很糟”（占 4.06%），感觉“不错”（占 3.84%），感觉“内疚”（占 1.53%）。男人和女人从十几岁到五十岁左右感觉很幸福，但是到了六十岁幸福感会有所下降。

那些信息来自于对人们心声的聆听。Twitter 也逐渐被证明是与他们协作的一个工具。电影导演蒂姆·伯顿（Tim Burton）在 Twitter 上写出了一个故事的开头，而让他的粉丝们完成下面的部分，每天粉丝们都争相地写一些内容。结果，坦白地说，不是很好。大家都没有一个电影导演所具有的敏锐度和观察度。但是观众们有主意，谁知道他们的看法会在伯顿那最具发现才能的脑子里激发出怎样的意外收获呢？威廉姆斯发明的这个工具挖掘的不仅是大众的智慧，还有他们的心情、创造力、新闻以及经历。“通常，”威廉姆斯回应对分享行业持乐观心态的人说，“人们都乐意做好事去互相帮助。”他帮助人们做到了这一点。

## 丹尼斯·克罗利：Dodgeball 和 Foursquare 的创始人

欣赏丹尼斯·克罗利（Dennis Crowley）在 Flickr 上的照片，你会发现他生活中的一些小片段：一次午餐；一次聚会；在感恩节晚餐后和他的家人在一起；一段提醒他明年夏天如何安装窗式空调的视频；一张一种奇怪水果的图片，另附一个问题："这是什么？"（很快就有他的一个关注者回答了他的问题。）18 丹尼斯·克罗利是一位分享者。他的分享历史已经有 15 年了，从他大学一年级开始，那时碰巧是 1994 年，网页浏览器刚刚出现。"你为什么要在网上分享你朋友的这些照片？"他经常被别人这样问。"这看起来很自然。"他回答道。他不会从隐私或者风险的角度去考虑。"我只是在分享一些东西。"他说道，耸了耸肩。他利用他的博客，Flickr，Tumblr，以及 Twitter 作为"他反映生活的一种方式"。

克罗利把这种分享的方式向前推进了一步。除了分享想法和照片，他发明了让人们利用手机分享他们所处的位置的方式。在他还是纽约大学的一名学生的时候，他和一位同事发明了 Dodgeball，这项服务旨在帮助年轻人通过文本信息在酒吧里找到彼此。谷歌在 2005 年买下了这家公司。在公司里工作了两年之后，它仍然还只是这家不断成长的加州巨人的一个偏远的纽约前哨，克罗利和他的合伙人感到很沮丧，他们辞职了。两年之后，谷歌终止了 Dodgeball 服务——因为克罗利和另一位合伙人新创办了一项更加复杂的定位服务 Foursquare。Foursquare 的智能手机应用程序可以允许用户在某个位置时检入程序这样他们就可以告诉朋友他们在哪儿。Foursquare 增加了游戏设置，并且用徽章和荣誉称号奖励那些频繁使用这一程序的用户，作为鼓励大家应用这一程序的方式。（就我个人而言，我很抱歉，我从来没有在任何地方登录过这个程序，我也没有去某个地方足够频繁到成为那个地方的市长。我经常去我们当地的墨西哥菜馆，频繁到你们会不会认为现在我至少已经被任命为它的停车场及娱乐专员了。）

为什么要分享自己的方位信息呢？我想，答案仍然在于意外发现。Foursquare 可以帮助用户发现可以看的人以及可以去的地方，否则他们可能永远都不会发现。分享行业已经意识到通过社交网络很好地满足了人们发现意外的需求。如果你的朋友喜欢什么事物或者喜欢什么人，你也有机会让他们有意外发现。“我恰巧是一个非常喜欢社交的人，作为一个非常喜欢社交的群体中的一分子，我也生活在一个非常喜欢社交的城市里。我们发现当你选择分享你的方位信息的时候——不论是在图书馆，还是在酒吧，或者是在教室，机场——都有利于增加发现意外的机会，”克罗利说，“如果你在机场的登机口进入这一程序，也许你会发现你的一位朋友在你的登机口往下的三个登机口处，这样就建立了以前不会建立起来的联系。它使得事情以某种方式发生，而如果你不使用这些系统的话，你就不可能做到。”

在他离开谷歌之后，他需要一个地方冷静，克罗利选择了斯堪的纳维亚。他带了一幅谷歌地图的快照，把他要观看的比赛用线连了起来，并把它放在了 Flickr 上。而后他收到了大家回应他的好几页的注意事项：“这些注意事项不是诸如，‘噢，你在斯德哥尔摩将会玩得很开心。’而是像这些，‘去斯德哥尔摩，找到这家书店，下楼，喝杯咖啡，看看那些雕像’——都是些非常具体的推荐。”在创建 Foursquare 的背后这件事激发了他的一些想法。人们分享自己的建议并不仅仅是出于建议本身，而是要表达他们的一种慷慨或者影响力。

对于生活在网络上的人来说，我们通常会把自己的生活外包给大众，把我们自己交到大众的手里。我们在 Twitter 或者 Facebook 上询问朋友我们应该去哪里吃午饭，我们应该购买哪一件物品，或者是如何解决某个问题。通常，我们都会得到朋友的建议。这就是未来生活的状态，通过社交网络来决定我们接下来做什么。克罗利着迷于当前的状态，即分享我们现在正在做的事情。当我们发布自己目前的状态时，其他人就可能提出建议说，“噢，你在做那件事？你应该试试这个。”分享你正在做的事情——向 Twitter 上的公众或者是在 Foursquare 上向更具可控性的朋友圈或者是向 Facebook 的用户——是“一种含蓄的邀请，邀请其他人给你推荐或者建议”。这也是一种建立关系的方式。

克罗利不会在任何地方都使用定位程序，他也不会一直使用。在曼哈顿尔文道（Irving Place）的星巴克他检入定位程序，我们在那里碰面并对他进行了采访。“为什么不检入呢？”他问道，“还能发生什么糟糕的事情吗：譬如有人走过来打招呼？”我们问他使用定位服务已经发生过的最糟糕的事情是什么？“我想在很长的一段时间里，比如说十年，我比世界上的任何人使用定位服务的次数都要多。发生过的最糟糕的事情就是当时我正在吃饭，有人走过来和我聊天。他是我住在附近的朋友。但是我已经和别人约好了。我不知道该如何请他离开。”由此，我们可以从中学到一个新的社会准则：在约会期间千万不要使用定位服务。总的说来，使用像这样的服务发生的最糟糕的事情——想起了布兰代斯和沃伦在 1890 年得出的一个结论——就是伤害感情：“‘我被排除在聚会之外’，这是来源于社交图中的另一类尴尬的事情。”克罗利说他从来不会在 Facebook 上拒绝加某人为好友。但是他不会在 Foursquare 上加前女友为好友。“我不想知道她在哪儿，我也不想让她知道我在哪儿。所以你会删除一些人，而且你不得不绘制一幅社交图，这对于一些人来说是比较困难的。”**对待好朋友要像对待花朵一样，精心陪护；对**

**待不友好的朋友就要像对待杂草一样，将其除去。**

有些人不适合使用 Foursquare。“如果你的确担心有人追踪或者跟踪你，”克罗利说，“很多工具你都不能使用。如果你是一个逃犯，你就不应该在 Flickr 上上传你度假的照片。”克罗利在谷歌的收获是一项服务应该提供退出功能，这样用户就可以选择删除他们的数据或者关闭他们的账户。清除历史记录的想法在网络上是有争议的。稍后，我会讨论欧盟关于被遗忘的权利这一想法。当有朋友打算申请安检的职位或者法律学校，都会要求克罗利删除在他个人网站上的某些照片——其实这没什么丢人的；只不过是手里拿了一瓶啤酒等诸如此类的事情——克罗利起初反对这样做，之后他会把朋友的面部黑掉或者改变名字的首字母。对于分享他并不极端。

Foursquare，就像分享行业的其他前哨站，不能仅仅从个体会员的数量以及他们分享的案例中来看待它。它也代表了来自分享的所有数据的搜集。在那里有关于你的，关于我们的，关于我们在哪里的信息。克罗利想要基于用户和公司的利益从那些信息中提取价值。他想要告诉用户他们多长时间去一次健身房，坐一次飞机或者在街角的酒吧喝一杯杜松子酒。他想要利用搜集到的数据为用户提供一些建议。比如，Foursquare 的员工，会追踪在他们格林尼治村办公室附近在午餐时间人们检入程序的信息，并把这些方位按照距离进行分类。然后他们把员工已经试过的餐厅排除，最受欢迎的新餐厅就是他们计划下次集体午餐的地方。

我希望 Foursquare 还可以以其他方式来运作。作为一名记者，我更愿意知道在一次突发的新闻事件中谁碰巧在附近，这样我就可以问他们那里发生了什么或者让他们分享照片。我希望将来能够运用 Foursquare 广播我将要去哪里，然后让朋友们加入我。作为一家当地企业，可能想要了解更多关于那些不认识的进出企业大门的人：他们还会去其他什么地方？他们喜欢什么？作为一家当地企业的顾客，我们想在这家企业中轻轻点击我的手机就能够发现谁曾经来过那儿，以及人们对它的评价如何。

当我采访克罗利的时候，Foursquare 上已经有 3 万名当地的商家利用这项服务提供折扣信息或者免费比萨，以及诸如此类的东西。当地企业的竞争正愈演愈烈。超过 600 万家企业要求在谷歌上有他们公司的页面，现在谷歌把广告的版面出售给他们并引导消费者进入这些页面。Facebook 也推出了企业页面。Facebook 还推出了它的交易功能——为消费者提供折扣券——这是免费为卖家提供的服务。这些服务使得 Facebook 对于用户的价值更大了，Facebook 可以把广告数据包出售给商家，以使消费者注意到他们的交易。团购网站提供团体优惠券，报业试图复制这一商业模式。

现在，手机也变得炙手可热。但是随着我们的联系无处不在，我预计“手机”很快将成为一个没有意义的词汇。iPod 和其他平板电脑是过渡设备，它们预示着将来我们可以随时随地接入网络，通过我们的汽车以及房间里的电视机和周围的设备，还有……哦，见鬼，干脆一步到位，直接在我的大脑里植入芯片好了。谁了解或者在意我们是怎么联系起来的？只有我们。手机将意味着本地，本地将意味着在我们周围，那只是另一种说相关性的方式罢了。

想象一下有关任何地方，任何物体，任何个人的信息。我们对于物质世界的注释——由于我们携带的地理上的感知设备而成为可能——将会收集并组织海量的信息流，创造令人难以置信的地方广告的机会。那也是为什么苹果公司，谷歌，Facebook，以及 Foursquare 争相在手机方面取得了卓越成就的原因。如果在你小巧的手机上有谷歌图片搜索，你可以拍一张酒吧或者烤肉的照片，然后搜索互联网上关于这个地方的信息。然后，你就可以搜索到：菜单上都有些什么菜？最受欢迎的菜是什么？特色菜是什么？给我一幅装饰的图片。给我用餐者拍下来的主菜的图片（见 Foodspotting.com），平均消费是多少（见 Blippy.com）？今晚酒吧是谁来表演？我能听听她的音乐吗？我能买她的歌吗？我的哪些朋友去了那儿？他们喜欢什么？是否有违反卫生部门规定的行为？我能得到一张晚餐的优惠券吗？我能从街对面的连锁店获得更好的交易吗？在我进去之前，让我告诉我的朋友们在那儿见面。用完餐之后，我会分享照片和评价甚至我的账单。与干巴巴地盯着菜单或者外面的标识相比，这个信息库将提供一个更好的决策基础，今天人们也可以使用 Layar，一款增强真实感的程序，在你智能手机的摄像头扫过街景的时候，它会显示这些地方之上的信息层。Layar 的创始人克莱尔・布恩斯特（Claire Boonstra），为我描述了将来的图景。当你通过互联网的眼睛来看有关你周围的信息时，你可能会看到你乘坐的巴士的时间表投射到你的站牌上——只为你一个人。这并不疯狂。就在布恩斯特和我交谈的几周前，一家公司发布了一款滑雪镜，采用了谷歌的移动操作系统，安卓系统（Android），当你戴上它们的时候，它们会给你展示一幅斜坡的地图。这就是这个世界的注解。

克罗利想象你所携带的手机将来会意识到你要去哪儿以及你想要什么。比如说，它会告诉你："你想见的那个人刚刚走进星巴克。"或者到了午餐时间，你的手机知道你还没有进入一家餐厅。它会让你知道你两周前在杂志上读到的地方就在附近。或者当你刚刚抵达芝加哥，它会告诉你你有十件事情要做。顺便还会提醒你，你的三个朋友也于昨天抵达了这个城市。克罗利解散了他的第一家公司 Dodgeball，他认为以前公司的定位是一个"荒谬的，愚蠢的想法"。而这个，他争辩道："可以像

Twitter一样改变世界。这只是想法远大的问题。”正如每个企业家都有更大的野心一样。

## 菲利普·卡普兰：Blippy的创始人

如果你认为公开分享自己的想法、照片以及方位信息有风险——甚至算是很疯狂——那么这个新兴公司将会让你大开眼界。菲利普·卡普兰（Philip Kaplan）与别人联合创办的这家公司让你与朋友和陌生人分享你用信用卡所购买的物品以及你对它们的评价。在我采访卡普兰的时候，Blippy已经记录了超过两百万件分享的物品——一天一万件——代表的总价值达1亿美元。为什么会有人愿意分享这些信息呢？

其中的原因让我们逐一道来。首先，人们喜欢被倾听。卡普兰说："我与许多已经分享过他们所购买物品的人聊过——尤其是尖叫的狂热者。”这些用户告诉他什么了？“这感觉就是很棒，我也不知道为什么。”“这让我感觉我的意见很重要。”“如果有人读到这些内容，它就很有价值。”

其次，人们喜欢炫耀——喜欢“用信号传递信息”，正如马克·扎克伯格在社交会谈中所说的。卡普兰叙述了纪录片——《客观化》（*Objectified*）中的一个场景：德国宝马汽车公司的经理谈论了人们对于他们所购买的汽车是如何的小题大做和焦虑不安。“他们把钱都花在了这上面，”卡普兰说，“当他们开着宝马车的时候，你有注意到他们的车是什么颜色的吗？”如果你问我卡普兰现在穿着一件什么样的衬衫，我肯定回答不上来，虽然他自己会说，“那可是我花了15分钟在那家店里精心挑选的衬衫”。最后，卡普兰主张，“每个人都认为他们有自己的观众”。

炫耀我们所购买的物品没什么新奇的。Blippy 只是让这件事更方便去做而已，通过从我们所选择的信用卡和在线账户中自动输入交易信息——包括 iTunes，易趣（eBay），百思买集团（Best Buy）。然后我们会核对我们想要分享的条目和评价。另一家新兴网络公司 Buyosphere，是由企业家塔拉·哈特（Tara Hunt）创建的，它们也会提供相似的服务，如果你发送邮件订购确认的话。

卡普兰和哈特已经认同了这种类型的分享所具有的社会利益。卡普兰讲述了一位 Blippy 的用户马特·库茨（Matt Cutts）的故事，他是谷歌的工程师，负责垃圾邮件的处理。库茨购买了一个网络体重秤，它可以发送你的体重到你的电脑上——这样你就可以追踪并绘制你的体重进度表——甚至会发送到 Twitter 上，这样 Twitter 上的朋友就可以敦促你忠实地执行你的减肥计划。(《纽约时报》的布莱恩·斯特尔特就是使用这样的体重秤在 Twitter 上减肥成功的。) 库茨刚刚购买了这一体重秤不久，从 Blippy 上就看到有另外一百个用户也订购了它。他们是通过库茨分享的购买信息发现这个产品的，并且他们相信库茨的判断。这就是社会化购物，其所具有的强大力量远远超过了网页上的任何横幅广告。那正是 Facebook 的扎克伯格利用 Beacon 广告服务想要达到的效果。Facebook，正如扎克伯格所承认的，未经用户的同意就公开他们的购物信息。但是 Blippy 很坦率，你在 Blippy 上只能分享你的购物信息。

也许 Blippy 作为一个社交工具，其最大的价值在于能够创造一个透明的市场，公开人们购物的价格。**透明化必然有利于买方。**“比如，我们展示给你的绝对是最便宜的高清晰度的多媒体电缆，已经有很多人购买过，很多地方都有……售价 14 美分，”卡普兰说，“如果每个人都知道其他人买了什么以及他们花了多少钱，那么就没有人会上当受骗了。”Blippy 可以搜集更多与利益相关的数据：价格波动、歧视性定价、经济指标、热门产品和商店。把这样的购物数据从零售商手中拿过来，再把这些信息交到购物者手中，并且一旦有其他的秘密数据被公开的话，那么权利就会转移到了消费者手中。

Blippy 并不是第一个或者说是唯一一个利用众人力量的案例。到到网（TripAdvisor）是一个奇迹。我从中找到了其他旅行者做出的很有参考价值的评价，甚至包括对南非偏远城镇不起眼的住宿的评价。这家公司发现当它允许旅行者不仅是与世界分享而更多的是与在 Facebook 应用程序上的朋友分享的时候，它收到的评论数量就会急剧增加。今天，到到网已经对超过 100 万家企业有了 4000 多万条的评论——45 万家旅店，65 万家餐馆，12.5 万个旅游景点，它们分布在 8 万个城市，总计 600 万张照片。为了提供这些信息，用户们公开了自己的隐私，分享了他们的旅行经历和体会。他们为什么这么做？只是出于慷慨？为了方便其他的消费者？为了炫耀？为了创造？我不知道为什么，但是我很愿意看看对于这个问题的调查。

Blippy 起初分享用户所购买的每一件物品，后来它很明智地改变了策略，允许用户自己决定是否分享他们购买的每一件物品。这一改变并不是出于隐私的考虑——“我们开始甚至都没有想到隐私这回事。”卡普兰说。而是因为，Blippy 发现当用户选择分享哪一件物品的时候，他们更有可能尽心尽力地写出对这一物品的忠实评价。那样会带来更多有价值的信息。与购买的物品相比，Blippy 更注重对物品的评价。将来，Blippy 还可以发行自己的信用卡——一张社会化的信用卡——以便提供更多的信息。很快你就只需要在一台收银机上晃动你的安卓智能手机就可以完成支付了。你的手机会知道你是谁，你在哪儿，你买了什么，什么时候买的，以什么样的价格买的。你的朋友也会知道这些信息，如果你想让他们知道的话。

卡普兰有更伟大的计划。他想瓦解零售业务并“使世界上的每一家商店都商品化”，从而为他的用户提供更好的交易——这样他也可以赚更多的钱。瓦解零售业务的计划已经开始实施。对零售商店来说，存在两大致命的压力：定价的透明化，会挤压利润空间；在线竞争者通过在不同的地方汇总购物需求而获得的效率，会为库存和厂房等不动产节省运营成本和资金。Blippy——作为其中之一——可以非居间化零售商，不论是线上还是线下，通过联合商品、价格以及服务的数据然后提供通过 Blippy 购买的机会。你看到你的朋友买了个 Wi-Fi 体重秤，你阅读了购买过这个体重秤的顾客对它的评价后，你也想买一个，那么 Blippy 会为你找到最合适的价格并为你购买它。商店？谁会在乎它是哪家商店的？商店和目录早已经成为管理者负责选择商品，贮存，并出售的工具。你的朋友现在可以成为你的推销商。你不需要关心是谁完成了这笔交易。

人们分享自己所购买的物品是否会被限制呢？Blippy 还没有证明大多数人完全想要分享所购之物。你会分享你的医疗保健费用吗？我的创业新闻课上的一个学生珍妮·平德（Jeanne Pinder）开发了 ClearHealthCosts 服务，使得医疗保健程序透明化。她的第一个不错的例子便是关于结肠镜检查的荒唐的定价。在她的数据中，这个医疗检查在纽约地区的收费从 500 美元到 3500 美元不等。那么，你会分享你花费在成人用品上的费用吗？那不是禁止的吗？“人们总是给出成人用品店的例子，”卡普兰说，“只是为了证明一种观点，我可以告诉你们我确实分享了很多那方面的内容。我能想起来的最尴尬的商店是一家位于卡斯特罗区（Castro）的商店。这是世界上最欢乐的社区和最奢华的成人用品店。这家商店的名字叫‘我的妈妈不知道’（My Mother Doesn’t

Know）……我当时想‘这如果在我的 Blippy 上将会很不错’。所以我走进了那家商店还买了一些东西——我不会告诉你们我买了什么——只是为了证明一个观点。这个观点就是，没有人会因为你分享这些内容而取笑你。那实际上并没有那么有趣。每个人可能都会是这种反应：‘哦，是的，你去了一家成人用品店。哇喔。’”

“人们认为他们的生活更令人尴尬。”卡普兰说。他推测也许有 1% 的人去过成人用品店（他也指出在互联网出现之后，没有人再需要去了）。“那 1% 的人知道他们是谁。”所以他们不会再使用 Blippy。那欺骗他们妻子的 1% 的人也不会给他们的情妇买礼物。“其他 99% 的人没有什么好担心的，”卡普兰说，“但是我要说的是，100% 的人都有过令人尴尬的想法……那很可能就是为什么每个人都担心隐私问题。”

卡普兰不是一个非常注重隐私的人。回想 2000 年科技产业的繁荣与萧条，他写了一个新闻信札记录科技行业的极端行为和愚蠢行为，后来他们还做了网站 FuckedCompany.com，还出书了。他也写他自己——既然霍华德·斯特恩是大家的偶像——“我也曾像他一样讲过黄色笑话。后来我还谈论我的私密关系以及与我约会的女孩子。许多人还从来没有真正地见过有人在网络上如此泄露隐私。”然而，那很快改变了。发生改变的是已经为我们所接受的社会准则。回想以前，当我们都拿着自己的照片到彩扩店，让我们感到奇怪的是那个陌生人在看我们的全家照。“一个在彩扩店工作的人看你的照片你并不能得到任何好处，但是你可能从看你照片的一百万个人中得到好处。但是问题是，‘除了那个人之外没有人看过我的照片，那让我很不安。所以，我不想再让任何人看我的照片了’。那时刚好没有科技手段可以做到让很多人看到你的照片。”

在《Google 将带来什么？》一书中，我讲述了网络相簿 Flickr 偶然决定要把照片默认设置为公开的事情。其他分享照片的服务都做了合理的假设，如果我们把照片放在网上，我们肯定希望它们是非公开的，不是吗？但 Flickr 不是这样。当它允许陌生人分享并评论照片的时候，不可思议的事发生了：搜索“有趣的”照片，你保证会被逗乐（“性感”不只是一个旁观者清的问题）。基于不同的爱好、事件、艺术家以及摄影形成了不同的团体。Flickr 利用这些数据创造出了使有趣的照片显现出来的算法。

在我们讨论隐私问题的时候，卡普兰开始严词斥责纽约所谓的“爆心投影点”（Ground Zero）组织，以及媒体如何煽起了对它的狂热。“这完全是被新闻炒作出来的事件之一。”他坚持道，他说对于隐私的狂热也同样是被媒体炒作出来的。“我认为之所以会有那么多的人担心隐私问题，并且大声主张隐私，是因为他们被告诉要这样做。有人说：‘你这样说是很无礼的，你应该注意。’这完全阻碍了人们获得可能是一次非常令人满意的经历的机会。”他经常提到这个观点。“并不是我反对隐私。我认为隐私是令人敬畏的。我只是认为没有太多的事情需要保密……如果有人知道你今天早上去了星巴克，难道你会发生什么糟糕的事情吗？”而且你买的还是一大杯无咖啡因的、脱脂的、无泡沫的拿铁咖啡，还支付了 3.8 美元？

## 乔希·哈里斯：我们生活在公众的视野之下

分享的内容还能深入到什么程度？从分享照片到分享想法，再到分享我们的方位信息，进而分享我们所购买的物品……除此之外，我们还能分享什么？乔希·哈里斯（Josh Harris），这就是答案。他是艺术家，哲学家及企业家，他是我们的公共学者。

哈里斯作为两部彻底公开的艺术/公开性的纪录片的创作者而闻名，这些都留存在纪录片《我们生活在公众的视野之下》(*We Live in Public*)中。第一个事件，1999年的“安静：我们生活在公众的视野之下”，他建立了一个被维基解密的作者称为“人类的玻璃容器”而其他人把它比作是展览室的一个对18世纪的监狱的想象图景，那里的囚犯永远都不知道他们正在被监视，因为他们一直都处在被监视的状态下。在哈里斯的实验中，一百位志愿者生活在摄像头的持续监视下，他们每时每刻的情况都在向网络和全世界广播着，即使是非常隐私的事情——比如洗澡和上厕所，做爱和打架——都被公开了。哈里斯是沃霍尔2.0，他把时钟停在了名誉上。这是互联网早期万里无云的日子——在网络公司的股票市场崩溃以及奥萨马·本·拉登的客机撞击世贸大楼之前。这看起来似乎没有任何限制。所以哈里斯把问题推向了它的极限：人们，你们想要分享几多？努力可能会发展成可以预料到的不协调的狂欢作乐和颓废，从而导致注意力过剩紊乱症的爆发。纽约的警察勒令关闭了这一项目——噢，这个比喻再恰当不过了——纽约2000年的元旦，爆发了千禧危机。哈里斯发现分享的限制了吗？操控的这个实验随着他挑选的实验者，他制定的规则，以及聚光灯的热度爆炸了吗？不管怎样，我们得到了关于分享极端性的一种新的阐释。

哈里斯在一个新实验室里继续做着这个实验，他在他的公寓里安装了视频设备——32个摄像头可以拍摄到任何地方——还有声音设备，可以捕捉到他和他的女朋友塔尼娅·科瑞恩（Tanya Corrin）讨论的任何事情。科瑞恩说她是他的女朋友。哈里斯说她不是，她只是他选派在他的真人秀中扮演角色的（但是如果她是在演戏，这还真实吗？……大厅里的镜子是摇摇晃晃的）。哈里斯写了一个算法来决定哪个摄像头把拍摄的内容同步显示到互联网上。阁楼周围的投影仪可以让这对夫妇与人们互动，在持续的交流中看看人们对于他们的评价。每隔一天，他们就打开手机“与观察者们交流”。

在哈里斯和科瑞恩打架之后，对《我们生活在公众的视野之下》的批评之声也随之而来——他的粗野吓坏了她，她把他推到了沙发上。哈里斯说那出乎了意料——那不是她的个性，那是她内心的剧本。他说事件爆发的诱因是“她的支持者”，那些与她在线交流的人。“他们给了她力量，但是有一个协定，他们拿走她的一小部分个性。”也就是说，她让他们为她做决定。她把自己的生活外包给了公众。或者，正如他所说的：“她的一部分大脑被来自于互联网的人增强了。”哈里斯的谈话具有跳跃性，刚刚还在谈论来自于互联网的人突然就跳到了玛雅历法以及对2012年灾难的预言——你可能会想要知道你刚刚是否经过一个虫洞到了51区。

如果是不切实际的话，哈里斯很快会发觉并回到现实。他还是一位企业家。他创立了朱庇特研究中心（Jupiter Research），后来他卖掉了它，建立了Pseudo.com，这很可能是网络时代的第一家电视公司。他太超前于他的时代并不是好事，他所创办的这家公司比网络能够很好地服务于视频的时间超前了十年。在2000年的互联网泡沫中这家公司破产了。在纽约上州他拥有一个苹果园，由他自己经营管理，在那里他开办了另一家视频公司。现在他正在努力创办另一家公司——连线城市（Wired City）。

在连线城市中，哈里斯想要搭建一个200人的摄影棚，并使之成为生活和工作的地方。他说，在《我们生活在公众的视野之下》项目中存在的问题是，它占据了参与者每天八小时的时间。人们在项目之外也有自己的工作和生活。在连线城市中，游戏里面的角色就是你的工作，由一些品牌公司提供赞助。这不是真人秀节目。这是一个以真实生活为背景的多人参与的大规模的游戏。“我所谈论的这些与魔兽世界的区别在于你是在与实实在在的人在玩，这是真实的。”

这个游戏是从家庭工作室开始玩的，在那里，选手通过竞争可以赢得连线城市工作室中的一个角色。哈里斯设想让10000个玩家同时举起佳洁士牙膏——“一定要同时，这很重要”——如果佳洁士不提供赞助的话，那第二天他们就举起高露洁牙膏。对于市场营销的前景——“广告企业的下一个黄金时代”——他认为佳洁士最具代表性。在一级水平，佳洁士的代表帮助你用牙线洁牙；在十级水平，是一位口腔外科医生。他设想让佳洁士为使用者提供口腔卫生监视器（那并不是很遥远。我刚看到一个牙膏的商业广告在推销这个东西）。使用摄像头把20个人联结起来同时刷牙。如果他们做对了，他们就会获得一定的奖励。“整个的想法就是把每天的角色出演提升为一次引人入胜的令人愉快的经历。”分享你刷牙的情景，你可以获得奖励。佳洁士？它不需要横幅广告或者广告牌，它也不用控制你的电脑桌面。“佳洁士将获得对浴缸顶部的控制。”

哈里斯告诉我他想将购物商场联入互联网。“现在当你走进一家商场，你就像一个僵尸。你不要期望有任何有意义的社交互动。”确实。你周围都是陌生人。你要买一台洗衣机，那个销售的家伙很有可能不是非常了解这台机器。想象一下，如果我们连入互联网，我们就可以联系到厂家的专家，以及了解使用这一产品的顾客。我认识两位有商业头脑的人，他们与我有相似的计划。——一位是肖恩·萨姆森（Shawn Samson）致力于一个推动零售业务和市场的项目；在下一章我会讲另一位，百思买集团的人物。哈里斯想象着商店和制造商将会把你和另外20个人放在一起购买同样的设备。那个团体瞬间成了一个关系网络。那只是一个简单的暂时的网络——你们不会邀请彼此参加你们的婚礼。

但是这个团体可以利用你们对这个设备的共同兴趣。如果你有问题的话你可以呼叫他们，正如现在人们用电脑和手机在线做的那样。“他们可以利用机器作为一个关系的集中点，”哈里斯说，“你们可以以一种方式在时间和空间上建立联系，而这在以前是从来没有过的。”——围绕某一商品，那不是营销的梦想吗？“未来的商场，”哈里斯预测说，“他们是不会让你进去的，除非他们知道你是谁。当你进去之后，你见到的都是认识的人。”他正好描述的是参议院商务委员会主席杰伊·洛克菲勒（Jay Rockefeller）的噩梦。在一次关于隐私的听证会上，洛克菲勒证实了此事：

> 设想一下这样的情景。你正在一家购物中心逛街。当你在那儿的时候，有一台机器记录了你去过的每一家店，你看过的每一种商品以及你购买的每一个商品。
>
> 比如，你走进了一家书店。机器会记录你购买的或者随手翻阅过的每一本书。随后，你去了一家药店。有一台机器正在那儿监视你，一丝不苟地记录了你拿起的每一样东西，从洗发水到过敏药，甚至是你的个人处方。
>
> 机器记录了你那天的一举一动。然后，基于你看了什么，去哪里购物，买了什么的经历上，它会建立一个关于你的人格剖析图。它会预测你将来会想要什么，并且开始给你发送优惠券。进一步地，它会告诉企业你会成为什么样的潜在的好顾客并与企业分享你的人格剖析……
>
> 这听起来似乎很不可思议，有点像科幻小说。但是这样的场景其实正每时每刻发生在我们每一个使用互联网的人身上。

所以呢？对于你所购买的物品信息企业们早已经了解了很多。你的信用卡知道你在哪儿购物了，你的杂货店和药店的卡里储存了你所购买的物品的信息。市场数据库已经搜集和出售这样的信息很多年了。今天，我可以进入安客诚（Acxiom）的一个数据库，购买一份有名字和地址的名单，比如，一份列出了30岁的高收入的单身女性名单，以及在1500米范围内的地址。这听起来似乎让人毛骨悚然吧？那是在互联网出现之前早已经发生很久的事情了。那也是为什么发送垃圾邮件的人会有你的地址。相比之下，在线选择目标市场又有什么害处呢？好处是什么呢？那是需要我们权衡的。我倒很愿意看到我认识的人围绕我感兴趣的产品、服务和品牌建立起独立的营销网络，这样我就可以得到值得信任的建议和帮助。这对于我来说远远比商业广告的大肆渲染以及不断重复广告赞助商的信息有用得多。所以我很乐意宣布自己是iPhone的拥有者以及摄像头的购买者。这完全没问题。

基于这些考虑，哈里斯的想法似乎并不是很遥远。他设想在他联入互联网的空间里拥有“一个有意义的社交互动”，而不是“进入一家商场，像僵尸一样四处游荡”。关于他联入互联网的城市听起来更有人情味，也不是很冷漠和令人害怕，用营销领域的行话来说，它“抓住了你的眼球”。相比而言，哈里斯不是以好或者坏来评价这一进步，他认为这是必然的。他宣称，“观众将会要求自我监控”。显然，这已经开始了。

## 第十章
# 彻底分享的公司

## 想象

马克·扎克伯格说，在未来的五年，大部分的行业和公司将会被重新设计成社会化企业。在这一章里，我会首先设想彻底分享的公司。然后，我会看一些公司变得更加分享后成功和失败的案例。

彻底分享的公司会鼓励它所有的员工使用公开的互联网工具与顾客**建立直接的开放的关系**——回答顾客的问题，聆听并执行顾客的一些想法，解决顾客的问题，并改进产品。社交网络给我们的最明确的启示就是人们想要与人建立联系，而不是与品牌、代言人、规则、机器人、语音信箱、机器或者计算机规则系统建立联系。社交工具让公司乃至大公司又回到了做饼干桶生意的日子，与消费者坦诚相见，熟悉并了解每一位顾客以及每一位顾客的需求。直接与人的接触有助于消费者对一个公司员工的信任，并与公司建立起真正的联系。我与街角的干洗店就建立了这种互相信任的关系，我会让他们知道他们损坏了我的扣子，这样他们就可以帮我解决这个问题。我们不是就应该与任何公司都建立起这样的关系吗，不论公司的规模大还是小？

彻底分享的公司将会**提供尽可能多的数据**，包括它的产品和工序方面的数据，甚至还包括设计规范，销售和维修方面的数据，以及顾客的反馈和它所使用的材料和零件的来源。听起来很荒唐吧？一个公司必须清楚更大的价值是存在于它的秘密中还是它所建立的关系中。它需要权衡它从透明化中能获得哪些益处。你会信任那些反对纽约立法的公司吗？因为立法要求这些公司公开他们清洁用品的成分。或者你是否想知道或者担心这些公司对你隐瞒了什么？据报道美国银行开设了一个作战室以制定银行机密的防护措施，而维基解密威胁要泄露这些秘密。在我看来，我认为每一家公司都应该开设这样一个房间，问问泄露哪些信息是让它们感到羞愧的。然后，当然，它们应该停止做那些事情。

彻底分享的公司将**变得更加懂得协作**。它们会向公众分享它的设计、支持、市场，甚至是战略方面的信息，发布它的计划和进行中的测试版产品。这并不意味着它将成为一个由全世界人民共同管理的民主企业。这意味着分享相关的信息，在产品创作的过程中合适的人就可以在适当的时候提出适当的建议，这样公司就可以倾听并执行最好的建议。公司的角色就是提供原材料并引领这一进程。下面我很快就会讲到，甚至以这种方式设计汽车都是有可能的。

彻底分享的公司可能——只是可能——能够完全**消除广告**，而依赖于顾客为它们销售产品。那样不是更好吗：公司不想麻烦我们吗？

彻底分享的公司将会用更清楚的语言来说，分享**并解释它利用顾客的信息所做的一切事情**，为顾客提供一种简单的选择参与、决定退出以及改正数据的方式。

彻底分享的公司将会使得我所有的**数据都是可移植的**，可以让我选择退出，把我的数据——包括我的邮件，所购买的物品，偏好，关系网，发明物，朋友等一切的数据——自由移动到任何地方。彻底分享的公司将会有足够的自信那样做。谷歌有一个部门专门服务于这种数据的可移植性。他们把这个部门称为“数据自由前沿”（Data Liberation Front）。

彻底分享的公司将会向公众**公开它的账目**，甚至包括工资表。这个好像不太适合分享？可能吧。但是请试想一下，如果不给出员工的信息底线，能帮助他们为了共同的目标而努力吗？请再试想一下，如果不是这样的透明度，能把一个组织中的秘密和政治的有害物质挤出去吗？如果不这样，能实施平等和公正吗？

彻底分享的公司将会支持并按照**分享的标准**运营。那样，它就可以更加高效地运作，使用现成的零件和软件，从别人的创新中获益。甚至连守口如瓶的苹果公司也发布了它的 Webkit 浏览器引擎作为分享的资源，因为苹果看到了创建一个标准的好处，并允许其他人对它提出改进意见。WordPress，全球领先的博客平台，在网站 WordPress.org 上分享了它的软件信息，之后它采纳公众好的建议，创建了一家商业化的博客托管公司 WordPress.com，这家公司要优于之前的博客平台。任何人都可以使用与 WordPress.com 相同的代码创建一家与 WordPress.com 形成竞争的公司——如果真有人那样做的话，那么每次竞争对手改进那个代码，WordPress.com 都会从中获益。

彻底分享的公司将会把它自己看成是**生态系统中的一员**，而不仅仅是一家想要控制它所调查的所有信息的大型联合企业。这样的公司会理解每一种关系的价值，甚至包括与竞争对手的关系，从而创建价值和效率。彻底分享的公司可能也会把它自己看成是一个**平台或者网络**，而不仅仅是一个资产的所有者。它会促进别人的成功。YouTube 正努力成为一个最新式的网络平台，不是通过创设并控制信息而是通过它自己的网站以及数百万的人来传播信息，并通过出售广告来支持最佳创作者。那将会使得 YouTube 的规模比其他任何旧的网络平台都要大。

彻底分享的公司将会设立**新型的治理结构**。如果它有每个人——包括员工、顾客、供应商以及高管人员——都可以依赖的宪法和人权法案呢？如果它有国会合作者以及参议员的员工，他们可以向仍然负责但是有新的获取建议的途径的行政长官提出关于法律、产品以及程序方面的建议呢？如果那些听起来都太超前，那么看看下面的内容：如果一家公司有在法院工作的客户，这些客户可以裁决争端，解除尤其是控制市场的公司免受垄断的指控呢？谷歌应该有这样的一个团体，这样当它裁定一个广告客户是一个垃圾邮件的制作者的时候就可以解决上述问题。现在谷歌拥有高于这些企业的权利。权力的行使可以导致更好的调控。谷歌可以很明智地与其他人——包括用户，出版商和广告商——分享这一权利，他们可以与谷歌一起消灭垃圾邮件。

最后，彻底分享的**首席执行官将会成为一位领导者**，他不仅限于一个公司的领导者，他还可以是某一个社区的领导者，某一运动的领导者，某一任务的领导者。是的，一家公司必须盈利了才能保持它的可持续发展。它必须建立它的股东价值。它必须打败竞争对手。这些商场法则都不会改变。问题是，一家公司能不能不仅仅是单纯的一家公司？必须这样吗？美国弗吉尼亚大学的教授希瓦·维迪亚那桑（Siva Vaidhyanathan），《一切都谷歌化》的作者，在 Twitter 和 YouTube 上与我讨论了这个问题：用谷歌加载的或许有些肤浅的术语来说，一家公司除了邪恶之外可以成为其他任何事物吗？除了提高它的股票价格，它应该尝试做任何事情？它使得利润最大化的义务妨碍了它接受更高的使命以及在新的伦理规范下运营的机会？经济学家乌迈尔·哈克（Umair Haque）认为**公司做坏事的成本在这样一个顾客可以讨伐它们罪恶的时代，已经戏剧性地上升了。**当公司被要求公开运作的时候，它们是否也同时被要求成为一家更好的公司呢？

我所知道的公司当中没有一家能达到我所建议的以上所有要求。可能以后也不会有公司能达到。但是各家公司可以尝试以上建议中的任何一条，以下是一些实例。

## 生产：制作荷马模型

Local Motors 是一只想咬底特律（世界最大的汽车工业中心，号称"世界汽车之都"）屁股的跳蚤：Local Motors 是一家新成立的、开放的、相互协作的、小型的、敏锐的、有效率的、很酷的汽车公司。创始人杰伊·罗杰斯（Jay Rogers）的设想是建立一连串的微型汽车制造厂，每一个微型制造厂里有四十多名员工，他想让这样的微型制造厂遍布美国。每一个微型制造厂将生产一些由顾客帮忙设计出来的型号的汽车，这些顾客将来会购买并协助生产这些汽车。这些设施——2010 年他在菲尼克斯开办了第一家微型工厂——可以作为陈列室、工厂、维修店、学校以及社区中心，顾客可以每个月去那里闲逛一次，吃个汉堡或者喝杯啤酒。在互联网上，顾客可以访问公司的网站 Local-Motors.com，他们也可以在网站上帮忙设计汽车。

罗杰斯说虽然人们说他们在乎引擎盖下面有什么，但是他们更在乎一辆车的外形和感觉。由于他所使用的零部件大部分都是可获得的，所以他节省了大量的资金和时间——第一个模型使用的是宝马的引擎，福特 F-150 的轮轴，三菱日蚀（Mitsubishi Eclipse）的燃料门——他和他的团队把精力都集中在对底座的设计上。综合考虑经济数据，罗杰斯说，只需销售 200~300 辆车之后他就可以获得利润，他承诺每一种车型的生产量不超过 2000 辆。

我在《Google 将带来什么？》一本书中写完关于合作设计汽车的想法之后，在我见到罗杰斯之前，批评家们斥责我所设想的产品将会变成"荷马模型"。"荷马模型"是由荷马·辛普森（Homer Simpson）用粗毛地毯、巨大的杯架和两个透明圆形罩设计而成（可以随意附加限制和禁止的条件提供给争吵的孩子们），“荷马模型”让它的生产商破产了。“杰夫·贾维斯在许多问题上可能确实是一个非常聪明的人，但很明显汽车行业不包含在内。”汽车博客讥讽道，“分享还在生产中的汽车模型的想法从表面上看真的很荒唐。”这个博客认为汽车公司已经与顾客协作设计车型了，“他们用花在汽车上的美元让顾客参与”。汽车博客坚持认为，这样设计的汽车都平淡无奇，因为那就是人们想要的。真是这样吗？

以下是对这一想法的验证。Local Motors 推动了它所称之为汽车的“联合设计”。它并不是民主设计。它是一个共赢体制。罗杰斯，作为首席执行官，仍然负责设计满足政府安全标准的在经济上可行的产品。他不会用简单的投票来做出决定。这个公司使用一种计算机算法——这个算法并没有完全公开——给予了那些购买这些汽车或者在设计过程中做出贡献的人们更大的选择权。他尊重他的顾客，在任何可能的情况下他都会遵从他们的判断。如果他忽略了顾客的需求，顾客就会使用 Local Motors 自己的工具来反抗（就像 Facebook 的会员使用 Facebook 组织抗议活动以反对 Facebook 做出的他们不喜欢的变化）。

在罗杰斯创建 Local Motors 之初，这家公司的第一个车型，他说，将会是越野跑车。他所吸引来的顾客可以自行选择。后来的想要小型电动汽车的人不会过来争夺设计决策权。他们不得不等着他们自己的车型和与他们有同样需求的社群。设计者先提交建议（截至目前，Local Motors 已经吸引了 4 万个设计思路）。韩国出生的桑乔·金姆（Sangho Kim）公布了他所设计的车型的草图，他的灵感来自于 P-51 野马战斗机，那是 2008 年，在他从加利福尼亚的设计学院毕业的前两年，也是第一辆汽车被生产出来的前两年。“公众对金姆的设计的反馈都很及时也都是正面的，” Local Motors 的网站上说，“许多人都要求这辆车应该被生产出来。”金姆获得了 2 万美元的奖金，并且可以与公司的员工和社群一起工作——网站承认 165 位用户都是合作设计者——金姆看到自己设计的跑车，Rally Fighter，成为现实。

以下是这个故事中我最喜欢的部分：在完成这个设计的过程中，社群喜欢原来尾灯镜头的设计理念。罗杰斯告诉他们可以采用原来的设计，但是他给加工生产那个尾灯镜头定了价。它会在原来每辆车 5 万美元的基础上增加 1000 美元。“没关系。”社群回应道。他们又比较了其他的选择方案，最后决定使用本田 75 美元的尾灯镜头。从已经完成了的跑车的外观上来看，我永远都不会知道尾灯镜头有这样卑微的出身。

这件事给我们的启示就是：给予社群机会、尊重，以及必要的信息，顾客就会做出设计并做出更加经济的决定。底特律采取了非常可笑的极端行为以防止它的设计外泄，保持切实的秘密状态，杜绝媒体和司机的探究。当生产出来的汽车发布时，它们通常都很呆板，没有什么独特性。等到顾客看到了成品汽车，可以提出建议的时候，却已然太迟了。那将会花费数年的时间来吸纳他们的想法和需求。

Local Motors 的做法正好相反。它不仅公开了生产过程，还公开了设计的源代码，特许它们在创作共享（Creative Commons）的版权制度下可以使用，这一制度允许创作者为再次使用者设立明确简单的条件。公布完整详细的规格说明从而可以让社群成员设计零部件。它也推动了一些“现代派人士”制作附加设备的零配件市场，他们可以通过 Local Motors 出售给其他的买家。Local Motors 的汽车，就像苹果公司的 iPhone，也成了其他企业家的平台。但是罗杰斯的团队却宁愿让数据信息保密。罗杰斯驳斥了团队的这种心理，他说：“如果我们像其他公司一样保密数据，那样做的好处并不能抵消它所带来的害处——但是如果我们大胆地向前一步，成为第一个与公众协作的公司，那情况会很不一样。”他坚信，这样做将会使他的公司闻名于世。他的秘密武器就是分享。

我们把 Local Motors 与日本丰田进行了比较和对照。丰田汽车存在突然加速的问题，而丰田公司对此迟迟不肯承认和进行维修，据报道，从 2010 年年中开始，仅在美国这一问题就导致了 89 人死亡，以及超过 330 起相关的诉讼案件。丰田公司对这次灾难的反应本应该是彻底透明化的。我说过，作为一家公众公司，从真正意义上来说，丰田公司应该公布整个的数据库，包括维修、被曝出的问题，以及顾客的投诉。如果那些信息在突然加速事件中已经公开了，那么就会有人——不论是丰田公司内部的人还是外部的人——在 89 人死亡以及丰田公司最终面临道德和品牌双重灾难之前提早发现这一问题并及时解决。在这次不幸事件之后，丰田公司采取了大胆的举措以便重新赢得公众的信任。

然而，丰田公司给我们的交代就是周日早上的商业广告，它向我们保证，我们的安全是公司最重视的事情之一——是的，它说的是之一。我的家人，包括父母亲，之前总共有四辆丰田车。后来，逐渐增加到八辆。这些车都非常值得信赖，甚至是在超过了定期服务的最后期限。我喜欢开着它们。我有充足的理由购买丰田车。但是现在我也许不会了。丰田公司违背了我的信念。它认为它在生产汽车，其实不然。它生产的是公众的信任。我把我家人的生命放进了这些车里。如果我不指望丰田能保证他们的安全，丰田会在乎他们的安全，丰田会把顾客的安全放在最重要的位置，我就不会再购买他们的汽车。

我问罗杰斯他是否会公开维修记录。他的本能反应是：为什么不呢？这样可以让公众及早发现问题并解决存在的隐患，罗杰斯还能得到一个较低的保险费率。他有一些关于隐私方面的担忧：如果琼斯先生在倒车的时候不断地撞到电线杆，是因为琼斯先生是一个很糟糕的司机呢，还是因为后视镜的安放有问题？通过与社群讨论类似的问题，罗杰斯希望能不断改进公司的汽车。“我们做的所有事情都是在测试。”他说。

测试版汽车？这听起来很荒谬，我知道——甚至比荷马模型更糟。有谁会愿意开着一辆还没有完善的汽车——从软件和汽车的角度来说——可能会发生事故？我并不是说 Local Motors 或者丰田应该生产出最好的车。但是罗杰斯比汽车行业的其他公司更现实。他承认一辆车不可能做到绝对的完美；它永远都有有待改进的地方。在汽车离开广场和展览室之后改进汽车的过程应该公开地继续。在 Local Motors 公司，有购买第一辆 Rally Fighters 特权的人也会承担一定的风险，其他小配件的初期购买者知道——他们遇到的瑕疵可能比后期的购买者更多。在 Local Motors，作为早期的购买者也负有一定的责任：第一批顾客为后期的顾客帮忙改进模型。Local Motors 的顾客购买的不仅仅是汽车。他们也购买了整个生产过程。

丰田的担保书不应该只是当车坏了为我修车的保证，它更应该为我提供一份关于更新和改进方面的订阅册子。丰田可以让它的车更完美，它可以花钱解决一些问题，这些问题可能永远都不会再引发灾难。但是一次灾难给公司所带来的影响不仅仅是金钱方面的，还有公司的荣誉、顾客的生命、顾客的信任以及品牌的价值，这些远远超过了大量地修理和改进的成本。因此，这一实践对于公司以及客户来说都是一种保证。

由于电脑和软件控制了汽车越来越多的方面，汽车的改进可以像歌曲传输到 iPod 那样通过汽车的网络连接进行分配。汽车将来也会联网，就像大部分的其他设备——比如电视，冰箱，洗衣机，火炉，安全系统——将会连接到互联网以搜集数据，从而使得它们的使用更加有效率并且公众可以提供改进意见。所有这些设备都应该有 APIs（应用程序接口），或者有一套指令可以让独立的开发人员为它们设计程序。想象一下你进入食品电视节目的网站，你看到的不仅仅是食谱，还有为你的烤箱所设计的程序，有完美的温度参数可以烤火鸡或者烤蛋奶酥。我曾经看到一所设计学院的一个项目就提议为下一代烤炉增加这样的功能。通过开放应用程序接口，生产商鼓励用户，用 Local Motors 的话说就是，成为设计过程以及永无止境的完善过程的联合创作者。你更愿意购买哪一种火炉呢：从你购买的那天起就不会有什么改进还是会不断完善的？是被生产它的公司所控制的还是对顾客群以及协作者开放了一些性能的控制？你愿意成为哪一类型的公司：与顾客没有任何交流的公司——除非顾客生气了——还是与顾客一起合作生产出更好的产品的公司？

Local Motors 相信它是它所称之为联合创作运动的一部分。所以它于 2011 年在菲尼克斯的工厂里举办了一次合作者的会议，内容如下：

- MESH01，它是一个合作平台，可以让鞋子和衣服的生产商在设计者当中开展竞争。
- Quirky，是另一个合作平台，通过消费者和设计者之间的合作把产品引入市场（它拥有一群有约束力的组织者以及许多厨房用具）。
- 美国《连线》（*Wired*）杂志的主编克里斯·安德森（Chris Andersen），关于利用像 3-D 打印机这样的创新模式进行“小批量生产”的“制造商运动”。
- 乐高积木（LEGO），关于消费者参与生产的产品。
- 一位广告代理，关于合作型市场。
- 哈吉斯（Huggies），关于 Mominspired 的创业计划，投资于顾客创作型产品，从嗡嗡叫的、有冷却功能的、可以缓减痛苦的小玩意到吸管杯，使用这种杯子，孩子喝水的时候就不用再把头使劲向后仰了。

- 贺曼公司（Hallmark），已经举办了25场竞赛，吸引了3.5万人申请购买由公众参与设计的600张卡片。

当顾客成为联合创作者的时候，他们就不再只是顾客了。

## 科技：裸体的怪胎

谷歌：它是开放的还是封闭的？两者兼而有之。如果你不签署一份保密协议，你就不能进入谷歌与朋友们一起共进午餐，一项专横的政策吧。从这个意义上来说，谷歌是封闭的。然而，谷歌会发布测试产品，这样它就可以倾听用户对于这些新服务应该怎样完善的建议，这是在向用户发出合作的邀请。从这个意义上来看，它又是开放的。谷歌不会泄露关于它的规模的基本资料：它有多少服务器，它监视了多少网页。这也说明谷歌是封闭的。很多年来，谷歌也拒绝向合作媒体透露谷歌出售的广告页面给他们带来的收益份额是多少。这也说明谷歌是封闭的。但是由于大的出版商的施压，它削减并披露了它的份额。这说明谷歌是开放的。它的大部分基础设施使用的都是专属软件。这又表明了谷歌的封闭性。但是它又发布了它的Chrome浏览器和它的操作系统以及它的安卓手机操作系统作为开放源代码。这又表明了谷歌的开放性。

谷歌被认为在设置壁垒，但是埃里克·施密特却认为谷歌是透明的。"人们把透明与赤裸混淆了。"他说。公司有专有信息。他们不能随便讨论经营绩效。"人们通常会说，'如果你是一位透明的领导者，那么为什么你不把你所有的源代码公开呢？'我们不那样做的原因有很多。

其中一个原因是与计算机算法具有了赌博的特征有关。另一个原因是与网络安全有关。”施密特说，“但是希望我们所做的别的绝大部分都是非常透明的。我不知道我们怎么样才算更加透明。”他实施透明度的策略就是记下你的方针。当公众对谷歌主页的一些决定存在异议的时候，施密特告诉员工把这些问题都记下来。当他们这么做的时候，他们也会坚持下去。“作为一家公司，你的可靠性将由你是否存在缺口来决定。”

我相信，谷歌是具有机会主义特征的开放。至少它意识到了分享所带来的机遇。通过向生产商和手机用户免费发布安卓操作系统源代码，谷歌已经利用开放性向被认为是无敌的 iPhone 和 iPad 发起了挑战。2010 年在达沃斯与编辑们的一次会谈中，施密特说移动行业的赢家将会是那些操作系统拥有更多用户的公司。那样也会吸引更多的开发商，开发商将会开发出更多的应用，这样就会增加更多的功效从而吸引到更多的客户。一年之后，施密特在《哈佛商业评论》上说，谷歌在 2011 年的战略举措“主要集中在手机上”。

分享在旁观者眼中是很重要的。在德国，由绿党组织的一次关于隐私讨论的活动中，我参加的座谈讨论小组里有提罗·韦查特（Thilo Weichert），他是德国石勒苏益格—荷尔斯泰因（Schleswig-Holstein）的隐私专员。一提到谷歌，他就显得异常气愤。“除非德国人愚蠢至极了才会使用这个搜索引擎，”他自顾自地说他自己所认为的那部分愚蠢的人，“使用这个搜索引擎的人不配用更好的词汇来形容。”他不承认谷歌所主张的思想。他声称：“谷歌在公开性、透明度以及满足我们社会民主要求的意愿方面是最糟糕的公司。”他甚至还把谷歌与美国作比较，因为他们“对民众实施监视却不对监视者实施监视”，这怎么会有可比性呢？这是我从韦查特以及其他批评者那里听到的抱怨的核心：透明度的不平衡性。谷歌所掌握的我们的情况超过我们对谷歌情况的了解。“谷歌所挖掘到的数据是用于商业的目的而不是民主的目的。”韦查特争辩道。当然，它是一家公司，又不是政府机构。韦查特对于谷歌的规模和成功感到愤愤不平。我觉得，这其中的启示就是：一个公司对于市场的控制程度越大，那么它就必须赢得更多的信任，赢得信任的一种方式就是透明化。

有线电视和电话公司在它们各自的市场上几乎都是独裁者。我们由此对它们感到不满。它们强迫我们为不看的电视频道付费，它们让我们浪费一整天的时间等着他们送货上门的产品，它们的产品在不停地涨价。我们为获得互联网的使用权而支付给它们费用，它们却宣称要决定我们能在互联网上做什么以及不能做什么。但是现在我们有回击的武器了，因为我们有了 Twitter。

康卡斯特（Comcast），美国最大的有线系统公司，体会到了什么是艰难，它一直禁锢的顾客现在终于可以发动“暴乱”了。顾客利用 Twitter 抱怨公司的断供、糟糕的服务和粗鲁的员工。之后在 Twitter 用户中出现了弗兰克·伊莱亚森（Frank Eliason），他是康卡斯特公司的副总裁，他的 Twitter 用户名是 @comcastcares。他在 Twitter 上为顾客解决问题，回答顾客的提问。有时，他还给顾客们一些他们原本没打算告知顾客的信息，但是他通过这种方式建立了自己的信誉。他以一种少有的企业家的幽默感对康卡斯特公司所存在的问题直言不讳。我看了他在 Salesforce.com 一次活动的讲话。他走上台说：“顾客服务……我们的服务很知名，不是吗？拜托。”他停下来笑了笑继续说道，“我们实际上在非常努力地提高顾客服务。”在他辞去康卡斯特公司的职务谋得了纽约一家银行的工作之后，伊莱亚森通过邮件告诉我说：“我们现在可以更好地去了解我们的顾客。他们不再是一个数字，某一群体，某一类型。他们是有着具体需求的个体。”透过伊莱亚森，顾客也看到了他的公司将会更加人性化。

一天在 Twitter 上我看到了罗伯特·斯考伯（Robert Scoble），他上博客，他也是一位 Twitter 用户（他在 Twitter 上有 18.4 万个关注者）兼视频制作者，他在 Twitter 上感叹他刚要做演示他的电缆连接就掉链子了。他把他遇到的故障发给 @comcastcares，他知道伊莱亚森会看到的——并会帮他解决。不出所料，伊莱亚森很快就回复了。斯考伯自己就是 @comcastcares 的原形，在 2003 年，他用使人不产生敌意的坦率语气写了一篇关于微软的博客，尤其是在当时。在一次公开活动中，斯考伯敢于告诉微软那令人印象深刻的首席执行官史蒂夫·鲍尔默（Steve Ballmer），微软需要一个更加人性化的门面。微软聘请他担任微软的博客写手。他不仅宣传和保护他的雇主，他也会批评和抱怨他的雇主。他甚至还会赞扬微软的竞争对手。这份坦率为他赢得了信誉，这种信誉也对微软产生了影响。

"让我们假设你是一位律师，"斯考伯建议道，"在原来的世界里，你会被认为是律师，是因为你办公室里摆放的书籍以及你获得的学位。但是在现代世界里，我们看不到那些东西。相反，我们会上谷歌搜索，'旧金山处理侵害行为的律师'。在搜索结果中，谁出现的频率最高呢？不是那些拥有最多学位的人，而是有最高点击率的人。为什么会发生这种事情呢？那些有博客并且分享他的或者她的信息的律师就比不这样做的律师的点击率要高，即使这些律师没有太多的知识储备也没有好一点的学校的学位。"他顿了顿以便强调讽刺的意味，"互联网是如此的不公平！"斯考伯想要雇用的是那些能显示出他们清楚自己在说什么的律师和堵漏人员。"因此，那些能够教我怎样做我自己的法律的人将比那些不能教我的人优先得到这份工作。"他说，"我可以看他们实际做了些什么后，再决定他对我来说是否是合适的人选。隐藏自己的信息不再是聪明的选择。”任何想要了解顾客关心什么的人都应该与公众进行交流。

Twitter 公司自己也在使用 Twitter。如果连 Twitter 的员工都不使用 Twitter，那看起来就不太好，所以他们使用了 Twitter。你可以在 twitter.com/twitter/team 上读到他们发布的所有内容。很自然地，他们发布的内容都是关于他们的工作的。发布的原则是什么？原则很简单也很明显：就是不要泄露公司的机密。不要做白痴。埃文·威廉姆斯说，还有另一条更微妙的指导方针：由于 Twitter 始终处于粉丝的视线范围内以及审查其行为的科技博客持续的监视范围内，所以经理警告员工一条简单的微博可能会被断章取义。如果 Twitter 的一名员工说，“唉！为了要发布的内容工作了一整夜！”可能会有人以为 Twitter 正在酝酿发布什么革命性的新产品。其实，这位员工可能只是在为会计部门努力研究一个新的账单支付程序。

我也问过马克·扎克伯格关于如此公开地创办和经营 Facebook 的问题。他对其他公司的建议是什么？“透明度会增加公司的诚信度。”他说道，“严格地按照这个词的定义来看，诚信基本是指对每一个人的说法都一致。对于人来说这是正确的，我想对于公司来说也同样成立。”就像我在前面讲过的，对于人们是否应该保持多重身份——工作上的，家里的，学校的不同身份——或者只用一个身份，是有争议的。扎克伯格说公司只能用一个身份。公司确实会有不同的观众——在他的世界里，有用户和广告商，“对不同的观众说不同的事情，这很容易。但是在一个更加透明的世界里，你不应该这样做”。

## 媒体：墙上的另一块砖

约翰·佩顿（John Paton）领导着报刊纪录公司（Journal Register），

一家可怜的被业内忽略了的报纸公司，在他于2010年接任首席执行官之前，公司已经没有了资金来源并已经濒临破产了，他为这家公司注入了分享的新鲜血液。佩顿在博客上用出乎意料的坦率公布了这家公司的状况。他粗略地分享了公司的财务状况——不仅仅和员工，更是和公众。他宣布他的报纸必须优先考虑在线出版，印刷出版放在最后考虑。记者们在线分享了正在发生的故事，并且让他们的社群参与到报道的过程中，使得这一过程公开化。他们正在建立他们的数字未来而不是保护他们昔日的印刷时代。在他所谓的“本·富兰克林项目”中，佩顿要求他的员工寻找新的途径出版他们的报纸，而且只能使用免费的公开的网络工具——这样为报刊纪录公司节省了超过1200万美元的技术成本。他们与这个行业分享“本·富兰克林项目”的启示，包括外部的开发商，他们自愿帮忙解决一些问题。他位于美国康涅狄格州托灵顿的新闻工作室搬出了那间会让查尔斯·狄更斯都不寒而栗的、破损的、会导致幽闭恐惧症的建筑，搬进了一个更加开阔的空间，在那里，他可以邀请公众参加新闻会议，会见记者，参加课程的学习，喝咖啡，闲逛。他已经在网络上播放了在以前属于非公开的他与编辑、出版商以及建议者们（我就是其中之一）的会议。在新闻出版商2011年的一次会议中，佩顿——他的Twitter用户名@jxpaton——在Twitter上分享了他在会议上的演讲，其中最具煽动性的是他建议，“不要再理会那些印刷出版的人，而要让数字时代的人负责一切事务”。就其本身而言，这些创新当中没有一个会推动报刊纪录公司的业务运转。这仍然有赖于用新闻报道服务社会各界以及出售广告的已知的动态分析。距离公司达到佩顿的到2015年增加50%的数字化收入的目标还有一定的距离。但是，在数字化运营一年之后，在线收入增长迅速，几乎可以抵消印刷出版的经济损失，公司是盈利的。

阿兰·拉斯布里杰，伦敦《卫报》的主编，谈到了“新闻的互动性”。2010 年，鉴于托克（Trafigura）在非洲倾倒毒垃圾，一份法院的禁令禁止他的报纸报道相关问题。拉斯布里杰很沮丧，他在 Twitter 上告诉公众他被禁止向他们报道发生了什么事情。他很自信接下来将会出现的结果：在 42 分钟之内，读者们自己挖出了这份禁令。他们发布了这条微博。结果消息传播得比有毒物质的散播速度还快，很快“托克公司”成为了 Twitter 上的热门话题。禁令变得没有任何意义了，托克公司以及律师事务所体会到了分享的力量。拉斯布里杰说：“大众协作所取得的成果是传统新闻业或者法律要花大量的时间和金钱才能取得的。”

在 2009 年伦敦举办的二十国集团峰会的抗议活动中，一位示威者被杀害了。《卫报》问人群中有没有人有这一事件的相关照片或者视频可以分享给他们。《卫报》获得了警察粗暴地推搡一位男士使其致死的证据。当数千份关于国会议员的支出账户的文件被公开的时候，《卫报》把它们都放到了互联网上，并请求读者帮忙找出有价值的部分。拉斯布里杰正使得开放性成为他的新闻组织的显著特征。“如果你不与这个新型的网络世界隔绝，你就不可能控制信息的传播或者创造出罕见的事物。”他说，“如果曾经有获得观众的途径，构建信任和关联性，那么一定是通过采用这个新世界的所有能力，而不是让你自己远离它们。”

除此之外，拉斯布里杰把他自己放在了传媒大亨鲁伯特·默多克的对立面。鲁伯特·默多克是“新闻集团”的一把手——伦敦《泰晤士报》、《太阳报》以及现在已经倒闭的《世界新闻报》的所有者；纽约《纽约邮报》以及《华尔街日报》的所有者；还有澳大利亚的一些新闻报纸。拉斯布里杰看到了在互联网上分享以及自由的好处。互联网在全世界范围内拓展了他的影响力所波及的范围。20 世纪 50 年代，别的国家就有 650 个人在阅读他的报纸。而今天在互联网上，每天总共有 3700 万人在阅读《卫报》，其中有三分之二的人不是英国人。《卫报》，其所有权属于一家基金信托机构，它是“追求利润”的，但是其意义远不止是盈利。默多克，面临着同样的商业压力，但他没有改变旧有的经营方向，在他的报纸周围仍然矗立着付费墙。“人们可以在网络上免费阅读报纸的模式已经改变了。”他在 2009 年说，很快他就做出了这样的安排。默多克成了业界关闭互联网的主要倡导者。

情况也会有所不同。2005 年，默多克向美国的报纸编辑们发表演讲，庆祝互联网给予他们“扩大影响力”的机会，并且摒弃了“过去高度集权的世界，在高度集权的时代新闻和信息被一些编辑严格地控制着，他们认为应该告诉我们什么是我们能够并且应该知道的”。他要求编辑们：“我们不得不解放我们思想上的偏见和倾向性，开始像我们的顾客那样思考……顾客希望能够在一个更大的社群中应用信息——可以就信息探讨、争论、质疑，甚至与那些与自己有相似或者不同想法的人见面。”那听起来像是针对社会新闻的一个策略。三个月之后，新闻集团以 5.8 亿美元收购了社交主页公司聚友网（MySpace）。新闻集团内部的人告诉我说，他获得这家公司的决定只是在几天之内做出的，实际上是一种冲动收购。默多克随后被誉为互联网的圣人。迈克尔 · 沃尔夫（Michael Wolff），默多克的传记《拥有新闻的人》（*The Man Who Owns the News*）的作者，报道说直到 2009 年，默多克还没有使用过互联网或者没有过多地使用过谷歌搜索引擎。然而，他意识到了这一新科技所带来的机遇以及破坏性。

默多克早已经在互联网行业有过亏损了。1993 年，他购买了 Delphi 网络服务，Delphi 是第一个以纯文本的形式把顾客接入互联网的服务。我在那里作为内容的负责人度过了乱七八糟的一个月后辞职了，当时网景（Netscape）公司在 1994 年秋季引入第一个商业化的网页浏览器。新闻集团与一个失败的被遗忘的电话公司美国微波通讯公司（MCI）在一个失败的被遗忘的互联网企业中继续浪费钱财。默多克在收购 Delphi 三年之后又把它买回给了它的创始人。之后，当聚友网通过许多战略重组蹒跚前行的时候，互联网再次让他着迷。他的报纸在互联网上亏损了。银行业危机引起了广告的大幅锐减。为此，默多克改变了他的言谈和战略。2010 年，他在《泰晤士报》上强制实行了付费墙。他把《泰晤士报》的内容从谷歌新闻中撤走了，他和他的助手把互联网过分夸大成了——雅瑞安娜·哈芬顿（Arianna Huffington）的描述——“寄生虫”，“有内容偷盗癖的人”，“吸血鬼”，“在互联网肠道里的科技绦虫”以及“盗窃我们版权的小偷”。莱斯·辛顿（Les Hinton），后来成了新闻集团道琼斯通讯社的 CEO，他向报纸出版商抱怨道：“我们都允许我们的新闻——每年其价值都达数十亿美元的新闻——泄露到互联网上……大家都在谈论这个相互联结的世界的奇迹，谈论新闻的民主化。他们说，消息现在都是病毒——我们应该感激。但是，我认为我们所有的人都需要提防携带礼物的怪胎。”

在新经济下，谷歌想要教育媒体公司。“报纸业过去所热衷的大的利润空间是建立在人为的稀缺性的基础之上的：广告商和读者的选择都很有限，”谷歌在 2010 年的一份提交给美国联邦贸易委员会的文件中如是说道，“随着互联网的普及，稀缺性已经不复存在了，取而代之的是极大的丰富性……这并不是一个美元类似物与数字硬币的问题，而是一个很现实的评定，在充满了竞争对手以及消费者有诸多选择的情况下报纸业如何赚钱。”没有人能找到维持稀缺性的秘诀。我在大学里致力于研究新的商业模式，也没有破解这个难题。我相信答案在于通过网络和公众协作寻找新的效率（与合作者一起，合作者通常就是读者），与新型组织所服务的社群建立更加积极参与的关系（Facebook 与当地报纸的网站一样每位用户每个月大约有 30 次的网页浏览次数)，用新的方式（比如，商业和活动）挖掘这些关系的价值，用新的方式调节当地的销售量从而服务于小的商户（甚至可以帮助他们掌握谷歌和 Twitter)。解决方法肯定不是试图保护旧的商业模式。

由于未能征服默多克所宣告的新世界，新闻集团的高管在努力回到原来旧的熟悉的模式，他们曾经一度对新闻实行控制。曾经购买他们的报纸需要支付费用，所以他们坚持在线阅读他们的报纸也应该支付费用。我对于为了获取内容而支付费用并不反对。我也需要为有线电视、音乐、视频、书籍、霍华德·斯特恩的卫星广播、在线的《华尔街日报》、出版的《纽约时报》支付费用——因为每一样东西从某种程度上来说都是独特的有价值的。问题不在于是不是应该支付费用，而在于当你的竞争对手免费提供这些东西的时候，消费者是否还会支付费用来使用你的东西——也不在于关闭或者开放将会获得更大的利润。

新闻集团并没有公布它使用支付墙的结果。有报道说支付墙已经缓解了《泰晤士报》90% 的拥堵情况。在最初的几个星期，据报道有 1.5 万名顾客签署了每天支付 1 英镑或者一周支付 2 英镑获得在线阅读《泰晤士报》的资格，除了那些花钱购买新的 iPad 应用程序的人。同时在美国，默多克创办了《iPad 日报》，它是专门针对 iPad 设计的日报，需要在线付费阅读。让我们姑且假设这些付费墙是有效果的，顾客会订阅《泰晤士报》和《iPad 日报》，使它们摆脱对变幻无常的广告的依赖。我们只是假设。新闻集团存在的问题仍然是它已经把大块的公众空间让给了竞争对手，包括《卫报》，Twitter，谷歌，Facebook 以及《赫芬顿邮报》(*Huffington Post*)。新闻集团放弃了公司的成长性，也放弃了为这个新时代重新创造新闻的机会。它承认它在广告方面的收入只会缩水，这是设置支付墙和它的观众大规模流失所产生的不可避免的结果。

在理解分享业务方面它只能宣告失败。

同时，新闻集团旗下的《华尔街日报》开始了一系列危言耸听的报道，谴责媒体业的竞争者和市场营销人员所使用的在线目标广告定位技术——包括浏览器追踪器以及类似的这些技术——所存在的暴露隐私的风险。提醒读者，《华尔街日报》自己也在使用这些技术，由于它设置了支付墙，所以它比其他相关媒体收集到了更多的个人可识别的隐私数据——包括姓名、地址以及信用卡卡号。我通常并不是一个阴谋论者，因为我认为组织机构很少会有序地组织起来搞阴谋诡计。但是当《华尔街日报》将矛头对准仍然依赖于广告收入的竞争对手的时候，很难不让人注意到这一系列的抨击。这一系列的耸人听闻颇有《大麻狂热》的气派，把网络追踪器攻击成是侵犯隐私的毒药入口。实际上，《华尔街日报》是在邀请政府监管者——通常是强烈谴责报纸社论的人——介入来控制在线广告的。

没有成功地重塑自己的不只是新闻集团一个。其他的媒体公司认为在不需要颠覆他们基本的业务结构的情况下他们可以购买到互联网的战略——时代华纳公司（Time Warner）与美国在线信息服务公司（AOL）的合并，哥伦比亚广播公司（CBS）与科技资讯网（CNET）的合并，美国的全国广播公司（NBC）收购 iVillage，纽约时报公司（The New York Times）收购信息门户网站 About.com，康泰纳仕集团（Condé Nast）收购《连线》(*Wired*)，以及华盛顿邮报公司（The Washington Post Company）收购微软的网络杂志《Slate》。音乐行业、出版业以及电信行业也在拼命地抓住旧有的经营模式。其他一些公司在抨击谷歌和 Facebook。然而，还有更多的公司威胁处于劣势的新入行的公司要扩展版权或者阻碍它们对规则的公平使用。

所有这些公司存在的问题是它们市场的老建筑已经被互联网以及互

联网所要求的分享夷为平地了。媒体曾经建立在品牌的基础上。为了阅读新闻内容，我们不得不购买它的出版物或者观看它的展示。那样使得媒体的所有者处于中心位置和控制地位。然后出现了搜索引擎，扭转了这种关系：现在，交易的主动权不再属于媒体公司了，而是转移到了读者的手里，他们会提出购买某方面内容的意愿。如果你的报纸公开回应了读者——有关于比赛的得分或者至少有灾难的相关报道——那就可以站住脚；如果你从来不回应读者的要求，那么你也就不能再生存下去了。后来又出现了一股更加强大的力量：公众。我们通过Twitter、Facebook、博客、邮件以及其他的社交工具所建立的联系，现在甚至威胁到了谷歌的力量。内容并不是王牌，发行量也不是王牌。只有我们所建立的联系才是真正的王牌。

我是一个很好的交流对象。我把我一本书里的内容放在了支付墙后。书名是《Google将带来什么？》。我要承认我的虚伪，我没有把它作为一个免费的、可搜索到的、可以在线链接到的读物发布出来。不过在我写作的过程当中以及在它出版之后，我在我的博客上确实分享和讨论了书中的许多想法。现在关于这本书我必须承认我的罪过，以及所使用的同样的借口：西蒙与舒斯特出版社支付了我稿酬，给了我销售量，更不用提编辑给予我的有价值的帮助。支付墙系统仍然运作得很好，我利用了它。但是我还是看到书店在不断地倒闭，当数字图书开始在某些种类的内容上挤占印刷书籍的市场的时候，数字图书的销售量在攀升。我正在构建关于我的下一本书的计划，这本书的创作将会在一些活动中和互联网上公开进行。这本书，如果完成的话，将会是一个意外的收获，也许还是更多活动的营销工具。

这正是赛斯·高汀（Seth Godin）所追求的模式。他出版了一系列畅销的商业书籍，并于2010年8月在他的博客上宣布《关键？》

（*Linchpin*？）将会是他出版的最后一本传统书籍。高汀可以那样做，因为他已经有了自己的一个强大的品牌。“我知道我的读者是谁，”他在博客上说，“增加层次或者伪造的稀缺性并不会帮助到我或者你们。”高汀自己有其他的收入来源。他是一个非常受欢迎的演说家，他不再需要等代理商来预约他。他把他自己研讨会的客场之旅加在一起，在每个城市都会销售数百张门票，一整天的话收入会达到 895 美元，如果时间比较短的话大概是 200 美元。当 Meetup，一家可以让人们亲自组织聚会的网站，发布了一个新的功能可以帮助各大品牌在全世界范围内建立同步的聚会时，高汀是第一个使用这一功能的人，并且他的粉丝安排的活动超过了一千次。高汀创建了“多米诺骨牌计划”（The Domino Project）从而可以直接通过亚马逊而不是通过出版商生产和销售书籍——这也绕开了书店。这些书都是高汀品牌的副产品。

我开始写书应该归功于高汀。一天他让我坐下来，跟我说如果我不写一本书的话我就是个傻瓜——如果我认为书就是目标的话那么我就是十足的傻瓜。书不是目标，他说，书籍会建立起我的公众信誉，这会带来其他的作用。确实是。我正在考虑我应该再次遵从高汀的事例，建立起我自己的计划：通过举办研讨会的形式，大家可以集思广益，从而从分享中汲取价值。有人要参与吗？（参与的话发邮件给我。）

## 零售：社会商店

如果你有问题要问销售电子产品的商店百思买——“我如何才能把我的这个东西和那个东西连接起来？”“你们什么时候销售下一批次的新手机？”“我的打印机出故障了，你们能帮我修理它吗？”——你可以拨打客服电话，在享受等待期间的音乐的同时你也可以享受手机树（phone-tree，一款小游戏）的乐趣；或者你可以开车去商店寻找相关人员咨询；或者你可以在 Twitter 上将问题发给 @twelpforce。那个被很笨拙地命名的账号——twelpforce 是“Twitter help force”的缩写——这个账号被公司里零售销售人员大军中的 3 千名“蓝衬衫”监控着。只要你提出了问题，保证在全国范围内他们当中的任何一位会立即给出你答案。我曾上 @twelpforce，问他们当场应付自如的最好的问题是什么。德里克·迈斯特（Derek Meister）（@agent3012）回答说（在几分钟之内）：“我总是找 Twelpforce 上有具体要求的问题，有趣的，比如像这个：‘看《刀锋三部曲》（*the Blade Trilogy*）最好买什么样的电视？’”迈斯特用值得称赞的态度非常具体地回答了那个问题，用多条微博回复：“看《刀锋》电影有两件事需要考虑：（1）影片中有大量的武打动作，因此你需要一台高清晰度的电视，才能跟得上韦斯利·斯奈普斯（Wesley Snipes）。那意味着适当的较高的刷新率。（2）影片中有大量的吸血鬼，那意味着有很多夜晚的场景，完全黑暗的色调。你想要阴影是黑暗的，鲜血是非常非常红的。因此明快的色彩，高对比度的电视将会是不错的选择。综合起来考虑这些因素，你可能需要等离子的高清晰度电视。并不是由于吸血鬼等于鲜血等于等离子体的双关语。三星和松下将会是您很不错的选择。”另一位顾客问道：“对于振动按摩器你们推荐使用什么样的电池？”@agent3012 的无敌答案是：“呃。充电电池。”

百思买说 @twelpforce 使得顾客的投诉在大约一年的时间内减少了 20%。如果这些对话发生在实体店里，是一对一的，那么我们就不能分享这些建议和智慧了。但是，现在它们是公开的。在网站 bbyfeed.com 上你可以搜索销售人员给顾客提供的所有答案。你也可以在 Twitter 上与百思买的首席执行官布莱恩·邓恩（Brian Dunn）（@bbyceo）进行交流，或者与它的首席市场总监巴里·贾基（Barry Judge）（@

bestbuycmo）交流。我在 Twitter 上遇到了贾基。他非常友好地广播了我的上一本书，我也回复了他。这促成了我的百思买位于明尼阿波里斯市的总部之行。我去了几次，在那里我与他们的高管人员和员工进行了交流，并目睹了这家公司为了适应公共经济并抓住公共经济的机遇所做出的努力。

"这与我年轻的时候相比是截然不同的运作方式，"贾基告诉我说，"那个时候的运营方式非常像交战。你有你的秘密，沉默是最好的。"但是现在百思买以一种更加开放的方式运营。"起初这让人有点害怕，因为你觉得你这样做是错误的。"他说。但是他承认公司恰好不是在保护"延长寿命的秘密药剂"，因此开放也不会有太多的坏处。

此外，贾基说："每天我们都委托我们的员工与世界范围内的顾客进行交流互动。每天，他们都会解决顾客的一些问题。基本上，这就是我们在互联网上正在做的事情。"在商店里信任员工，在网络上也同样信任他们。员工成了顾客与公司之间沟通的管道。百思买创建了一个应用程序，高级管理人员可以通过这个程序询问销售人员他们从顾客那里得到的反馈。在各个商店里的销售人员也可以互相提问。在这种情况下，员工变成了"人肉搜索引擎"。公司在拉斯维加斯的商店里进行了"联网商店"测试项目，他们把预先编好程序的平板电脑分发给销售人员。在商店里的任何地方，销售人员都可以建立连接获得更多的信息，并且接入公司里的任何专家。贾基提出顾客最终可以在手机上使用这些程序，或者在他们浏览商品的时候，可以把平板电脑暂借给顾客使用，这样，他们就可以与专家和其他顾客连线——这只是乔希·哈里斯（Josh Harris）看法的一部分，关于顾客围绕相关产品所进行的社会互动。

另一方面，百思买分享了它的数据。外部的人可以把百思买作为一个平台建立起他们自己的应用程序和存储器。一家银行建立了一个存储器，它的顾客可以使用他们的积分在百思买上购买商品。Camelbuy.com 可以提醒顾客百思买的降价商品。Milo.com 可以搜索许多连锁店的库存——包括百思买的竞争对手塔吉特百货（Target），无线电器材公司（Radio Shack），希尔斯（Sears）以及欧迪办公（Office Depot）——从而找到商品的最低报价。百思买正在配合这一行动使它的定价透明化。那当然有可能。用我的手机，我已经可以扫描商店里的条形码，在线搜索更多的相关信息以及最低的价格。

透明定价正在应用于任何的零售商品的范畴。PriceOfWeed.com 按照地理位置编制了商品的价格，提供了高等、中等和低等三个档次产品的平均价格。由于没有配备 API 数据库的大型商场，因此 PriceOfWeed.com 采取众包的形式来获取定价信息，要求顾客分享他们所支付的价格——当然，这是匿名的。这个网站公布了他们计算出的每一个数据所使用的样本容量有多大：它搜集的信息越多，它计算出的平均价格就越准确。为了避免赌博，PriceOfWeed.com 采用了一种计算机算法，它抛出最高价和最低价并且插入了钟形曲线。

每一家公司都会保留用户可以利用的数据。在《Google 将带来什么？》一书中，我设想了一种谷歌式的餐厅，它会在菜单中增加相关的信息告诉我们哪些菜是最受欢迎的，以及什么样的主菜搭配什么样的酒。然后我试着想象不可能的事：谷歌式的航空公司。我想这应该建立在开放性和汲取乘客智慧的社会关系的基础上。唉，没有人采纳我的想法。航空旅行依然很糟糕。但是我看到过一些开放性的事例。在美国大陆航空公司（Continental Airlines）与美国联合航空公司（United Airlines）合并之前，大陆航空公司开始允许乘客不仅可以检查他们的航班状态，还可以检查将要到达的飞机的情况。那可以让乘客更加合理地判断出这家航空公司是否过度乐观。大陆航空公司也可以显示站在旁边等候座位和升舱的乘客的名单。这样乘客就可以更加清楚地了解相关信息而不必烦劳登机口的代理。航空公司没有理由向我们隐瞒那些信息。

2012 年在慕尼黑举办的 Burda 的 DLD（数字、生活、设计）数字峰会上，我与德国汉莎航空公司（Lufthansa）以及一屋子的社会媒体从业人员和媒体的高级管理人员主持一个研讨会，思考未来的社会航空公司的发展。屋子里经常乘坐飞机的人希望航空公司能自动把他们最喜欢的座位给他们。他们希望可以自行选择与他们同座位的乘客。他们说，给我们提供我们喜欢的食物和饮料，让我们的座位与我们的 iTunes 播放列表同步。航空公司的高级管理人员对于这些经常乘坐飞机的乘客愿意交出这么多的个人信息和偏好而感到惊讶，这些信息对于公司来说是非常宝贵的资料。这些旅行者说，如果分享自己的信息能让他们受益的话他们愿意这样做。

是否与乘客建立一种新的关系会把航空公司转变为一个需求导向型的企业而不是供给导向型，查出人们想去哪儿然后把他们载到目的地？一群荷兰皇家航空公司（KLM）的乘客聚集在 Twitter 上问航空公司有没有飞往迈阿密音乐节的直达航班。通过公开组织召集，仅在 5 个小时之内他们就成功地召集到了 351 个人，顺利地得到了他们的航班。更改航空公司的时刻表是非常复杂的，机场也没有设置灵活的线路。但是德国汉莎航空公司提供了一项小规模的私人航空服务。如果它能够预见并满足乘客的要求的话这项业务的规模可以扩大不少。在这次研讨会上，一项定位于富人阶层的社会服务的所有者说他每周都可以承包一趟航班。

我们还能深入分享哪些信息？百思买会披露，比如说，不同的电视机品牌相关的销售数量吗？一方面，销售人员已经在那样做了，当他们告诉顾客某一种牌子的电视机比另一种牌子的更受欢迎时。另一方面，贾基说，对于供货商来说披露他们的销售信息会让他们感到不舒服。百思买在交易中属于中间人。目前，透明化会破坏这种关系。当在一个不完善的、不透明的市场中不能套利的时候一个零售商还能做些什么？也许，贾基说，“企业不再把注意力集中在硬件上了，而是更加关注内容和服务。”百思买的电脑特工（Geek Squad）将会为你安装和修理你的设备。百思买提供了一项回购服务：顾客先预付费用，百思买将会以购买价格的20%~50%回购你的小玩意。百思买早已经涉足了媒体业务。它广告的形式就是媒体网络：生产商需要支付一定的广告费用。生产商还要为放置在商店地板上的商品支付保险费。从这个意义上来说，商店本身就是一个广告媒介。一年内顾客光顾百思买商店的次数达15亿次——他们说，比去时代广场的次数还要多。如果广告包围了时代广场，那为什么广告就不应该包围百思买的商店呢？百思买现在有一位工作人员在招揽商店中的广告。百思买正在努力改变原来把东西放在箱子里出售的商业模式。

百思买和其他的零售商们不得不面对的一个比较重要的问题是他们是应该代表生产商与顾客进行交易呢，还是代表顾客与生产商进行交易。我更愿意看到百思买能够挖掘出它的顾客当中的智慧，让顾客参与到设计项目中来，就像Local Motors的做法。贾基说公司正在为他们销售的一些房屋的品牌征集意见。我认为它可以瞄准更高的目标：百思买可以成为公众的代理人，把公众的想法和需求反馈给制造商。百思买的顾客是否想要一台有十个高清晰度接口的电视；他们是否需要一个纯数据的手机计划（因为谁还会在手机上聊天？）；他们是否想要一个有发亮的文件袋的电脑包，百思买可以把这些想法汇集起来，谁让他们拥有爱挑剔的大众呢。什么样的生产商会忽略那块市场呢？百思买可以让它的顾客参与到公开设计的过程中，知晓顾客的真实需求，改变与公众的关系。

## 极端化

对于公众企业最基本的看法可能是开卷式管理。《Inc.》杂志的约翰·凯斯（John Case）在 1993 年发现了这一现象并杜撰了这个术语，之后他写了一本书预示这种管理模式将成为一次商业革命。他认为公司应该与员工分享财务数据和业绩情况，这样每个人都可以为了共同的目标而努力。这有一定的道理，但是除非员工看到了个人方面的好处——利润分成，增加了股权的价值，或者，如果是新兴公司的话，它获得了成功并生存了下来——并且员工理解企业的动态。

布莱恩·戈尔登（Brian Golden），加拿大多伦多大学罗特曼管理学院（Rotman School of Management）的教授，研究了一个实验室服务公司，这家公司公开了它的账目——已经超过了公开的底线——对入职员工使用变化的工作流程管理，进行周期性的经济衰退的预测。“这些员工都是科学家，但他们都不懂得如何阅读书籍。”戈尔登在《利润杂志》上说。员工没有提前意识到衰退，他们认为当前没什么问题。他们要求支付更高的薪酬并且拒绝管理的举措。“随着员工与雇主之间关系的破裂，”《利润杂志》报道说，“公司没有做好应对衰退时期的准备，其销量和员工数骤然暴跌。”哦，可惜。

一家公司能分享它制定战略的过程吗？当然这最好是在会议室里秘密进行的文稿演示。或者也不必保密。维基媒体基金会——维基百科在它的旗下运营，进行了一项长达一年的战略项目，有 1000 名维基百科人员参与其中，他们用多种语言制作了多达 2.6 万页的文件，并对大量的想法提出建议和评论。苏·盖德纳（Sue Gardner），维基媒体基金会的执行总裁，告诉我说他们开始实施这项工程的时候就意识到“这很有可能会失败”。可能会没人来参加讨论会，或者这一进程可能会被附加的利益和古怪的想法中断。基金会聘请了一位顾问为合作者们提供“信息的基本原理”的咨询，还聘请了一位引导者来引导人们并推动项目的进度。最终，参与者们设定了优先顺序，在开拓的市场中拓展维基百科，在它发展比较成熟的市场中招募更多不同类型的作者和吸收更多不同的观点。

是的，那也许对维基百科是有效的，维基百科早已经采取了彼此协作的方式，也不会面临一般企业所面临的盈利的压力。同样的程序对一家公司会有效果吗？总能找到一种方式，与受约束的焦点小组相比，以一种更少的随意性、允许更多的人参与进来的方式，难道你不想知道你的顾客希望你接下来怎么做吗？约翰·佩顿邀请他社群的成员到他的新闻编辑部，问他们接下来他该怎么做。他不是必须要按照他们所说的来做，因为他还要兼顾公司的战略和成功。但是他采取了另一种倾听的方式。这种方式甚至不要求使用任何技术，只需要一扇打开的门和开放的思想。

开源的努力也需要领导能力。当纽约大学的杰伊·罗森研究开放资源，希望把这些想法和经验应用到新闻企业的时候，大卫·温伯格建议他人们的网络需要辩论者。“志愿者们需要他们的冠军（和富有远见的人）。”罗森说。罗森去找阿萨·多兹勒（Asa Dotzler）和摩斯拉（Mozilla）的好辩论者，摩斯拉创建了开放源代码的火狐（Firefox）浏览器。多兹勒告诉他说，任何人都可以参与是开放性的关键原则。但是质量也很重要，需要获得相应的回报。任务要选派给合适的人。结果对应于正确的激励机制。在开源中仍然存在一种经济体系，但是其通货——识别、信用和地位——是社会性的而不是货币性的。

美国的公共广播从它的观众中募集资金（像这样的自愿捐款在欧洲和其他国家并不常见，因为公众是通过执照费——税额来支持媒体业的）。维基百科和摩斯拉也从它们的用户中获得了资金。戴维·科恩（David Cohn），一位让人受鼓舞的年轻的记者兼企业家，他把这种模式通过 Spot.us 应用到了当地新闻中，Spot.us 可以允许个人捐款给独立的记者让其报道具体的事件，比如，关于加利福尼亚发生的杀戮鲨鱼的行为以及无家可归的人住在仓库里。

像这种公众投资能支持以盈利为目的的企业吗？ Kickstarter 提供了一个平台可以让人们捐款给未来的生产商、作家、制片人、程序员、设计师、摄影师以及演员。捐款的人并不会获得股权或者减免税款。那为什么会有人捐出自己的钱让别人受益呢？因为他们希望产品被生产出来。捐赠者将获得一定的特权。我捐了 50 美元支持斯考特·托马斯（Scott Thomas），美国大选中巴拉克·奥巴马的创意设计总监，他计划出一本书《设计奥巴马》（*Designing Obama*）却没有一家出版商愿意出版。他需要 6.5 万美元来支付这本 360 页装帧精美却仅供咖啡几上摆设用的书的印刷成本。我捐 50 美元，就可以以一定的折扣获得一本。换句话说，我预定了这本书（有 923 个人捐了 50 美元）；如果我捐的是 10 美元，我就可以获得这本书的电子版（有 117 个人捐的是 10 美元）；如果我捐了 100 美元，那么我的名字就可以出现在书中，并且获得一个有浮雕图案的银制的书套（这吸引了 154 名赞助者）；如果我捐的是 150 美元，那得到的将是金制的书套（捐 150 美元的有 133 人）。把这些捐款都进行加总，托马斯从 1327 名出资人那里筹集到了 82670 美元，这些人的名字在 Kickstarter 上列了出来（点击相关的链接可以进入到他们的相关简介的页面，你可以看到他们支持的其他项目）。出版之后他这本书的售价是 79.99 美元。这个过程当中的每一步以及我刚刚列出来的所有的数据都是公开的，这使得这个过程有一点像比赛，捐赠者们为他们所支持的人赢得了比赛而欢呼，并且鼓励他们的朋友也加入进来。在托马斯募集到资金后，他让他的资助者们随时获悉他的进展情况，从这本书的设计、写作，到它的出版、分发，他甚至邀请人们前往他芝加哥的工作室里来挑选书。

一些项目所募集到的资金远远超过了它们所需要的资金，这在 Kickstarter 上很常见。一个精巧的安装 iPhone 4 的三脚架 Glif，需要 1 万美元资金却收到了 137147 美元的订单。我本来就希望有这样的一个三脚架。现在我当然要支持这个产品了。如果捐 20 美元，那么我可以在 Glif 生产出来后获得一个。如果捐 50 美元，那么我就可以得到一个在 3-D 打印机上制作的生产速度更快的一个 Glif。至今在 Kickstarter 上募集资金最成功的是设计师斯科特·威尔逊（Scott Wilson），他为 iPod Nano 腕表设计了两款不同的表带。斯科特·威尔逊需要 1.5 万美元的启动资金却收到了将近 100 万美元的订单。只要他合理地计划成本，那么他就相当于利用别人的资金创建了一个营利性的临时公司。开放的 Kickstarter 模式降低了风险。它揭示了市场的需求，它可以让企业家和艺术家绕过旧制度，直接从客户那里获得资金支持。随着投资法的不断调整，我认为这种模式应该成为新成立的公司——真正公开的公司，募集创业基金的一种方式。

在 2009 年的达沃斯世界经济论坛上，我帮忙组织了一次头脑风暴会议，关于对分享和公开协作行业的再思考。我们给会议室里的高级管理人员和企业家们一份清单，上面列出了可能需要处理的问题。他们选择了银行业。在金融危机期间，他们说，银行业迫切地需要重组和修复。

他们的解决方案是让银行开放。让它彻底实行透明化：充分披露业绩和薪酬；集体评估风险，让客户帮忙决定如何进行资金投资；公开相关数据有助于顾客把它们的业绩与其他银行的作比较。银行家们不能被允许出售一个复杂的金融产品，除非他们通过测试能够证明他们理解这个产品并且能够很好地解释它。顾客也不能购买复杂的金融产品，除非他们也能证明他们了解这个产品，知道它是什么。公司的口号是："你唯一可以信任的银行。"

分享也正在对其他行业产生影响，包括教育领域。斯坦福大学，麻省理工学院，以及其他的大学都已经公开了他们的课程，把全部的课程都免费放到了互联网上。为什么数千名教师每年都应该写同样的解析几何的讲义呢？当其中最优秀的教师之一的课件可以在麻省理工学院的 iTunes 上免费听到？公开课程给了学生选择最优秀的教师的机会，不管这位老师来自于哪所院校。这些老师也获得了更多的认可。本地的老师可以集中在帮助学生理解概念方面。这样教育就变得更加高效也更具扩展性——这也是教育业迫切需要达到的。看看让人不可思议的可汉学院（Khan Academy），它有数百节数学和科学方面的公开课，以一种新的在线学习的方式提供给学生，它的点击率已达 4300 万次。这也是对传统教育行业地震式破坏的开始。

我们也想想根本性的公共基础。与其私下做出决定，为什么不公开寻找受资助者，公开他们的选择，并监督他们成功？约翰·S. 与詹姆斯·L. 骑士基金会（John S. and James L. Knight Foundation）举办的年度挑战吸引了数以百计的关于创新新闻行业的提案。许多提案都放到了互联网上，公开征集意见和建议。这种方式存在的一个问题是基金会吸引了更多的提案但是不得不更频繁地否决一些提案。另一方面，它所吸引的这些想法是它通过传统的封闭的系统无法发现的。我是纽约城市大学 Tow-Knight 创业新闻中心的主任（中心的部分资金来自于骑士基金会），我希望能利用这一原则来管理支持新的企业。我收到了骑士基金会和新建立的以盈利为目的的投资基金——比如，Y Combinator——的鼓舞，Y Combinator 投资基金通过在新成立的公司中举办竞赛，从而为它们当中最优秀的企业提供资金、培训和教育。在基金和风险投资中，提供资金的过程以前是保密的，现在都是公开的。

关于创作《Google 将带来什么？》一书的最大的好处就是事后听到有人把书中的规则应用到了他们的企业当中，并且把这些想法进行了进一步的深化，连我都没有想到。我读到了牧师发的博客关于对谷歌化的教堂的设想。他们喜欢把教堂作为测试版。我与老年人社区的经理们聊天，他们想要知道在父母搬进老年人社区之前他们怎么样才能更加慷慨地与家人分享他们的知识。我与数以百计的拉斯维加斯卡车服务站的业主们进行交流，并设想他们怎么样才能在他们的司机当中创建社交和信息网络。这里我只是给出了一些实例来说明分享的规则如何运用到公司当中。你可以设想一些更加激进的想法，并告诉我哪些会有成效哪些没有。

第十一章
民治
Public Parts

## 消灭秘密

行政机构在默认情况下应该是分享信息的，保密是出于客观情况的需要。而现实情况却正好相反，大部分政府机构在默认情况下都是保密的，只有在迫不得已的时候才会分享。我曾经开玩笑——好吧，是半开玩笑——说《美国信息自由法案》应该被废止并重新进行修订，这样我们就不需要再请求政府分享我们的信息了。这些信息如果要对我们保密，政府应该获得我们的同意。然而，政府仍有充分的理由不分享这些信息：出于安全，国防，刑事调查，隐私，以及特定的外交事务的考虑。其余的都是我们的信息。除了授权隐私独裁者保护公民的信息以及安全独裁者保护国家的信息之外，我们还应该拥有分享独裁者，来代表那些分享个人信息的人的利益。

如果政府没有自己的分享的代理人，那么公众有。维基解密就是这样的一位代理人。它已经改变了政府对于保密的期望。从 2006 年开始，维基解密就相继公布了相关的文件，有关于冰岛和瑞士银行的，还有关于科学论派（Scientology）的，肯尼亚的腐败和人权侵犯，倾倒毒垃圾事件，还有国会研究服务部的报告，这些报告公民还没有看到。维基解密的影响力以及对政府的冲击在 2010 年变得更加显著，它公布了被泄露了的关于美国的武装直升机在伊拉克射杀平民，甚至包括路透社新闻机构的记者的视频。维基解密的创始人朱利安·阿桑奇（Julian Assange）把这一事件称作是“附带谋杀”（Collateral Murder）。随后又公布了上千份关于阿富汗和伊拉克战争的相关文件，接着是美国国务院非常机密的外交电报，被一位政府员工泄露了。在媒体机构的帮助下，包括《卫报》、《纽约时报》以及德国的《明镜周刊》(*Der Spiegel*)在内，向美国公民及全世界分享了其中的部分文件。这些新闻机构编辑了敏感信息，增加了背景介绍，进一步促进了外交电报的泄露，这也是阿桑奇与他们合作的原因——让这些泄露的信息产生更大的影响力。时事评论员们争论说被泄露的这些信息让人感到非常震惊。一些评论员说，电报也表明了外交使团的工作质量。突尼斯的外交电报让民众证实了之前对那里存在的腐败问题的怀疑，那里确实存在着腐败问题。但是这些外交电报变成了抗议活动的催化剂，导致了政府的垮台，反过来政府的垮台又导致了抗议活动的风暴迅速席卷中东。

总的来说，泄密事件揭示了保密的陈腐，也表明政府保守了太多的秘密。泄密事件也警示政府若在分享的假设下运作的话将会是什么样子。纽约大学的克莱·舍基教授制定了一个计算秘密脆弱性的法则。他说，在一个组织机构当中，任何给定的秘密的安全性是用最不守承诺的用户来计算最不利的成本与效益问题。比如，一位医院的职员，看到一份显示某位明星怀孕的文件。如果这位职员把这个消息卖给小报，那么他会丢掉工作。但是如果他泄露这条消息能让他在一天之内赚到比他在这家医院工作一年的工资都要多的时候，再加之他讨厌现在的工作，经过计算，泄密的效益很高，成本很低，所以他泄密了。计算机安全专家布鲁斯·施奈尔(Bruce Schneier)用更简单的方式表述了舍基的法则：**“秘密的安全性取决于知道这个秘密的最不值得信任的人。”**

没什么好新奇的。丹尼尔·艾尔斯伯格(Daniel Ellsberg)早在互联网出现之前就把五角大楼的文件泄露给了《纽约时报》。他花了几个月的时间复印了这些文件，并把它们偷偷带出了政府办公室。有所不同的是，如今的计算机和网络使得更多的人可以获得更多的信息，所以这些信息可以被发现，被复制，被更快地分享。互联网提供了匿名的体制，这也是维基解密的创始人朱利安·阿桑奇所研究的。他也研究了我在这本书中记录的不断膨胀的道德和分享文化。所有这些变化集中起来，它们向权利发出挑战，其影响力从总统和政府部长转移到了像阿桑奇这样的人身上。阿桑奇把分享看成是重新分配控制权的一种方式。“透明度应该与一个人所拥有的权利成一定比例。”他说道。从这里我们可以得出第二条定律，这条定律驱使阿桑奇创建了维基解密：那些有秘密的人一定曾经握有权力。现在只有那些创造透明度的人才能获得权利。

在美国《新共和》（*The New Republic*）杂志中，诺姆·沙伊贝尔（Noam Scheiber）预测说对于维基解密的泄密政府和企业将会有两种基本的反应：第一，他们可以缩减成更小的组织机构，知道秘密的人就会大大减少，所以被泄密的机会就会大大降低；第二，他们可以加强安全防护措施。这就是美国政府的本能反应，继续攻击维基解密。美国副总统乔·拜登把阿桑奇称为“高科技恐怖分子”。布拉德利·曼宁（Bradley Manning），美国的一位年轻士兵，被指控向维基解密提供武装直升机射杀平民的视频，以及军事文件和外交电报，现在他已经被单独监禁了起来。参议员乔·利伯曼（Joe Lieberman）向亚马逊施压要求亚马逊把维基解密从它的服务器中清除。据报道，一些政府官员向贝宝（PayPal，全球最大的在线支付平台）和银行施压，要求他们停止向维基解密汇集捐款。当局可以试着与泄密事件玩玩“猫抓老鼠”的游戏，但是那将证明结果会不尽如人意——尤其是只要他们被指控保守了太多的机密。他们已经丧失了为信息分类的信誉。越多的分类并不是问题的答案。它的对立面才是真理。你保守的秘密越多，你就越不被信任来决定什么是秘密，并且也会发生更多的泄密事件。第三条法则：防止泄密的唯一确保有效的防御措施是透明化。

真相终将会大白于天下。在阿桑奇的著作《维基解密与透明化的时代》(*Wikileaks and the Age of Transparency*)一书中——围绕开放性对于新的政治格局进行了非常深入的调研——迈卡·西弗赖(Micah Sifry)把这些项目都编入了目录，这些项目使用了数据库、众包、网络、社会互动、测绘以及其他的互联网技术使政府开放而不管政府本身。阳光基金会(the Sunlight Foundation)，由埃伦·米勒(Ellen Miller)领导，承诺支付 OpenCongress 一定的费用，OpenCongress 提供维基传记，维基传记为众议院和参议院的每一位成员追踪竞选的捐款，立法，以及投票。阳光基金会支持 Maplight.org，Maplight.org 是一个研究工具，用来找出竞选捐款与立法投票之间的相关性。其他类似的工具有 OpenSecrets.org 和 FollowtheMoney.org，也会追踪竞选的捐款。西弗赖讲述了语言学硕士研究生乔舒亚·托贝尔(Joshua Tauberer)的故事，他创办了 GovTrack.us，这项服务从政府的服务器上获取数据，并把这些数据转换成计算机格式，这样开发人员就可以使用这些数据对其进行分析。英国有许多这样数据分析的积极分子。汤姆·斯坦伯格(Tom Steinberg)创办的 MySociety.org，支持分享的数据并且建立了使用这些数据的应用程序。TheyWorkForYou.com 可以让民众追踪议会成员的活动。WhatDoTheyKnow 可以让人们提出信息自由(Freedom of Information)的请求。

就科技本身而言是不够的，改革还需要民众的共同努力。我最喜欢的致力于透明度的工程之一是 Porkbusters，一种致力于解决政府浪费行为的服务。如果我们只是让透明度成为政府了解了的游戏，那我们就是不明智的，只有要求提供信息我们才能抓住正在作案的坏蛋。噢，还是不乏可以当场被抓住的坏蛋的。但是哈佛大学法学院的教授劳伦斯·莱斯格(Lawrence Lessig)担心如果我们利用透明度只是为了揭发违法行为，而缺乏背景和理解力的话，那我们“将导致的不是改革而是内疚”。他并不是反对透明化。他想以其他方式解决暴露出来的问题（举个例子，在竞选捐款导致贪污腐败之前改革竞选的财务制度）。我转发了他的担忧。如果我们利用政府信息所做的只是对抗政府，那么政府也会对抗透明化。

分享不仅仅是暴露违法行为，它也会揭示其经济价值，使得分享的资料成为一种经济的必要性。莱斯格说公开天气信息“产生了超过 8 亿美元的经济价值”。分享政府出资建立的全球定位数据库将会创造出现在不可或缺的导航系统，并绘制在我们的智能手机上，这反过来又强化了像 Foursquare 这样的服务。农业方面的数据信息既节省了资金，也让农民在农场赚到了钱。数据信息还可以催生出新的公司。企业家兼学者的维韦克·瓦德华（Vivek Wadhwa）在科技博客网站 TechCrunch 上发表了一篇文章，讲述了一些企业家们的故事，这些企业家使得政府公布了退休计划的资料，这样消费者就可以货比三家。“毫不夸张地讲，有数以千计的新的提高政府公信力和改善社会的机会——在这一过程当中还可以创造一笔财富。”瓦德华说。“即将出现一个新的协议，”富有科技远见的出版商蒂姆·奥莱利（Tim O’ Reilly）在《公开政府》（*Open Government*）一书中这样说道，“由公众所产生并代表公众利益的信息是经济和国家的命脉；政府有义务把那些信息作为全民性的资产来对待。”所以把这些信息交出来吧。

卡尔·马拉穆德（Carl Malamud），创办了网站 PublicResource.org，他是致力于政府信息分享运动的英雄。在 20 世纪 90 年代，美国证券交易委员会不愿意它的 EDGAR 数据库中上市公司的文件让公众免费使用。如果你想要的话，你不得不到政府阅览室或者订购昂贵的专用数据库比如奈克斯数据库（Nexis）。1993 年，马拉穆德从美国国家科学基金会获得一笔 60 万美元的赠款用来购买数据并把这些数据放到埃里克·施密特捐赠的服务器上，埃里克·施密特后来又担任了太阳微系统公司（Sun Microsystems）的技术总监。马拉穆德把这些数据都分享出来了，记者、投资者、企业家以及财力雄厚的公司和投机商都可以使用这些数据。不是寻求更多的资金来使他的服务运转，马拉穆德把他的技术——以及相关的培训——一起免费提供给了美国证券交易委员会。美国证券交易委员会毫无羞耻地把服务全盘接过去了。同时，马拉穆德在 YouTube 和 FedFlix 上公布了超过 4000 个政府的视频。2010 年，谷歌的 Google.org，向马拉穆提供了 200 万美元（很及时，因为 PublicResource.org 只剩下了最后的 2000 美元）来帮助当地政府把他们的建筑条例放到互联网上并为其他项目提供资金。他也游说议员希望改变《信息自由法案》的规程，这样当一位公民的请求被受理后，结果就可以公示在网上，让所有人都可以看到。

普林斯顿大学的一组计算机科学家在 2009 年发表了一篇论文，他们认为与其制作网站，政府机构不如以标准的计算机格式发布数据，这样任何人——包括政府机构本身——就可以分析这些信息，制作网站，建立应用程序，创造竞争力以提高信息的显示。他们认为，外部的人可以利用这些数据把工作做得更好，因为外部的人很少受到政府规定的限制。他们可以比政府更好地发挥一些职能，为政府节约精力和资金。但是首先，软件开发者必须能够以一种可使用的形式获得这些数据。纽约市已经在网站上分享了 350 个数据集，包括建立投诉，节日的日历，在“9·11”事件中幸存人员的健康状况，以及餐厅的卫生检查。美国政府在网站上发布了将近 3000 个数据集，包括竞选的财务记录，食品和药品的召回，政府采购数据库。英国政府在网站 data.gov.uk. 上发布了超过 4000 个数据集。在英国，数据解放活动者们不得不通过斗争使得政府分享图像资料。政府把这些资料看成是收入的来源，但是活动家们说这是人民的财产，因为他们已经为此支付了税款。最终，英国采取了开放政府许可（Open Government License）的形式来使得他们的知识产权——数据和相关的软件——开放并可以免费重复使用。要求政府开放数据库的目标就是：推动创新，使得政府透明化，促进全民参与。但是解放数据的斗争仍在继续。很难相信，由纳税人资助的史密森尼学会（Smithsonian Institution）以及美国的一些州试图获得数据资料的版权。比如，俄勒冈州宣称它拥有俄勒冈州法律的所有权，直到 2008 年此事才得以缓和。

一旦数据可以被挖掘出来分析，政府与民众的关系就可以从透明化进入到下一个阶段：协作。英明的政府会要求程序员把他们的数据资料转化成应用程序。纽约市已经举办过编程马拉松活动（hackathons）——一次奖励 2 万美元——围绕餐厅检验报告，交通的最新状况，交通堵塞，操作说明，消费者的投诉，图书馆目录，操场的地图，房价，头号通缉犯的名单，以及一座城市的树木普查（在布鲁克林有 142747 棵树）来编写应用程序，从而使得这座城市“更加透明，更可触及，更负责任”。

## 超越开放性——协作

贝丝·诺维克（Beth Noveck）希望实现协同政务。她不太喜欢“公开的政府”这个短语。但是如果这些字眼变成她职务的一部分就是她自己的错了，她于 2011 年负责奥巴马总统的“政府公开计划”（Open Government Initiative）。诺维克写了一本关于协同民主的书叫《维基政府》（*Wiki Government*）。她担心如果她使用“协同”这个术语来命名白宫的努力的话，会被人认为是在推销她的书。“这就像以前五年级的学生会选举我投票反对自己一样，我失去了一票。”她说。因此，她使用了“公开”这个词。但是这个词并不能进一步表达出她想要表达的意思。它并不能揭示出在公开之后下一步要干什么——即，行动。

当我与诺维克坐下来聊她的工作的时候，她已经准备好否定我们的朋友哈贝马斯了：“我们需要摒弃单一的每一个人都以同样的方式平等参与的公共领域模型。因此，传统的、审慎的观念认为存在每个人都参与的伟大的沙龙，这种想法是错误的。”当被问及她对“公众推广”这一项目的看法时，她说互联网使我们每个人能够“融入我们自己的社群，表达出我们自己的激情和我们自身的意义……互联网可以让人们做一些他们以前无法做到的事情。”

诺维克想要一种包含我们不同的能力、兴趣和待议事项的协作结构。她把它比成社区组织。“一个人负责端咖啡，一个人负责发传单，一个人负责打电话。这只是证明了人们的不同能力和天赋。”她也想“扩展我们所说的专家的概念……我们已经定义了专家的概念，把专家限定在一小部分人群中。互联网所做的就是把每一个人都当作专家来对待”。好吧，也许并不是每一个人。但是任何人都可以证明自己是专家，正如维基百科所解释的。诺维克想要把这种精神带入政府部门，“这些机构就可以利用分布式的专业知识，散发分布式的激情”。

在她的书中，诺维克叙述了加入白宫之前她所从事的一个项目，为迟缓的（更不用提落伍和不安全了）美国专利审批程序带来新的专业知识。美国专利局雇用了 5500 名审查官，他们当中的大部分人都不是他们所评估领域的专家。在一个被认为三年就会更新换代的科技环境中，他们面临着巨大的知识储备压力以及至少三年的时滞期。“所有这些情况促使我开始思考，如果专利审查官与更广泛的范围内的公众合作呢？”诺维克问道，“如果公众用自己的知识补充了审查官的研究呢？如果研究生、行业研究员、大学教授以及业余爱好者在科学和技术方面的专业知识能够与专利审查官在法律方面的专业知识结合起来产生一个更加合理的决定呢？如果代替传统的专家评审，建立一个与人分享的审核过程，参与者基于他们的专业知识和热情自行选择呢？"

这样就诞生了"审视专利"（Peer to Patent）试点项目。这一项目公开发布了所选择的专利应用程序，吸引专家来帮忙研究。这种方式很有效。美国专利局采纳了这个项目，这一想法也传播到了其他国家。我原本以为专利审查员们会反对外人的干涉，但是诺维克说他们非常乐意与相关领域的专家讨论。他们之前在他们的工作中感到很孤独。这一项目使得他们的工作变得社会化了，更不用说大大提高了效率。在针对新美国基金会的一次讲话中，埃里克·施密特引用"审视专利"作为典型："这为什么就不能应用到政府的每一个部门中呢？这非常有道理：让那些有热情的人参与进来，而且他们也有很多空余的时间来帮忙。"

美国国家档案馆就那样做了，它重新思考并重新设计了它的《联邦公报》（*Federal Register*）。被称为联邦政府日报的《联邦公报》通常刊登条款、试行规则、联邦机构制定的规则以及行政命令。在政府的透明度方面，它具有里程碑式的意义，富兰克林·罗斯福总统在1935年下令要求它编辑和出版以上内容。在那之前，每一个机构都把自己的规章条例存档。甚至要找到公开出版的政府的行为和条款都很难——很多都没有公开出版。在英国，直到18世纪，英国议会才允许报社报道其会议记录。在美国，直到1800年，美国国会才同意记者进入其会议现场。到了20世纪50年代，有超过三分之一的国会委员会会议都是秘密举行的。《联邦公报》报道了政府的许多新闻。然而，它并没有允许这些新闻被广泛地使用。《联邦公报》采用的是小号字体印刷，不太容易被整理。2009年，阳光基金会举办了一次竞赛来改良它。三位具有计算机知识的加利福尼亚公民认为他们能让它看起来更好一些。"他们甚至都不知道《联邦公报》是什么，”诺维克说，“对于他们来说，《联邦公报》就是在网站 Data.gov 上的最大的数据集。”软件开发者们——安德鲁·卡本特（Andrew Carpenter），鲍勃·伯巴赫（Bob Burbach）和戴夫·奥古斯汀（Dave Augustine）——利用《联邦公报》的数据和开源代码软件创建了网站 Govpulse.us。在这个网站上，公众可以查阅政府机构的文件或话题，在评论期结束的时候还可以收到通知，找到提及他们城镇的文件。这个网站做到了不可能做到的事情：它让政府的数据变得很酷。这三位软件开发者虽然只获得了二等奖，但是美国国家档案馆对他们的印象却非常深刻，并聘请他们使用同样的数据在网站 FederalRegister.gov 上创建了《联邦公报 2.0》（*Federal Register 2.0*）。“在三个月的时间里他们创建出了我们民主化的新报纸。”诺维克说，“现在 USA.gov 与 USA 吻合了。”

诺维克希望能够把同样的努力运用到政府的其他部门。“美国的社会保障每个月会涉及 6000 万名美国人，”她告诉我说，“这是一个季度的联邦预算，而且它只有一个英文网站，对于英语不太精通的人完全不可用。”她建议使用众包对网站进行翻译。Facebook 把自己的服务平台翻译成了 64 种语言（另外还有超过 32 种语言还在翻译中）——这些翻译工作由它自己的用户完成。美国社会保障的网站翻译可以在 Facebook 上进行，每一种语言由一组人来负责翻译，重要的部分还可以多增加十几个人来做。

协作是双方面的。政府并不是资料的唯一来源。外来者也可以为政府提供数据，以帮助政府更好地运作。Ushahidi 是为公众建立的一个服务平台，可以让公众用他们的手机收集自己的信息。这一服务在海地地震后被用来追踪受伤人员的反应和恢复情况；这一服务还可以用于华盛顿的除雪工作（可以帮助城市官员定位问题区域）；以及在埃塞俄比亚、纳米比亚和印度发生的投票事件。故而人们知道在他们的社区里发生了什么。Ushahidi 帮助人们搜集、分享并分析他们自己的信息，然后政府可以利用这些数据有所作为。

这些事例都建立在——只能被建立在——分享的数据基础上。公众把政府当作一个平台，而且政府也应该成为公众的平台。公众把独特的技能、专业知识和热情投入到任务中。他们解决了自认为重要的问题——而不必是政府或媒体认同的问题。开放的政府不会是简单地发布数据或者举行听证会。在这些事例当中，从比较简单的任务到比较难的任务通常在开放性方面有一个推进过程，从透明化——开放数据作为一个行动的平台——到识别问题——利用新途径倾听公众的心声——到召集各方解决问题——在某些事情上总统或者报社的所有者仍然可以做得很好——到确定解决方案——这需要专业知识——最后到执行——这个过程通常要求政府的授权和政府的资源。

但进程并不总是如此。政府不需要总是处于中心地位，识别并解决社会上存在的每一个问题。政府也没办法做到这样。它的工作是高成本的、缓慢的、受制于法律方面和政治方面的限制的，更别提来自于特殊利益集团和阶段性腐败问题的压力了。政府内部其实很难创新，像硅谷一样，不是一种测试性的文化。如果政府在安全、医疗和隐私等问题上搞砸了，那么就会存在一些切实的风险。诺维克在寻找与外来者分享效用和风险的途径。“我们做的一些事情都是触手可及的，”她说，“我们将提出一个观念，怎么样才能做一些事情。我们将会与一家公司、一个基金会以及第三方合作，让百花齐放，这样我们就可以从中挑选出最好的合作伙伴。当我们与合作伙伴合作的时候，它保存了政府的完整性。”换句话说，她让外部的组织机构充当了政府的实验室。

那是避开政治、改善政府的一种方式。但是面临的更大的问题是：

我们也能利用分享的工具来改善政治过程吗？这就是让我，对互联网存有必胜信念的人以及无可救药的乐观主义者感到沮丧的地方。只要我们仍然拥有大众媒体，那么我们就仍然会拥有大量的广告活动，以及大笔的资金支持它们——我们也仍能看到它们对政治演说的破坏性影响。权力机构并没有改变它们的积极性。它们有阻止改变发生的途径。那将是极具悲剧性的讽刺意味：我们分享的工具在社会的许多部门当中转移了权力——除了在我们的公共领域。哈贝马斯悲叹大众媒体的影响是正确的。

我们需要对公众是什么有一个新的理解，独立于政府和媒体的理解。我们应当推选出擅于使用分享工具的网络候选人——他们要具有善于倾听、传播信息、组织公众，并且能够与公众建立深厚的亲密关系的能力——来同各种不公正现象相抗衡，这有可能吗？我还没有见到这方面的实例。的确，巴拉克·奥巴马在网络上筹集了一笔数额不小的资金，但是这些钱用在哪儿了呢？用在电视宣传上了吗？欧洲的议会政府中，新出现的政党可以获得公众的关注但是没什么影响力。当我在Twitter上问及这一窘境时，有人回复说冰岛的示威活动发端于博客和Facebook。但是在那个小岛上，一个人用油印机和扩音器就可以组织一场运动。

要判断下一次古腾堡变革，即我们现在正在经历的互联网革命的全面影响还为时尚早。我相信这些变化还只是刚刚开始。印刷术等了70年才能服务于马丁·路德的改革。约翰·诺顿（John Naughton），伦敦《观察家报》（*Observer*）的一位专栏作者，要求我们想象自己是1472年的民意测验者，也就是第一部《圣经》印刷出版后的17年（我们距离今天互联网的发明还很遥远）。我们站在美因茨（Mainz）的一座桥上询问民众对于古腾堡发明的印刷术对未来影响的看法：

（a）会削弱天主教会的权威？

（b）会推动改革？

（c）使现代科学的兴起成为可能？

（d）创造全新的社会阶层和职业？

（e）改变我们对于“童年时期”（新生事物发展的初期）的看法，这段在一个人的生命当中受保护的时期？

“印刷术实际上确实产生了以上所有的影响，”诺顿说，“但是在1472年，在美因茨（或者就此而言的其他任何地方）任何人都不可能预料到印刷术的影响将会有多么深远。”

第十二章
网络正能量
Public Parts

## 谁来引导分享

谁来引导今天的“古腾堡印刷术”，即我们分享的工具——互联网？政府？企业？必须要有人来引导。那么谷歌是互联网的引导人吗？

在 2009 年的阿斯彭创意节（Aspen Ideas Festival）上，施密特捍卫了“互联网的开放性”。然而，一年之后，谷歌与威瑞森（Verizon）通讯公司签署了一份关于互联网开放性的魔鬼协议。网络中立性的支持者希望看到所有的因特网流量都能被平等地对待。互联网服务供应商希望获得歧视某些类型流量的能力。他们主张对那些比别人下载更多内容的人获得更多的管理权利。他们也想要证实他们自己的服务要优于竞争对手的。谷歌和 Verizon 向美国联邦通信委员会建议把互联网分而治之，美国联邦通信委员会采纳了他们的大部分建议。通信委员会把互联网分成了两部分：一部分是有线网络（过去的），将会获得网络中立性的保护；另一部分是无线网络（未来的），获得的网络中立性的保护会相对少一些。这是公共互联网与所谓的私有互联网（schminternet）之分。如果你在家使用 iPad，通过电缆公司的线路接入互联网，然后在外面时通过您的移动运营商的信号把同样的设备接入互联网，那么您将遵循不同的操作规范。你正在观看的电影会放慢速度只是因为规则不同。欢迎来到私有互联网。关于网络的中立性之争通常是用这些术语来表达的：全速下载电影。但是这里仍然还存在许多问题。是否一个互联网服务供应商中断电影的下载，或者中断检索抑或关闭了整个互联网，这些问题就等同于：由谁来决定哪些字节可以通过？由谁来保护互联网的开放性？然后由谁来培育这些我们刚刚开始理解的开放性所带来的机会？企业能成为互联网的保护者吗？不能。

“信息时代所产生的变化将会像中世纪的变化那样引人注目。”詹姆士·杜瓦（James Dewar）在1998年兰德公司（Rand Corporation）的一篇文章中写道，“印刷术已经被应用于16世纪的宗教改革运动、文艺复兴以及科技革命中，所有这些革命都对当时的时代产生了深远的影响；同样地，深刻的变化可能已经在信息时代产生了。”杜瓦认为信息时代将会由意想不到的结果主导。他说，明智的做法不是用规章和抵抗的方法在变化发生之前去阻止这些变化，而是加快变革的路径并尽快适应这些变化。这一变革将会使人不安，有时会令人感到害怕，并且对社会的等级制度将会产生极大的破坏性。企业、政府以及旧的机构在建立之初并不是要把很多信息都分享来运作。噢，它们可以改变——一些企业机构会的——但是这种转变需要付出痛苦和高昂的代价。当它们意识到转变的必要性以及不可避免性的时候，使用开放平台的新进入者通常都会在它们前面做出改变。亚马逊破坏零售商的速度比零售商转变的速度更快。克雷格列表（Craigslist）偷偷潜入报纸业，一年内会把130亿美元从公司的保险箱转移到消费者的口袋中。

我们是否应该管理并控制互联网使它只能被用于好的方面？兰德公司的杜瓦说，现代早期的欧洲国家曾经试图控制印刷术并抑制它所谓的危险境地，它们不仅失败了，而且落后于其他周边的国家。“探索一项技术的有利方面比遏制它的不利面更加重要。在这个信息时代，这对我来说意味着互联网仍然不应该受到管制。”他写道。

我担心管制可能会产生无法预料的后果。就拿欧盟司法专员维维安·雷丁（Viviane Reding）在2011年提出的关于数据保护的四项建议来说吧。我对于其中任何一条建议都没有异议。第一条建议是：透明化。公司搜集了用户的数据就应该公开什么时候搜集的以及这些信息要怎么使用。另一条建议听起来很吸引人："被遗忘的权利"。但是什么样的情况要被遗忘？如果我在博客上发布了一些关于你的事情或者写了一个关于你的新闻故事——是我听到的一个引述，事实上我在某个地方看到了你，你公开做了一些事情，你要强迫我删除、忘记这个帖子吗？那么我的言论自由呢？还有一条建议从修辞学的角度来讲也颇具有吸引力："把隐私设置为默认"。但是那是我们希望社会运作的方式吗——在我们有这么多新的开放途径的情况下要反射性地关闭？正如我之前就说过的，Flickr 是一个成功的案例，因为它把公开设为默认值。一个专门用来分享的服务平台——Facebook——完全隐私的话，那它存在的意义是什么？完全封闭的交流方式岂不是有电子邮件？雷丁的最后一条建议是，不论一项服务在哪里运行或者数据保存在哪儿，都要求欧盟级别的保护。那是一个危险的先例。那意味着我们将会被世界上不论任何地方的最严格的控制力所管制——高水准的控制。今天我们看到了一个与英国所谓的诽谤旅游相关的问题。由于英国的诽谤法对被告是不利的，因此公开发表批评的目标群体就会去那里控告作家和出版商。在全球互联网时代，欧盟的努力会成为隐私的圣地，这将影响到我们所有的人。

一方面，我反对对互联网实施管制；另一方面，我认为政府应该加强互联网的中立性，这也是管制的一种形式。我很虚伪吗？在 2011 年的西南偏南影视音乐互动大会上，参议员艾尔·弗兰克（Al Franken）表达了他对网络中立性的赞同。他认为网络中立的支持者们并不是在努力地改变互联网而是在阻止企业改变它，阻止互联网比它产生初期变得更加不自由。"这是《第一修正案》的问题，"他说道，"互联网应该是公平的。每个人都有同样的发言权。"

美国国务卿希拉里·克林顿在 2010 年和 2011 年发表的两篇演说

中表达了对互联网自由的捍卫之情。“去年，我们已经看到了对自由传播信息的威胁达到了顶峰。许多国家都已经逐步增加了对互联网内容的审查，”她在华盛顿说，“光靠他们自己，新的科学技术不会偏袒为自由和进步而进行的斗争。我们支持互联网，所有的人都可以平等地获取知识和想法……互联网放大了所有人的力量和潜力。那也是为什么我们相信它是重要的，它的用户可以被保证获得一定的自由。自由地表达自己的想法这一权利在他们心中是排在第一位的。”第二年，也就是 2011 年，她发表了另一篇演说，在演说中她赞美了透明化，抨击了对检索的审查。但是在同样的演讲中，她也谴责维基解密泄露了她机构中的外交电报。“我们要明白，”她说，“这次泄密不仅仅是对美国的攻击——它更是对国际社会的攻击。”泄密事件“打乱了政府的步调”，她宣称。

我们不能依赖政府——既不民主也不是极权统治——来维护破坏政府结构的工具。我们也不能指望企业——谷歌不行，电缆公司、电话公司也不行——违背自身的利益运作。“大型企业？并非这些企业天性邪恶，”弗兰克在西南偏南影视音乐互动大会上说，“企业有契约性的责任，它们对它们的股东负有使股东的利益最大化的法律义务。”企业通过把其中一些内容放到快车道，把其余的内容归入到交通行列中，从而使得它们的服务——比如，被美国国家广播环球公司（NBC Universal）收购的美国有线电视网络（the networks Comcast）——优于竞争对手的服务，这样企业才能赚到更多的钱。

我不是在责怪企业保护自己的利益。我在责怪我们——互联网的公众——没有保护好我们自己的利益，使得互联网处于易受攻击的境地，危及了对旧秩序的破坏和我们新的开放型社会的发展。

我们需要制定规则来保护我们的互联网和我们的分享——把这作为我们基本的信念，我们作为互联网的用户和公民，当我们看到政府或者企业违反了这些规则并威胁到我们的自由的时候，我们就可以有据可依地指出来。我并不希望由联合国或者政府制定出一套法规。我希望这些规则能独立于这些权力机构。因为分享的工具就是授予我们监督当权者的。

约翰·佩里·巴洛（John Perry Barlow）嘲笑政府说："政府不懂我们的文化，我们的道德标准，或者我们不成文的准则，与政府强加给我们的任何准则相比，这些准则使得我们的社会更加有序……我们正在形成我们自己的社会契约。"他说得对。在善意的用户当中，我们看到了一股集体努力的力量致力于在数字世界中创建社会秩序、礼仪和公正。一个崭新的良好的社会正在形成。我们现在还不知道它的大致轮廓。我曾经试图把古腾堡作为一个参考框架。欧盟委员会消费者事务专员梅格莱娜·库内娃（Meglena Kuneva）使用经济术语来表达：**"个人信息是互联网世界新的石油，也是数字世界新的流通货币。"**马克·戴维斯（Marc Davis），微软的一位研究员，他使用了财产的构想。他认为我们并不拥有我们所创造出来的数据，以及关于我们的数据信息，储存我们信息的服务器，或者给我们提供信息的线路的所有权。他相信我们需要一套财产权制度以及值得信任的代理机构为我们管理这些财产，这样我们就可以获得对我们的数字生活更多的控制力。

每当技术专家看到障碍物，他们就会寻找障碍物周围的其他道路以便绕过它们。软件开发人员兼作家的吉娜·特拉帕尼（Gina Trapani）说他们从限制中开辟出了道路。他们有时藐视法律，因为他们知道法律注定是要落后于技术的。但是劳伦斯·莱斯格（Lawrence Lessig），哈佛大学伯克曼网络与社会研究中心的教授，从法律的角度来看待这些问题。"计算机编码即是法律。"他说道。当 Facebook 的编码默认设置了哪些信息属于隐私哪些应该分享的时候，它就设定了章程，这些章程会约束它的用户和社群的行为。当 Facebook 发现它的法律与社会规范和社群的期望冲突的时候，它们中必须有一个得做出改变。当然谷歌意识到它的计算机编码不仅影响了善意的参与者，也影响了居心叵测的参与者。这也是为什么谷歌分享了它部分软件和设计规则的原因。当谷歌在做检索审查的时候，它正在违反它的第一条规则，“不作恶”。这是关于分享历史、经济状况、财产权、黑客攻击、计算机编码、规程等规则的最佳参考模型吗？

我很希望进入下一个合乎逻辑的步骤（至少，对于一个美国人来说）：制定一部针对网络空间的宪法。但是要决定谁有权利为互联网协商并且为一套法律做出妥协，这将是有局限性的，也是危险的。要产生一个新的集中的权力结构来执行那套网络空间的宪法很容易。非集权化成就了互联网。正如杜瓦所警告的，在我们了解互联网是什么以及它能够完成什么之前，我们不应该太快地使互联网形成结构体系。

让我们进入下一个合乎逻辑的步骤，在我的博客上起草一份针对网络空间的“权利法案”，这让我看起来有点自大。我并不是第一个试图这样做的人。2009 年，一组学者发布了一套包括言论自由的规则，规则包括发表意见的自由以及匿名的权利。进步通讯协会（The Association for Progressive Communications）从 2001 年开始发布了一套宪章，详细地列出了权利的细则。它里面有许多待议事项并且委员会倾向于把所有的事项都加入到宪章中。互联网的权利与原则联盟（The Internet Rights & Principles Coalition）起草了一份初始版本的权利法案，涵盖的范围同样广泛。之后，他们做得非常好，就是共同协作把这份法案浓缩成了十个关键的权利：普遍性与平等；权利与社会的公平性；可得性；表达与联系；隐私与数据保护（包括使用数据加密的权利）；生命，自由，安全；差异性；网络平等性；标准与调控；管理。巴西互联网督导委员会发布了一套更加简明的针对管理和互联网的使用的规则。Facebook 的一组用户发布了他们自己的社交权利法案，对于他们那个社群非常有针对性。一些人制定的规则仅涵盖了政府的资料。这些文件有很多都需要再仔细斟酌一下。

我认为我们首先需要做的就是探讨。我们首先要开始理解我们所分享的针对互联网和我们的公众社会所制定的规则。我对于我们将使用单一的某一套规则持怀疑态度。但是我确信，我们必须围绕这些规则进行讨论。在讨论的过程中，一些真理就会不证自明。我们将开始审视什么对我们而言很重要，以及我们必须保护什么。我们将会发表不同的观点，说明强调的重点以及需求是什么。最重要的是，当有一些权力机构试图控制我们的网络并削弱我们的分享、权利和自由的时候，我们就可以用这些原则来维护我们的利益。“对于我们而言，现在是时候利用互联网来拯救互联网了。”艾尔·弗兰克在西南偏南影视音乐互动大会上对企业家们说。

我回想起上次去德国举办的一次这样的讨论，最后讨论圆满结束。在读了我博客上提出的规则的建议后，德国司法部长塞宾·洛伊特霍伊赛尔·施纳伦贝格尔（Sabine Leutheusser-Schnarrenberger）在德国的《法兰克福汇报》（*Frankfurter Allgemeine Zeitung*）上作了回应。她说：“数字世界的潜力千万不能由于焦虑而对其进行过度干预从而将其扼杀。”网络中立性，她宣称，是“信息自由交换的唯一保证人”。她呼吁为互联网制定宪章，基于民主和伦理的准则。我们都同意她的观点。但是后面的内容我们就不同意了。她把我的观点称作是“后隐私论”（post-privacy）并且说一个社会的自由反映在对个人隐私的保护上，她认为一个人的隐私需要被更好地保护。“个人信息并不是计算机中 0 和 1 这样抽象的代码。它是一个人信息的数字记录。”我们可能不能完全同意她的看法。但无论如何，我们都看到了关于规则进行讨论的必要性。“数字世界需要的主要并不是新的法规，它需要普遍的数字价值，”她写道，“互联网社群必须加快这一讨论的进程。”说的没错。这正是我们需要进行的讨论类型。这也是为什么我把自己写的那套规则与你们分享——这套规则涵盖的不仅仅是互联网和隐私问题——希望你们能分享你们的观点，以便在网站 www.buzzmachine.com/publicparts 上继续探讨。

## 分享的规则

**我们有建立联系的权利**

如果我们不能建立联系，那么我们就不能发言。对于我们的《第一修正案》来说，这是新的必要的导言。芬兰已经宣布接入互联网——以很快的速度——作为公民的一项权利。国家是否应该资助并提供互联网的接入是另外一个问题。但是一旦接入了互联网，那么再关闭它就应该被看成是对人权的侵犯。那也是 2011 年欧盟的报告中所提到的。“现在拥有互联网是公民的一项基本权利，”汤姆森路透（Thomson Reuters）公司的首席执行官汤姆·葛洛瑟（Tom Glocer）告诉媒体的高管们，“系统性地剥夺公民获取信息的自由将引发革命。”

**我们有发言的权利**

言论自由在美国是文化上和法律上默认的权利。《第一修正案》的保护范围应该不仅仅延伸到文本所传递的信息和意见，而且也应该涵盖应用程序和数据所传递的信息。是的，的确需要限制——比如，对儿童网络色情内容的限制。但是要谨防用过度反应回应某一特定的问题所带来的意想不到的后果。为了打击儿童色情内容，澳大利亚提议用强制性的过滤器来拦截色情内容——这些过滤器可以被用来过滤任何内容。我们不能把所有的事情都按照最坏的情况来处理，那种情况可能会发生，但那样做也可能会冒犯一些人。我们不能按照恐惧和冒犯达到最低的共同标准以及最高的监管标准来生活，这样的话，在这一过程当中，我们会削弱我们珍贵的话语权。

**我们有集会和行动的权利**

只有发言权是不够的。我们分享的工具可以把我们组织起来聚集在一起——在网络上或者在现实中——作为一个群体参加集会，还可以扩大规模。

**隐私是一种伦理上的认知**

我们需要保护隐私。但是我们也需要使我们隐私的规范适应新的社交工具和行为，这样我们才能更好地理解什么时候一些事情要私下里说，什么时候信息在未经允许的情况下不能被使用，传播信息的危害是什么，以及怎样给予人们对信息更多的控制权。

**公开是一种伦理上的分享**

建立一个更加开放的社会是公开的原则：识别慷慨所带来的好处，建立推进公开的工具，并且保护公开的成果。

**组织机构的信息在默认设置下应该是公开的，只有在不得已的情况下才设为隐私**

开放是一种更好的管理方式，也是一种更明智的经商方式。

**所分享的信息代表公共利益**

当公共信息或者公共空间缩小的时候，那么公共利益就会丧失。秘密通常是腐败和专制的源头。

**所有的字节都应该被平等地对待**

当有任何人利用所获得的权利来决定哪些字节、话语、图片或者想法可以或者不可以自由地通过我们的互联网的时候，那自由也就难以存在了。

**互联网必须保持开放性和分散性**

“让我们给予那些预见到互联网、开放互联网、设计互联网的人以赞美，这样它就不会有明显的阻塞点，使得任何人，包括24岁在宿舍的年轻人进入互联网并进行发明创造成为可能。”埃里克·施密特说。

在2011年的八国集团峰会召开之前，法国总统尼古拉斯·萨科齐召集了1000名来自政府、科技、媒体以及大学的领军人物到巴黎杜乐丽花园（Tuileries Garden）的帐篷里商讨政府在未来互联网发展中的作用。作为首届E-G8论坛峰会，我在会议上站了起来，对关于互联网规则的讨论表示欢迎，但是接下来我要求萨科齐为互联网行业做一个《希波克拉底誓言》(*Hippocratic oath*)：“首先，不要损害公共利益。”他声称保护知识产权、安全、隐私和儿童是没有坏处的。的确是，这要依赖于怎么做——是实施早已经存在的法律还是努力拓展新的权利到我们的新世界中。萨科齐谈到了开放互联网，并且他在法国媒体中被描述为“骑马进城的警长来驯服狂野的西部”。他坚持认为在管理互联网方面政府必须要发挥一定的作用。“不应该有人忘记，”他宣称，“在我们的民主国家中，政府是平民大众唯一合法的代表。”我离开了会议，我惧怕那些害怕互联网以及互联网所带来的变化的人。

我也怀疑把互联网比作第八大洲的说法。萨科齐——拒绝了把互联网看作平行宇宙的说法——他比较喜欢我使用的短语，“第八大洲”。也许他看到了自己把法国的旗帜插入互联网的土壤中的情景。问题是，我们并没有离开故土来到“第八大洲”。我们都是某个国家的公民，遵守本国的法律。现在我们也可以成为这个新社会的公民。把互联网看作新社会的想法容易与存在政治和法律的国家混淆，因为互联网自身的主权取决于没有人拥有它的主权。它就是按照这个理念来设计的。那是它的核心原则以及它破坏性力量的源泉。在我看来，互联网是对政府以及企业的势力和权威的一种制衡。最终这是哈贝马斯公共领域的具体体现吗？我倾向于把它看作是一个产生社群的平台。作为这样一个平台，它必须保持独立性并摆脱那些要检查他们的拥有权利的人——即那些萨科齐召集到杜乐丽花园帐篷里的人。如果互联网是我们的平台，那么它的决定权在我们手里，互联网的民众，要学会如何使用它并保护它，制定并保护我们自己的规则而不是等着企业在服务条款中或者政府在法律中把他们的规则强加给我们。

由于我们面临着前所未有的变化，因此很好也很有必要考虑到可能会发生的不好的情况，并努力去阻止在最坏情况下我们的恐惧。但是识别这一变化所带来的新的机遇对我们来说也是至关重要的，想象我们基于分享的理论能建立什么样的社群。我们有建立这样的社群的工具。古腾堡印刷术给现代早期欧洲所带来的变化，在这个早期的数字时代，这些工具现在转移到了我们手中。这些分享的工具授予了我们权利。它们授予我们创造、联结、组织、积聚知识的能力。它们激发了我们的慷慨和协作。它们给予了人们以新的方式谋生的机会，并且让人们建立了新的行业和市场。它们减弱了地域的概念，甚至挑战我们对国家概念的看法。我希望分享能为我们创造一个更加宽容更加值得信任的社群。但是未来是不确定的。选择权在我们手里。我们未来新世界的模式取决于我们——公众。

# 工匠精神（传承创新版）：员工核心价值的锻造与升华

崔学良　何仁平◎编著

出版日期：2016 年 6 月　页码：248　定价：35.00 元　ISBN 978-7-5158-1649-4

Spirit of Craftsman

**2016 年政府工作报告首倡“工匠精神”：鼓励企业开展个性化定制、柔性化生产，培育精益求精的工匠精神，增品种、提品质、创品牌。**

让有工匠精神的工人活得体面、有尊严，让有工匠精神的企业拥有健康的市场竞争环境，让工匠精神成为一种社会共识与社会心理。

**工匠精神的传承与创新：内修于心，外修于行**

粗劣的生活源自粗劣的工作，敷衍了事会摧残梦想、放纵生活、阻挡前进。如果可以放下被时间、利益驱赶着的焦躁和疲乏，将温度和情感浓缩进所有的产品中，你就是这个时代的工匠，你传承的就是工匠精神。